prometeo
libros

ENTENDER VACA MUERTA

Luis Felipe Sapag

Entender Vaca Muerta
Fracking: ¿zona de sacrificios
ambientales o tierra prometida?

prometeo
libros

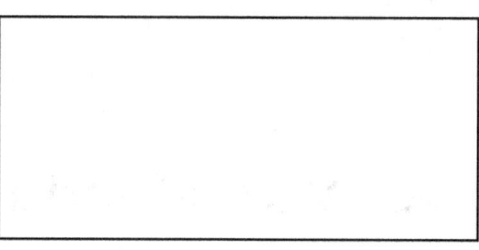

© De esta edición, Prometeo Libros, 2015
Pringles 521 (C11183AEJ), Buenos Aires, Argentina
Tel.: (54-11)4862-6794 / Fax: (54-11)4864-3297
info@prometeolibros.com
www.prometeolibros.com
www.prometeoeditorial.com

Diseño: R&S
Armado: María Victoria Ramírez
cutral@cutralediciones.com.ar

Hecho el depósito que marca la Ley 11.723
Prohibida su reproducción total o parcial
Derechos reservados

Índice

AGRADECIMIENTOS 9

PRÓLOGO
Debate a partir del conocimiento 11

INTRODUCCIÓN:
"La inerte energía mineral y el irrevocable Tiempo" 13

I- FUNDAMENTOS GEOLÓGICOS:
Bailando al ritmo del *rift* 21

II- SISTEMAS PETROLEROS:
distinción en las profundidades 53

III- *LOVELY FRACKING... FUCKING FRACKING* 77

IV- ECONOMÍA DEL *SHALE* Y EL *TIGHT*:
De convencionales probables a no convencionales (com)probables ... 107

V- NO CONVENCIONALES Y MEDIO AMBIENTE:
¿Puede convivir el *fracking* con las formas productivas sustentables? 175

VI- PODER Y CONFLICTOS EN LA SOCIEDAD DE LA VACA MUERTA:
(Des)articulación de intereses locales, étnicos, provinciales, nacionales y globales.. 215

LISTA DE ACRÓNIMOS Y ABREVIATURAS 245

BIBLIOGRAFÍA 249

Agradecimientos

A Mercedes Azar, imprescindible para que este libro resultara legible.

A Gustavo Luis Bianchi, Vladimir Cares Leiva, Carlos Alberto Fernández y Néstor Martín Pi, quienes me ayudaron a explorar los temas de este libro.

Prólogo

Debate a partir del conocimiento

La década de 1980 era la etapa señalada por la Teoría del Pico del Petróleo (*peak oil*) como el inicio de la declinación irreversible de la producción mundial de hidrocarburos. El panorama desolador para el futuro energético no fue obstáculo para los esfuerzos continuos por parte de aquellos que consideraban que la provisión de petróleo y gas tendría su segunda oportunidad de desarrollo. Entre éxitos parciales y fracasos notorios, finalmente se logró alcanzar en los Estados Unidos una combinación eficiente entre una técnica de estimulación ampliamente utilizada hasta la fecha (la fracturación hidráulica) y la perforación horizontal, que hicieron que las formaciones de lutita (una roca sedimentaria de muy baja permeabilidad, caracterizada dentro de la geología petrolera por su potencialidad como roca madre o roca generadora) pudieran ser explotadas de manera rentable. La época de la producción en los yacimientos no convencionales había comenzado y el desarrollo de allí en más fue imparable. Barnett, Eagle Ford, Haynesville/ Bossier, Marcellus y otros yacimientos menores transformaron el paisaje energético de los Estados Unidos; y de ser un país fuertemente dependiente de las exportaciones de gas y petróleo pasó a convertirse, en la última década, en proveedor internacional de hidrocarburos.

Este nuevo panorama impactó de manera notoria en la Argentina al publicarse, en el año 2011, un informe de la Agencia de Información de la Energía de los Estados Unidos[1] que consideraba a nuestro país como el tercero a nivel mundial en recursos no convencionales, detrás de China y Estados Unidos. Además, este informe consideraba la cuenca neuquina como la más promisoria en términos de producción futura de petróleo y gas, en particular por los aportes de la formación lutítica de Vaca Muerta. Resultó lógico, por consiguiente, que la provincia de Neuquén se convirtiera en el punto de referencia de todo lo

---

[1] U.S. Energy Information Administration: *World Shale Gas Resources: An Initial Assessment*, Washington DC, 2011.

relacionado con los yacimientos no convencionales. La producción continua de trabajos técnicos, los encuentros y convenciones, así como las firmas de protocolos de entendimiento y acuerdos de cooperación entre las empresas petroleras y el gobierno provincial, dieron rápido impulso y visibilidad pública al tema. Pero el tema nodal, estratégico, para el desarrollo integral de Argentina se dio en 2012 con la recuperación de la mayoría del paquete accionario de YPF por parte de la Nación. Al establecerse por ley el objetivo de alcanzar el autoabastecimiento energético, se potenció aún más el papel clave que tiene el desarrollo de los yacimientos no convencionales. Finalmente, en 2014, se logró consensuar entre Nación y provincias productoras la sanción de una nueva ley de hidrocarburos que pone en contexto los intereses de todos los actores relevantes en el sector.

Sin embargo, como ocurre en todo proceso social y en particular cuando están involucrados proyectos tecnológicos estratégicos, los hechos no se desarrollaron de manera lineal. Un término que se ha incorporado últimamente como variable en la literatura especializada en política científica y tecnológica es el de "licencia social". La sociedad, en su conjunto, debe dar viabilidad a los emprendimientos productivos analizando los beneficios y los costos de tales iniciativas. Esto crea, obviamente, las condiciones para la polémica y el debate sistemático. Participan allí actores gubernamentales, especialistas en cuestiones tecnológicas, asambleas ciudadanas y académicos, que aportan argumentos a favor o en contra del tema en disputa. Más allá de la pirotecnia verbal y del peso específico y la fundamentación de las distintas opiniones, lo que queda claro es que se excede con creces el restringido término del "saber experto". Esto es beneficioso, sin duda alguna, para el fortalecimiento de la democracia como ámbito agonal, donde conflicto y el consenso no intervienen como elementos antitéticos, sino como la cara y ceca de la vida democrática.

De todo esto, de la complejidad de un fenómeno en el que confluyen variables científicas y técnicas, sociales, políticas, económicas y ambientales, nos habla Luis Felipe Sapag en este, ambicioso y riguroso libro. El texto se abre al conocimiento y al debate acerca de la explotación de hidrocarburos no convencionales, para la lectura detenida y atenta, para el análisis serio de cada uno de los argumentos que han tenido visibilidad pública en los últimos años. Pero sobre todo, el trabajo de Sapag es una apuesta al futuro, un futuro que no está escrito y que, a no dudarlo, entre todos podemos construir.

Ing. Vladimir L. Cares
Facultad de Ingeniería - Universidad Nacional del Comahue

Introducción:

"La inerte energía mineral y el irrevocable Tiempo"

> *Los reservorios no convencionales de hidrocarburos de la Cuenca Neuquina permitirán la recuperación del autoabastecimiento energético y generarán miles de puestos de trabajo, sin afectar el medio ambiente.*
> Ernesto López Anadón, presidente del Instituto Argentino del Petróleo y el Gas

> *El fracking generará un desastre ambiental en la Norpatagonia.*
> *El Alto Valle de Río Negro y Neuquén se convertirá en una zona de sacrificio en el altar del modelo neoextractivista.*
> Maristella Svampa, investigadora del Consejo Nacional de Investigaciones Científicas y Técnicas

1. Piedra como piedra madre

Marguerite Yourcenar, en su célebre ensayo *El negro cerebro de Piranesi*, escribió:

> [...] la imagen de las ruinas no desencadena en Piranesi una amplificación sobre la grandeza y decadencia de los imperios, ni sobre la inestabilidad de los asuntos humanos, sino una meditación sobre la perennidad de las cosas y su lenta usura, sobre la opaca identidad que prosigue en el interior del bloque del monumento, la larga existencia de la piedra como piedra. Recíprocamente, la majestad de Roma sobrevive, para él, más en una bóveda rota que en una asociación de ideas con César muerto. El edificio se basta a sí mismo; es a la vez drama y decorado del drama, lugar de un diálogo entre

la voluntad humana aún inscrita en esas construcciones, la inerte energía mineral y el irrevocable Tiempo.

El texto tiene el atractivo de cavilar sobre las formas en que las personas y las sociedades le dan forma, sentido y utilidad a la naturaleza, en este caso, a las piedras, aptas para preservar nada menos que la historia de Roma. El presente trabajo se imbuye de ese talante e intenta una meditación sobre la "lenta usura" que implican los procesos geológicos y las consecuencias de la "inestabilidad de los asuntos humanos", causada por la apropiación de los productos del subsuelo. Una reflexión dirigida a un fin concreto: lograr una descripción legible del fenómeno tecnológico y económico de los recursos hidrocarburíferos[2] no convencionales, de manera que las resonantes palabras *shale*, *tight*, *fracking* y otras adquieran claridad, a fin de que puedan aprehenderlas quienes no son especializados en estos controvertidos temas. Ello porque, lejos de la nostalgia de Piranesi por la majestad de Roma, lo que la ciencia y la industria han logrado con los hidrocarburos es posibilitar, para bien o para mal, una creciente dominación del hombre en su avance sobre la naturaleza, en particular sobre la *roca madre*.

Se verá cómo la lentitud no implica perennidad, como pretende Yourcenar, sino escalas temporales distintas, tan grandes que resultan arduas de comprender, pues para nuestras mentes apenas cien años son muchísimo tiempo. Tampoco la energía mineral es inerte cuando los seres humanos intervienen con sus tecnologías y sus ambiciones de progreso. Por el contrario, y como veremos, "la voluntad humana" es capaz de "inscribir" en las piedras la identidad de quienes producen y consumen petróleo y gas, los materiales con los que la humanidad construyó la industria, el transporte y miles de subproductos útiles tanto para la guerra como para la medicina.

2. Optimismo

Este texto está elaborado desde Neuquén, el lugar donde nuevos recursos energéticos se están explorando y explotando crecientemente. Pero su contenido apunta a ir más allá de lo local, hacia el interés generalizado por Vaca Muerta, el *shale* y la fractura hidráulica o *fracking*, así como a las esperanzas económicas y los peligros ambientales que conllevan.

---

[2] Los hidrocarburos son compuestos orgánicos formados por moléculas de carbono (C) e hidrógeno (H), combinadas de distintas maneras.

Preocupado y ocupado en el tema, he observado que "todo el mundo" habla, opina, apoya o denuesta la parafernalia petrolera de los "no convencionales".[3] Pero muchos juzgan sin conocimientos sólidos y fundamentados. Otros tamizan la cuestión desde posiciones ideológicas duras y a veces extremas, que buscan subirse sin críticas ni adaptaciones idiosincrásicas al carro de las firmas operadoras multinacionales, como las que rechazan sin más al temido *fracking*, una de las tecnologías que, como examinaremos, permite producir desde esos sorprendentes reservorios. Esos juicios se presentan ya conformados antes de siquiera indagar la cuestión. Así, cuando esos voceros exageradamente optimistas o extremadamente pesimistas se detienen a analizar, buscan los matices que corroboran sus prejuicios, sesgando, descartando o ignorando realidades y argumentos en contrario. Ubicado en algún lugar entre esos extremos, no pretendo apoyarme en una imposible neutralidad científica. Creo que Neuquén y la Argentina hallaron una oportunidad que no pueden despreciar, pero cuyo tratamiento no debería copiar tal cual la experiencia de los países del norte. Lejos de ello, opino que debemos aprehender la temática y generar nuestros propios conocimientos y experiencias, respetando además nuestra cultura, nuestra diversidad, nuestro medio ambiente y nuestras distinciones como sociedad compleja.

También deseo señalar que es frecuente que los medios masivos de información y algunos funcionarios difundan noticias y conceptos erróneos sobre los no convencionales. Por ejemplo, es usual leer titulares como: "La empresa X informó sobre un gran descubrimiento en Vaca Muerta, mediante un pozo en el área Y". Como veremos, los reservorios no convencionales se conocen desde hace un siglo y sus reservas *no se descubren* sino que *se desarrollan* mediante estimulación hidráulica. Se entiende: no es fácil explicar en pocas líneas la diferencia, pero no por ello habría que caer en el facilismo de las frases hechas, que casi siempre suelen ser erróneas o capciosas.

Otro ejemplo: altos funcionarios nacionales, muy entusiasmados, afirmaron oportunamente que "Los recursos no convencionales convertirán a nuestro país en una nueva Arabia Saudita". Eso no es cierto. Los países árabes poseen enormes reservas de yacimientos tradicionales, cuya explotación se logra con bajos costos de extracción, mientras que en Vaca Muerta cada pozo cuesta hasta diez veces más que en aquellos lugares y los plazos de retorno de los capitales son mucho más largos. Los no convencionales son una excelente oportunidad para países como Argentina, cuyos reservorios convencionales son escasos o

---

[3] La expresión correcta para señalar nuestro objeto de estudio es "recursos hidrocarburíferos no convencionales". Dada su extensión, nos entenderemos simplemente con "no convencionales", tal como se ha difundido.

están en declinación. Con esfuerzo, probablemente lograremos autoabastecernos de hidrocarburos dentro de varios años, pero nunca llegaremos a tener la productividad de las explotaciones de Medio Oriente.

Espero que este libro ayude a despejar malentendidos, falsas expectativas y noticias sin fundamento, así como a alentar un prudente optimismo, basado en la experiencia, en la investigación y el esfuerzo de un país dispuesto a crecer con autonomía energética.

3. Interacciones sociales y tecnológicas

Respecto de la metodología para elaborar este libro, tengo la convicción de que la sociedad y sus procesos deben estudiarse como una totalidad natural-artificial-social. Volviendo a las palabras de Yourcenar: el edificio de "hidrocarburíferos", conformado por los recursos naturales, las tecnologías y los grupos sociales involucrados, es el drama de la producción de combustibles y de desechos peligrosos y, a la vez, el decorado de los intereses y conflictos sociales que de aquel se derivan. Es el lugar de un tenso diálogo entre la voluntad humana, la energía mineral y el siempre controvertido e irrevocable desarrollo económico y tecnológico.

Los enfoques exclusivamente materiales y productivistas (por ejemplo, los que realizan empresarios, ingenieros y economistas para aumentar la producción y la rentabilidad) son tan insuficientes como los que se circunscriben a los actores y a los comportamientos sociales y culturales (tales como redes, intereses, poder, discursos, imaginarios y movimientos sociales). Pese a que implica una mayor complejidad, mi experiencia indica que son más fértiles los diálogos interdisciplinarios. Sostengo que los abordajes que van de los componentes naturales a las estructuras sociales y viceversa, pueden generar aproximaciones que nos acerquen no a una verdad absoluta, sino a modelos de comprensión que nos permitan operar sobre la realidad en función de los objetivos admitidos o consensuados.

Así, para poder realizar nuestro recorrido descriptivo y analítico, es necesario comenzar por *lo material*, por la descripción de los objetos existentes y los procesos en evolución más allá de la voluntad de las personas y los grupos. En nuestro caso, ello implica indagar sobre cuencas sedimentarias, estructuras geológicas, procesos geomecánicos, geoquímicos y geofísicos; hidrocarburos, sistemas petroleros y tecnologías extractivas. Realidades que supeditan los posibles resultados económicos, culturales y ambientales de la explotación del petróleo y el gas. Tomo ese camino a riesgo de que algunos sociólogos constructivistas, aquellos que creen que todo lo relacionado con los seres humanos resulta de "construcciones sociales", frunzan el ceño. No niego que las intromisiones tecnológicas en el subsuelo responden a las motivaciones, a veces sobreestimuladas, de quienes dirigen ambiciosas empresas y de atribulados gobiernos. Pero lo que está bajo la superficie terrestre fue madurado a lo largo de tiempos geológicos, incluso desde mucho antes de que existieran los dinosaurios. Y considero necesario empezar por ahí, para poder analizar los avatares de los grupos de interés que inevitablemente resultan implicados por la geología y el medio ambiente natural. Por supuesto, una vez aprehendidos los sujetos, sus intereses y sus articulaciones, corresponde volver de lo social a lo natural y material, para analizar cómo aquellos inciden en las formas de explotar y modificar el subsuelo, así como los impactos sobre la superficie.

4. Divulgación e investigación

Aclaradas mis perspectivas, deseo señalar que el objetivo principal del libro es la difusión, a través de un lenguaje comprensible, de la gran complejidad que entraña la explotación no convencional de hidrocarburos. Intentaremos una suerte de *traducción* de los textos y conocimientos científico-tecnológicos, adecuada para que los mismos resulten inteligibles a muchas personas que se interesan, se ilusionan o se alarman ante el vertiginoso desarrollo de las técnicas que permiten explotar estratos geológicos hasta hace poco considerados como constitutivos de los sistemas petroleros, pero no fructíferos para la producción. Así, los tópicos se encontrarán descriptos conceptualmente, sin matemáticas complejas ni fórmulas químicas o financieras. No por ello los conceptos volcados carecerán de rigor; más bien tendrán la cualidad de la generalidad a partir de la cual los lectores podrán investigar todo aquello que pudieran despertar su interés.

Solo acudiremos a representaciones de categorías y variables mediante coordenadas ortogonales de dos dimensiones (el plano cartesiano), el antiguo y eficaz método gráfico formalizado por René Descartes en el siglo XVII. En este punto corresponde decir que, si bien los geólogos son crípticos en la escritura, en muchas ocasiones sus esquemas gráficos ayudan a la claridad explicativa, lo que aprovecharemos con frecuencia.

Es pertinente aclarar que no soy un especialista en geología ni en ingeniería petrolera, si bien he estudiado esas cuestiones desde mis actividades académicas y parlamentarias. Lejos de ser un inconveniente, ello me permite indagar y escribir de manera abarcativa, sin los condicionamientos conscientes o inconscientes que suelen operar en quienes tienen una vida detrás desarrollando temáticas específicas.

Subsidiariamente, este texto es también una investigación, en la medida en que constituye una exploración de los múltiples elementos naturales y artificiales que conforma la industria extractiva petrolera y gasífera. Una indagación guiada por una meta: la elucidación de la necesidad o no del desarrollo del *shale-tight oil and gas*.[4] Sabemos que los reservorios no convencionales de hidrocarburos son importantes, pues están impulsando la economía de EE. UU., el país "inventor" de la criatura, mientras gran parte del resto del mundo se apresta a copiar dicho éxito, con Neuquén a la cabeza de los desarrollos fuera de esa nación. Pero no es lo mismo algo *importante* que algo *necesario*. Lo importante puede ser evitado o reemplazado por otros procesos, pero lo necesario es mandatorio: o se produce o se pagan costos inadmisibles por no hacerlo. Hay opiniones encontradas sobre el particular en nuestro país, las que expondremos con absoluta neutralidad y transparencia. Pero anticipo que aportaré mi opinión al respecto, fundada en los contenidos tecnológicos y sociales que recorreremos en adelante.

5. Fuentes reconocidas

En cuanto a las fuentes, he sido particularmente escrupuloso en consignar el origen intelectual de las nociones y los datos abordados. Cuando he creído que determinados autores escribieron con claridad conceptual, preferí transcribirlos textualmente, aun a riesgo de ser criticado por usar en demasía el "copiar y pegar". De esa manera no solo se simplifica la exposición, sino que también se puede apreciar la variedad de lenguajes y descripciones de científicos y tecnólogos, que se articulan en un diálogo a varias voces entre enfoques y experiencias. No obstante, en casi todos los casos, los conceptos ajenos han merecido comentarios y, a veces, críticas.

También he recurrido a Wikipedia (aunque cautamente, y no como fuente primaria), inclinándome a veces por ella cuando los contenidos eran claros y

---

[4] *Shale* gas y *shale oil* se refieren al tipo litológico de las arcillitas; es decir, a una clase de rocas de origen marino formadas por meteorización (disgregación), sedimentación y soterramiento, proceso en el que los poros de la roca fueron ocupados por detritos ricos en materia orgánica, los que, al ser forzados a través del tiempo por presión y temperatura, se transformaron en hidrocarburos.
Tight oil y *tight gas* son arenas compactadas que, en general, se encuentran a menor profundidad. Constituyen reservorios de muy baja permeabilidad en los que se acumularon hidrocarburos migrados desde el *shale*, que actúa como roca generadora o madre. En algunos casos excepcionales, los hidrocarburos quedaron entrampados por una tercera roca más impermeable, constituyendo así los yacimientos convencionales, o tradicionales, con los que la humanidad creció energéticamente desde mediados del siglo XIX.

significativos, previa verificación de las fuentes de referencia y la veracidad de su aportación.

6. Los dominios del rumiante

Aquí corresponde introducir a nuestra "vaca sagrada". La línea roja del mapa que sigue presenta la proyección sobre la superficie del despliegue de la formación geológica Vaca Muerta, ubicada a aproximadamente tres mil metros de profundidad. La porción delimitada con la línea punteada de color azul señala la zona donde mayormente se acumula gas. La línea verde representa una zona de transición donde existe gas húmedo; es decir, gas que contiene, en dilución, cadenas más pesadas de hidrocarburos. El resto posee principalmente petróleo. La "zona caliente" es el área, hasta ahora, más conocida y promisoria, en la que actualmente YPF y otras empresas se encuentran empeñadas en producir, mediante estimulación hidráulica, el petróleo que necesita el país.

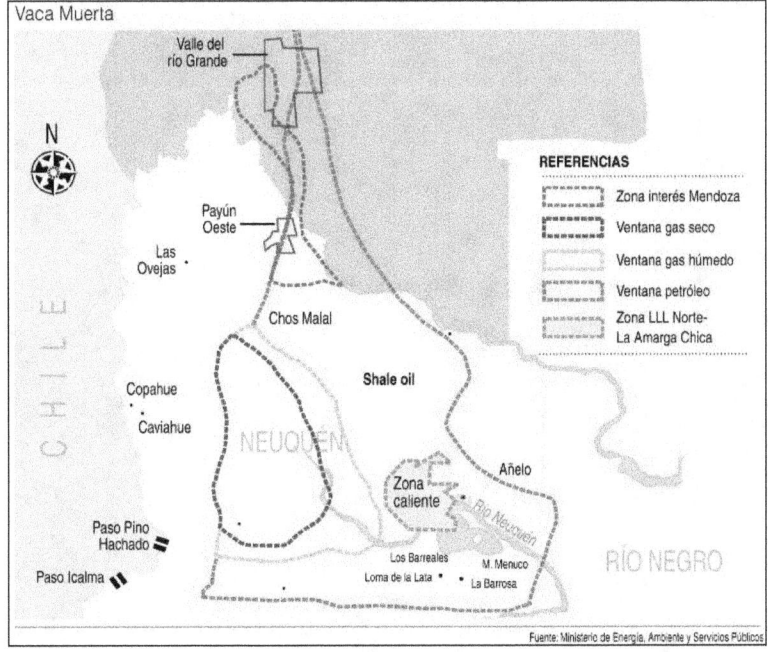

Mapa de Vaca Muerta

7. Una historia geológica

Marguerite Yourcenar cavila sobre la piedra como piedra, cuya opaca e íntima identidad prosigue solo como monumento evocativo de un imperio. Nosotros también vamos a auscultar la roca en su lenta usura. Pero no como portadora de sentidos otorgados, sino pensándola en su propia calidad y entidad, en su capacidad de sustentar esperanzados futuros. Identidad cultivada por una historia geológica que el hombre descubre cuando no la considera como algo inerte, sino como roca madre.

I- Fundamentos geológicos: bailando al ritmo del *rift*[5]

> *En el fondo marino y en condiciones anóxicas (sin oxígeno) se iba acumulando la materia orgánica proveniente del plancton marino y toda la demás masa muerta, que con el tiempo y el enterramiento comenzaría a convertirse en un bitumen.*
> *Esto ocurría unos 140 millones de años atrás y esos sedimentos negros son los que hoy se llama formación Vaca Muerta, que según los lugares alcanza un gran espesor y es lo que constituye una 'roca madre'.*
>
> Ricardo Alonso, *La autopsia de Vaca Muerta*, 2012

1. Inconmensurables tiempos geológicos

i. Apenas setenta millones de años atrás...

Comenzamos entonces indagando en torno a los fundamentos materiales (naturales y tecnológicos) sobre los que se edifican los aspectos sociales de la industria extractiva petrolera, sin los cuales no se puede entender la especificidad de los no convencionales ni las consecuencias económicas, ambientales y sociales de su producción.

La primera precaución para quienes no están familiarizados con la geología y sus varias ciencias subalternas (geomecánica, geoquímica, geofísica, geodinámica y otras) tiene que ver con la necesidad de hacer un esfuerzo para aprehender la ocurrencia de fenómenos que suceden de manera inimaginablemente

---

[5] La palabra inglesa *rift* se puede traducir al castellano como "grieta", "escisión" o "hendidura". Según Wikipedia, "los *rifts* son áreas donde la presencia de grietas indica que la corteza está sufriendo divergencias y distensiones. Es similar a una fosa tectónica. Estas zonas son producto de la separación de las placas tectónicas y su presencia produce sismos y actividad volcánica recurrente".

lenta.⁶ Quizás sea entendible que la placa Sudamericana (el enorme segmento del planeta donde se asienta el continente del mismo nombre) se mueva hacia el oeste, pero puede resultar incomprensible su fantástica velocidad: 2,5 cm por año. También es difícil asimilar que ese movimiento llevó, con pasmosa pesadez, a una extendida colisión con la placa de Nazca, ubicada al sur del océano Pacífico, dando lugar a la cordillera de los Andes. Tanto como imaginar que "las cordilleras se formaron de manera parecida al desigual choque de un camión de gran porte contra un auto deportivo, pero en cámara infinitamente lenta", como me explicara un geólogo. O darnos cuenta de que el terreno que pisamos los neuquinos del centro de la provincia, en el que vivimos, trabajamos y morimos, algo que consideramos sólido y perenne, hace "tan poco" como setenta millones de años se ubicaba ocho kilómetros más abajo, conformando un gran engolfamiento marino, una espectacular entrada del océano Pacífico.

Lo dicho vale también para la geoquímica del petróleo, el notable proceso por el que los detritos orgánicos de vegetales y animales que pulularon en mares ya no existentes se convirtieron en hidrocarburos, resultado de la presión y la temperatura de los estratos que sedimentaron y soterraron a aquellos bajo miles de metros y durante millones de años.

ii. El irremediable agotamiento "a corto plazo" de los hidrocarburos

También es sorprendente que la civilización industrial, que nació hace solo dos o tres siglos, sea capaz de consumir en poco tiempo ese tesoro acumulado por la naturaleza. La materia prima de un litro de nafta en el tanque de nuestro automóvil necesitó más de cien millones de años para devenir en petróleo. Ese y todos los litros de nafta que consumimos son irreemplazables, porque en dos o tres siglos más la humanidad no tendrá, como nosotros, la suerte de poder aprovechar en el presente los productos de los procesos naturales acaecidos en el pasado lejano. Es decir, la civilización de los hidrocarburos está predestinada, solo durará un pequeño instante en el inconmensurable tiempo geológico de la Tierra, el lapso necesario para agotar los reservorios aprovechables.

Antes de que ocurra el irremediable desabastecimiento planetario, habrá que lograr el reemplazo por fuentes renovables. Mientras tanto, es necesario utilizar racionalmente el petróleo y el gas, y para ello nada mejor que informarse al respecto.

⁶ El concepto de "tiempos geológicos" es arduo de asumir. Como ilustra Guillermo Corona (*Animal de ruta*, 2010), "[para comprender] el famosísimo e inentendido [sic] 'tiempo geológico', [cuando] un geólogo te diga que, por ejemplo, las Sierras de Córdoba se levantaron hace muy poco y por ello son recientes, estamos hablando de 15 millones de años. Ese es el primer choque cuando uno estudia geología, ¡sus escalas de tiempo son gigantes!".

2. Las cuencas sedimentarias o los cuencos de la abundancia

i. En el principio fueron las aguas anóxicas...

El Instituto Argentino del Petróleo y el Gas, ente de investigaciones y difusión de las empresas operadoras y prestadoras de servicios de yacimientos,[7] describe:

> La existencia de una cuenca sedimentaria es condición forzosa para la existencia de un yacimiento de hidrocarburos. Una cuenca sedimentaria es una depresión de la corteza terrestre con tendencia a hundirse (subsidir) y donde se depositan las rocas sedimentarias. Las rocas sedimentarias son las únicas en las que se generan los hidrocarburos y también donde mayormente se acumulan (existen algunos casos excepcionales, cuando las acumulaciones de petróleo y gas ocurren en rocas graníticas, volcánicas o metamórficas).[8] El área de estas cuencas es muy variable, desde pocas decenas de miles de km^2 a superar el millón de km^2, mientras que su espesor es en general de miles de metros (mayor a 10.000 m en algunos casos). Estas cuencas sedimentarias se encuentran rodeadas por zonas llamadas de *basamento*, formadas por rocas más antiguas a las del relleno y cuya erosión genera sedimentos que van a parar a la cuenca y a transformarse en sedimentarias. Ejemplos de cuencas en la Argentina son Neuquina, Golfo San Jorge, Cuyana, Noroeste y Austral (IAPG, 2009: 64).

Ya veremos cómo se verifica la dinámica geológica de estos reservorios, tomando como ejemplo la Cuenca Neuquina. Ahora mostramos los procesos de *maduración* de la biomasa acumulada en los acuíferos de una cuenca, con ayuda del Gráfico 1 (Selley, en Dawe, 2000: 29) [UK *Institute of Petroleum*].

[7] Las empresas *operadoras* son las que ejercen la capacidad de explotar las áreas petroleras, ya sea porque poseen la propiedad o porque han obtenido la concesión de los recursos por parte de los dueños. Aun las operadoras más grandes como Exxon, Shell, Chevron, British Petroleum, Petrobras e YPF, requieren *servicios* tecnológicos de otras firmas, dado que las tareas son múltiples y de gran complejidad. Entre las corporaciones globales que realizan servicios en Neuquén, se puede mencionar a Schlumberger, Weatherford, Baker Hughes, Halliburton, San Antonio, Skanska, Nabors y otras de gran tamaño, junto a centenares de firmas pequeñas y medianas, nacionales y extranjeras, que suministran prestaciones tan diversas como seguridad, tratamiento de aguas, medición en tiempo real de los parámetros de los pozos, equipos de bombeo e, incluso, provisión y operación de torres de perforación.

[8] Rocas metamórficas: originadas a partir de rocas preexistentes, básicamente basálticas y sedimentarias. El metamorfismo se produce por presión, temperatura y aportes de otros materiales.

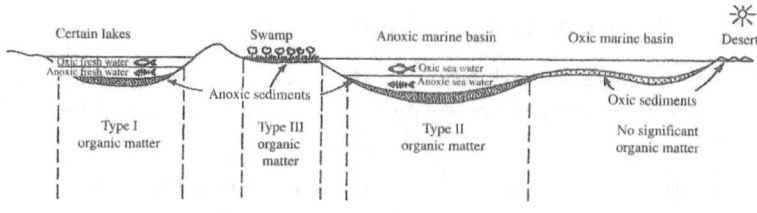

Gráfico 1

Las condiciones ambientales en lagos, pantanos y mares pueden provocar la *estructuración* de las aguas, de forma que, a partir de ciertos niveles por debajo de la superficie, estas devienen *anóxicas* (sin oxígeno). En tales casos, los detritos orgánicos (algas, corales, esporas, pólenes, plancton, hojas, plantas, restos leñosos, invertebrados marinos, etcétera) acumulados en el fondo son transformados por bacterias anaeróbicas. Con el paso de los tiempos geológicos, sobre ese lecho biótico se van acumulando sucesivas capas de materiales provenientes de procesos de meteorización, erosión y transporte desde las zonas cercanas a la cuenca. Así, con suficiente soterramiento, la digestión de las bacterias es desplazada por la *metamorfosis de profundidad*, transformación de las cadenas químicas debida a los incrementos de presión (0,35 kbar[9] por km de espesor de rocas) y de temperatura (25 °C por km).[10]

---

[9] 1 *bar* es igual, aproximadamente, a la presión atmosférica; 1 *kbar* = 1.000 *bares*.
[10] Así, un lecho de materia de origen orgánico a 4.000 metros de profundidad queda sometido a aproximadamente 100 °C de temperatura y a 1,4 kbar de presión. La temperatura no es muy alta, pero la presión equivale a 1.400 atmósferas.

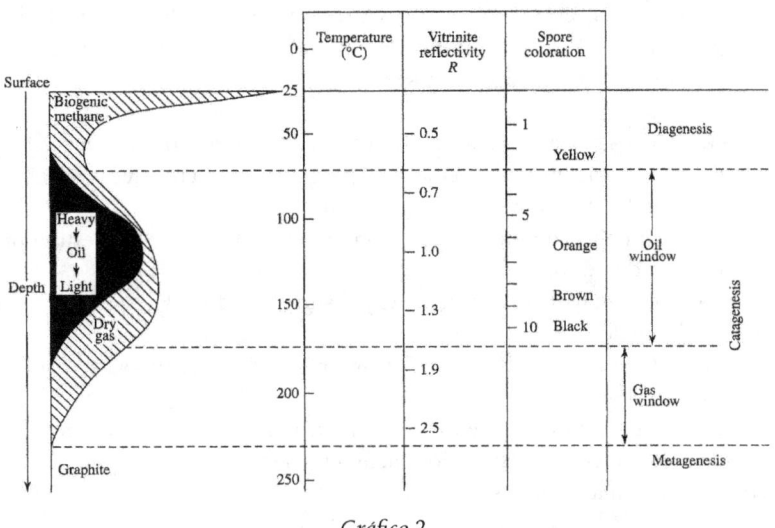

Gráfico 2

En el Gráfico 2, también de Selley (en Dave, 2000), se observa cómo se ordenan las etapas por las que se genera gas biogénico (gas de origen biológico o gas de los pantanos), petróleo pesado, petróleo liviano, gas termogénico (generado por la temperatura) y grafito, de acuerdo a las siguientes etapas:

– Hasta los 65 °C se verifica el proceso llamado de *diagénesis*: las bacterias generan grandes cantidades de metano (gas biogénico) y se liberan materiales solubles, nitrógeno y oxígeno, por lo que aumenta la concentración de carbono (C) e hidrógeno (H). El producto resultante se denomina *kerógeno*, hidrocarburo originario de compleja constitución, que, al descomponerse posteriormente, genera distintas cadenas petroquímicas.

– Entre 65 y 150 °C se verifica la termogénesis o *catagénesis* (destilación natural y rotura de las cadenas petroquímicas), por la que se "cocina" el kerógeno, originando petróleo y gas, en ese orden y en función de la profundidad.[11]

[11] Atención: las difundidas filmaciones sobre canillas cuyas aguas se prenden fuego corresponden a captaciones desde acuíferos someros, menores a 300 metros, los que pueden contener gas biogénico en disolución. El gas termogénico, como muestra el gráfico, es propio de 2.000 o más metros. Es en esas honduras donde se practica el *fracking*, haciendo imposible que el gas allí liberado llegue a la superficie, lo que pone en su lugar a las mencionadas teatralizaciones.

– A una temperatura que oscila entre 150 y 220 °C, se produce la *metagénesis*, etapa en la que va disminuyendo la producción de gas y las cadenas resultan cada vez más cortas, originando carbón y grafito, junto a restos de kerógeno.

Los kerógenos se clasifican según los hidrocarburos que producen a lo largo de su maduración, consistente en el progresivo aumento de las relaciones carbono/hidrógeno y carbono/oxígeno:
– Tipo I: con alto contenido de carbono (C) e hidrógeno (H), resulta procreador de petróleo.
– Tipo II: con mayor contenido de C y disminuyendo el H, es precursor de gas húmedo.
– Tipo III: también con alto valor C y menores de O y H, genera mayormente gas seco.
– Tipo IV: se trata de kerógeno sobremaduro, productor de carbono y algo de metano, el gas grisú de los yacimientos carboníferos.

En términos más precisos:

La tendencia general en la transformación térmica del kerógeno en hidrocarburos se caracteriza por la generación de hidrocarburos no gaseosos; luego se transforma en petróleo, gas húmedo y gas seco. Durante la progresión, el kerógeno pierde principalmente oxígeno, a medida que libera CO_2 y H_2O [anhídrido carbónico y agua]; posteriormente comienza a perder más hidrógeno, conforme libera hidrocarburos (McCarthy, Rojas y otros 2011).

Como se ilustra en el Gráfico 1, los kerógenos I y III son propios de deposiciones continentales, mientras que el II nace en ambientes marinos.

ii. ...y después, la vitrinita

Un indicador importante del proceso de maduración de los hidrocarburos:

La vitrinita es uno de los macerales [complejos de compuestos orgánicos] más abundantes del carbón,[12] está prácticamente presente en todos los tipos de kerógeno [...] y refleja muy bien los aumentos de temperatura, por lo que se considera un excelente "termómetro geológico de máxima" para estas bajas temperaturas, ya que en ella queda "congelada" la máxima temperatura a que ha estado sometida.

[12] Otros grupos de macerales importantes para la generación de petróleo y gas son la exinita y la inertinita.

Una vez establecida la [correspondencia entre] *reflectividad*[13] *de la vitrinita [y] temperatura* [ver las dos primeras columnas del Gráfico 2], se puede determinar si las muestras procedentes de la zona que estamos investigando son inmaduras, maduras o han pasado ya a la etapa de metagénesis, en cuyo caso [ya se han generado] todos los hidrocarburos [posibles] (Meléndez Hevia, 1982).

Veamos por qué es importante la reflectividad o reflectancia de la vitrinita para los hidrocarburos (*Glosario Schlumberger*, 1998):

[Es un indicador] de la maduración térmica de la materia orgánica. Este método analítico se desarrolló para calificar la maduración de los carbones y ahora se utiliza en otras rocas para determinar si han generado hidrocarburos o si podrán ser rocas generadoras eficaces. La reflectividad de un mínimo de 30 granos individuales de vitrinita de una muestra de roca se mide bajo un microscopio. La medida se presenta en unidades de reflectancia, % Ro, con valores típicos de un 0 % Ro a un 3 % Ro, con valores para rocas generadoras de gas típicamente superiores a un 1,5 %.

Es decir, es un indicador muy útil (el símbolo utilizado es Ro) para predecir la existencia de productos en condiciones de ser aprovechados, de la siguiente manera:

– Si una roca revela en el microscopio una reflectancia de la vitrinita de Ro = 0,7 o menos, implica que puede producir gas de los pantanos.

– Valores de Ro entre 0,7 y 1,1-1,2 indican rocas precursoras de petróleo.

– Entre 1,2 y 1,7 producirían gas húmedo, es decir, gas metano con etano, propano y butano en disolución.

– Desde 1,7 a 2,6 Ro estaría indicando rocas generadoras de gas seco.

– Si fuera Ro = 2,6 o más, la compañía petrolera resultaría perdidosa: en vez de gas o petróleo habría hallado un hidrocarburo sobremaduro, una especie de carbón inútil para la industria del gas y el petróleo.

iii. *Cuando hablamos de petróleo, ¿de qué hablamos?*

Los productos aprovechables, los que pueden prosperar en piedras con Ro medido entre 0,7 y 2,6, se listan en el Cuadro 1.

---

[13] Se define la reflectividad como una propiedad direccional, medida por la fracción de radiación reflejada por una superficie. Se utiliza en fotometría y en procesos de transferencia de calor.

Componentes del petróleo, denominación química y producto Comprende solo hidrocarburos simples a presión atmosférica Fuente: IAPG (2009: 81)				
Denominación química	Fórmula	Estado normal	Punto de ebullición	Productos / Empleo primario
Metano	CH_4	Gaseoso	-161°C	Gas natural combustible / Productos petroquímicos
Etano	C_2H_6	Gaseoso	-88°C	
Propano	C_3H_8	Gaseoso	-42°C	GLP/ Productos petroquímicos
Butano	C_4H_{10}	Gaseoso	0°C	
Pentano	C_5H_{12}	Líquido	36°C	Naftas de alto grado
Hexano	C_6H_{14}	Líquido	69°C	
Heptano	C_7H_{16}	Líquido	98°C	Gasolina natural (sustancia base para combustibles para motores de combustión interna y turbinas)
Octano[14]	C_8H_{18}	Líquido	125°C	
Nonano	C_9H_{20}	Líquido	150°C	
Decano	$C_{10}H_{22}$	Líquido	174°C	
Undecano-N[15] Hendecano	$C_{11}H_{24}$	Líquido	195°C	
Dodecano-N	$C_{12}H_{26}$	Líquido	215°C	Kerosene
Tetradecano-N	$C_{14}H_{30}$	Líquido	252°C	Gas Oil
Eicosano-N	$C_{20}H_{42}$	Sólido	367°C	Parafina muy liviana

Cuadro 1

Obsérvese que el carbono (C) crece en una unidad a medida que recorremos de arriba hacia abajo las fórmulas químicas en el cuadro, mientras que el hidrógeno (H) lo hace en dos. Regularidades como esas alimentaron la convicción de los científicos del siglo XIX sobre un orden esencial en la naturaleza.

[14] La palabra "octanaje" deriva del nombre de este componente. El octano es altamente antidetonante; es decir, no detona espontáneamente en la cámara de combustión de un motor, lo cual no es conveniente. En cambio el heptano es altamente detonante. Por convención, para poder calificar los distintos combustibles, se asigna el valor de 100 octanos a una mezcla patrón que se comporta como si estuviera compuesta puramente de octanos, y de cero octanos a otra que solo contiene heptanos. En la práctica, los combustibles comerciales son mezclas de varios componentes. Así, una nafta o gasoil de 95 octanos presentará tendencia al autoencendido y todo lo contrario otra de 105 octanos.

[15] La descripción de Wikipedia es llamativa: "El undecano (también llamado n-undecano) es un alcano, parafina o hidrocarburo saturado de cadena lineal y cuya fórmula química es CH_3-$(CH_2)_9$-CH_3. Se usa como un atrayente sexual suave para varios tipos de mariposas nocturnas y cucarachas". Como se ve, el petróleo tiene muchas aplicaciones interesantes.

A partir de esos productos básicos, la petroquímica y la farmoquímica son capaces de producir muchísimos derivados: combustibles e incombustibles, plásticos y pinturas, materiales para la construcción y para la guerra, solventes y detergentes, remedios y venenos, fertilizantes y pesticidas, perfumes y repelentes... Una lista infinita y creciente de la que no nos vamos a ocupar, pero que hay que tener en consideración cuando se critica la industria petrolera.

3. Argentina y Neuquén: cuencas con historia propia

i. Las cuencas sedimentarias argentinas

Volviendo a las cuencas, veamos el Gráfico 3, tomado de Etcheverry y Toledo (2012), en el que se muestran las cuencas argentinas activas y las que aún se encuentran sin producir.

Gráfico 3

Una tesis doctoral que expone acerca de los procesos que dieron origen al espacio de nuestro interés comienza describiendo el marco geológico de la siguiente manera:

> La Cuenca Neuquina es una cuenca de diseño triangular que cubre una superficie de 160.000 km^2. Está localizada al este de la cadena andina argentina entre los 32° y 40° de latitud S. Limita al noreste con el macizo de la Sierra Pintada y al sureste con el macizo Norpatagónico. Se trata de una cuenca ensiálica[16] iniciada en el Triásico Superior-Jurásico Inferior por procesos acaecidos en el margen occidental de Gondwana.[17] Presenta una historia tectónica compleja,[18] íntimamente ligada al desarrollo de los Andes y a la geometría de la losa subductada. A lo largo de su evolución, la Cuenca Neuquina constituyó un área subsidente,[19] registrándose una columna integrada de hasta 7.000 m de sedimentos y 4.000 m de sedimentos continuos (D'Elía, 2010).

En el trabajo de dicho autor se leen conceptos como el siguiente:

> Hacia fines del Cretácico Inferior una horizontalización del ángulo de subducción generó un cambio hacia un régimen tectónico compresivo. En este marco, se invirtieron[20] muchas estructuras extensionales previas y se generó la transición desde una cuenca marginal a una cuenca de antepaís.[21]

---

[16] Perteneciente a la corteza superior terrestre.

[17] Como es sabido, hace más de 500 millones de años la Tierra tenía forma menos esférica, con una protuberancia notable: el continente Gondwana, que reunía en una sola gigantesca isla a todos los continentes hoy existentes, los que se fueron separando con extrema lentitud hasta dar con la geografía actual, que sigue en evolución.

[18] La tectónica es una especialidad geológica que investiga los cambios en las estructuras geológicas generados por alteraciones y movimientos de la corteza terrestre.

[19] Subductada y subsidente: neologismos para referirse a hundimientos de la corteza o de la placa basamento.

[20] "Inversión" en este caso no significa que una estructura lítica "se dé vuelta", sino que el movimiento de la misma a lo largo de una falla cambia de dirección.

[21] En otras palabras: lo que era una costa marítima pasó a ser una depresión continental. Wikipedia dice, en dialecto "geologués": "Una cuenca de antepaís es una depresión flexural ubicada *detrás* de un orógeno, en donde se acumulan sedimentos provenientes principalmente del mismo". Es necesario aclarar: flexural, que se flexionó; orógeno, la fuente de los sedimentos que llenan la depresión. En la Cuenca Neuquina, el orógeno es la cordillera de los Andes.

Esta etapa se caracterizó por la paulatina continentalización[22] de los ambientes depositacionales, controlados mayoritariamente por una tectónica compresiva y minoritariamente por períodos de relajación tectónica e ingresiones[23] marinas (D'Elía, 2010).

Elegí deliberadamente dichos pasajes, y las notas al pie, para ilustrar a los lectores sobre la críptica terminología de los geólogos. Intentaremos brindar relatos más accesibles, pero no por ello menos válidos.

ii. *La Cuenca Neuquina*

Veamos el Gráfico 4, de Chebli, Giusiano y otros (2010), mapa que muestra el alcance territorial de la Cuenca Neuquina. Es de destacar que la misma abarca casi toda la provincia que le da el nombre, pero también se introduce profundamente en Mendoza y Río Negro, así como un poco en La Pampa (admito que la frase anterior es asincrónica: obviamente primero fue la cuenca, y luego Dios o la evolución generaron al Hombre, quien dibujó caprichosas fronteras territoriales). En dicho gráfico he agregado un óvalo azul para señalar una de las áreas petroleras (no gasífera) más "calientes" (en la jerga se dice: *hot spots*) de la formación Vaca Muerta. En referencia a esa localización, en el Gráfico 5, los mismos autores nos ofrecen un esquema del perfil de los estratos que se formaron por erosión y sedimentación. La figura ofrece gran cantidad de información, que iremos comentando en lo sucesivo.

---

[22] Los ambientes deposicionales "continentales" son formados por aguas no oceánicas, generalmente de ríos, estuarios y lagos de agua dulce.

[23] ¡"Ingresiones marinas"! Ciertamente el geologués requiere ser traducido para poder difundir las ciencias de la Tierra. ¿Por qué no escribir, por ejemplo, "sucesivos ingresos de mares"? Dicho todo esto con respeto hacia el conocimiento de los investigadores de la disciplina.

Cuenca Neuquina. Zonas estructurales

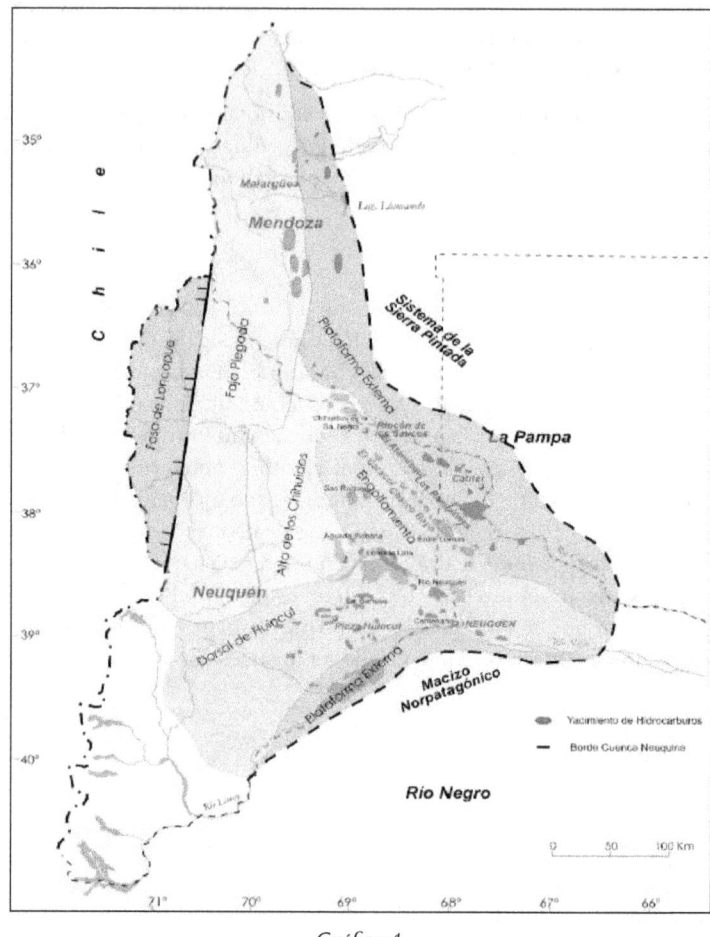

Gráfico 4

Es interesante señalar que la línea de tiempos, a la izquierda del perfil, está expresada en millones de años (Ma). Se advierte que la sedimentación sobre el basamento de la fosa neuquina comenzó hace ¡200 millones de años!, cuando finalizaba la era del Triásico y comenzaba el Jurásico. Tarea optativa para los lectores: "googlear" el significado de los términos *eón, era, período, época, piso* y otros relacionados. No hacen falta para continuar aquí, pero les aseguro que forman parte de un relato apasionante.

ENTENDER VACA MUERTA

CUENCA NEUQUINA. COLUMNA ESTRATIGRAFICA SIMPLIFICADA

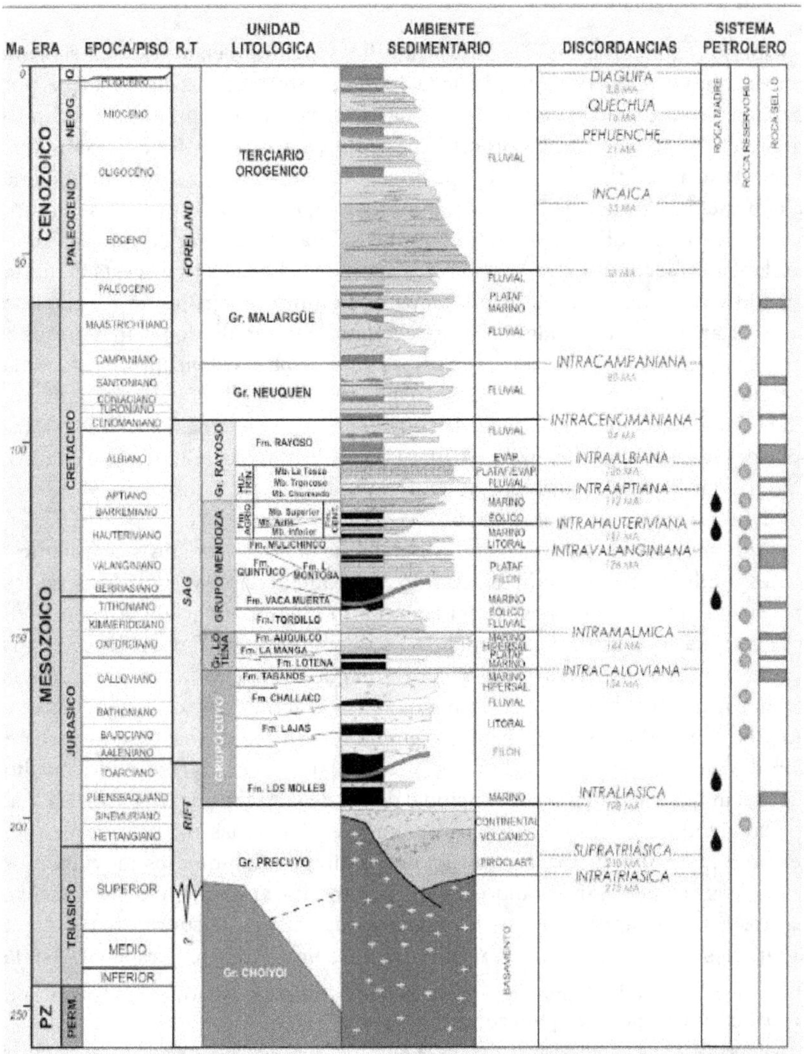

Gráfico 5

4. Estructuras litológicas con nombres mapuches

i. Unidades y formaciones geológicas

Iremos explicando las categorías científicas incluidas en los esquemas. Para empezar: una *unidad litológica*[24] queda definida dentro de dos *discordancias* por las características de sus sedimentos. Cuando se verifican cambios en las condiciones en que se realizan los procesos de sedimentación, se dice que existe una discordancia estratigráfica, una situación en la que se rompe la continuidad de la deposición paralela de las capas. Por ejemplo, el Grupo Mendoza se montó sobre la capa Auquilco, constituida por las salinas de un mar en retirada (discordancia). Tal conjunto recibió aportes marinos y fluviales y en él está incluido Vaca Muerta. Atención los mendocinos: el nombre del grupo no los habilita para reclamar soberanía alguna sobre el rumiante sagrado de los neuquinos.

Los grupos reúnen sucesivos estratos o *formaciones sedimentarias*, cada una con características propias, que constituyen la estructura litológica fundamental. En el Gráfico 5 se listan varias de las que componen sistemas petroleros. Ellas son, desde el basamento hacia arriba: Los Molles, Lajas, Challaco, Tábanos, Lotena, La Manga, Auquilco, Tordillo, Vaca Muerta, Quintuco, Montosa, Mulichinco, Agrio, Huitrín y Rayoso.

Ahora bien, cada formación en general muestra características cambiantes, correspondientes a diferentes fases de su sedimentación y a cambios en las formas y contenidos de la sedimentación a lo largo y ancho de la misma, en las que todas o algunas de las cualidades difieren; a esos "substratos" se los denomina *facies*. Así, Legarreta y Villar (2012) describen las "*facies* generadoras de hidrocarburos dentro de la formación Vaca Muerta", así como aquellas que no produjeron dichos fluidos. Otro ejemplo de cambio de *facies*: la formación Tordillo se transforma hacia el este en Sierras Blancas, la roca reservorio que dio lugar al mayor yacimiento convencional de gas de la Argentina: Loma de la Lata.

Volviendo a las formaciones propiamente dichas, las mismas no se presentan en la realidad con la estilización del dibujo, sino que los movimientos tectónicos las fueron quebrando, plegando y modificando de muchas maneras. Las formas geográficas con que los estratos aparecen en la superficie permiten agruparlos según *zonas estructurales*[25], como se muestra en el Gráfico 4. Así, la

[24] La litología es la disciplina que estudia las rocas, su composición y su relación con el contexto geológico, geoquímico y geodinámico.

[25] Wikipedia: "La geología estructural es la rama de la geología que se dedica a estudiar la corteza terrestre, sus estructuras y su relación en las rocas que las contienen. Estudia la geometría de las formaciones rocosas y la posición en que aparecen en superficie. Interpreta y entiende el comportamiento de la corteza terrestre ante los esfuerzos tectónicos y su relación espacial, determinando la deformación que se produce, y la geometría subsuperficial de estas estructuras". Supongo que a esta altura los lectores reaccionarán

región estructural llamada Dorsal de Huincul está marcada por el extremo de una antigua cadena montañosa (pronto veremos su importancia). En la Faja Plegada, por la flexión tectónica, las formaciones se quebraron en varias partes, se elevaron y se montaron sobre sí mismas. El engolfamiento es una de las zonas más bajas y fue, como veremos, realmente un golfo marino. Las plataformas externas conforman transiciones de menor pendiente hacia la finalización del cuenco litológico.

ii. *El origen de los nombres de los estratos*

Quizás los lectores se han preguntado por el origen de esos nombres: Loncopué, Chihuidos, Mulichinco, Vaca Muerta, Los Molles, Quintuco, etcétera. Esas estructuras y formaciones fueron detectadas durante las primeras décadas del siglo pasado, cuando los recursos tecnológicos eran escasos. Por ello la exploración dependía, en mayor medida que en el presente, de la *geología de superficie*, la ciencia y el arte de la interpretación de los afloramientos superficiales de los estratos. No por nada la foto de los exploradores, pica en mano bajo el sol y el viento, es la imagen clásica de la geología. Esos adelantados buscaban las emergencias superficiales de los estratos detectados en las perforaciones petrolíferas; cuando las encontraban, usualmente les adjudicaban el nombre del paraje o componente geográfico de la ocurrencia. Dicha toponimia remite históricamente a la etnia originaria neuquina: los mapuches, o a nombres adjudicados por colonizadores criollos de fines del siglo antepasado. V. gr., la formación Auquilco es visible directamente debajo de una aparición superficial de Vaca Muerta en la zona de la laguna Auquinco, al noreste de Chos Malal. En un apartado específico nos referiremos al extraño nombre de la formación Vaca Muerta.

5. Las más grandes catástrofes de la Norpatagonia

i. *De cómo Neuquén perdió sus costas marítimas*

Cabe preguntarse cómo se formó la gran olla a presión que nos ocupa. La respuesta es una impresionante historia geológica; para dar cuenta de ella, el Gráfico 6, tomado de YPF (2013 a)[26] que figura en la página siguiente, nos proporciona una gran ayuda.

---

ante la palabra "subsuperficial" con una sonrisa. Resulta extraño señalar algo que sea a la vez "sub" y "super". Cualquiera hubiera escrito, por ejemplo, "debajo de la superficie", o quizás: "en las densas profundidades de nuestra ancestral tierra patagónica".

[26] Dicho documento fue presentado al Estado provincial del Neuquén con motivo de la solicitud de aprobación del desarrollo del área Loma Campana, el primer proyecto de no convencionales del país; también el primero fuera de EE. UU. y Canadá. Como se consigna, la información del gráfico fue tomada de Franzese y Spalletti (2001).

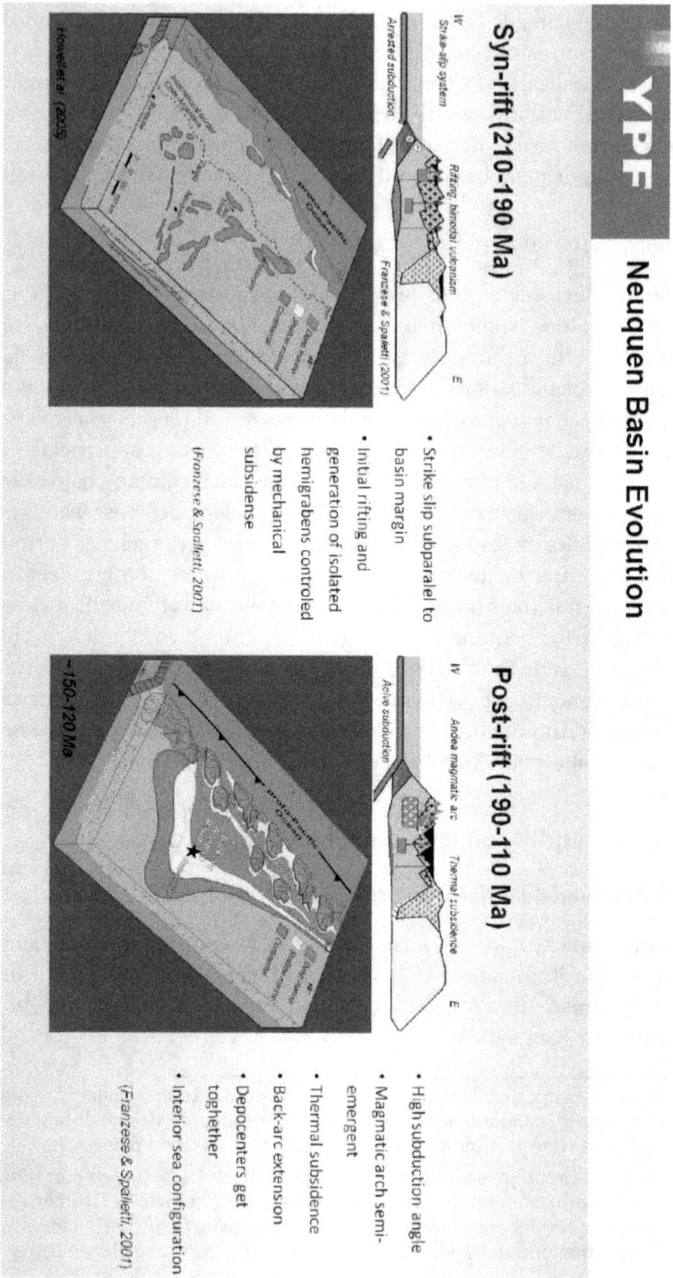
YPF
Neuquen Basin Evolution
Syn-rift (210-190 Ma)
W
E
Strike-slip system
Rifting, bimodal volcanism
Arrested subduction
Franzese & Spalletti (2001)
Howell et al. (2005)
• Strike slip subparalel to basin margin
• Initial rifting and generation of isolated hemigrabens controled by mechanical subsidense
(Franzese & Spalletti, 2001)
Post-rift (190-110 Ma)
W
E
Andean magmatic arc
Thermal subsidence
Active subduction
~150-120 Ma
• High subduction angle
• Magmatic arch semi-emergent
• Thermal subsidence
• Back-arc extension
• Depocenters get toghether
• Interior sea configuration
(Franzese & Spalletti, 2001)

Gráfico 6

Comentarios sobre los términos: ya conocemos la definición de *rift* (una gran grieta superficial que responde a gigantescos movimientos telúricos); agreguemos que es un volumen tectónico sometido a enormes tensiones geodinámicas, capaces de originar grandes deformaciones en la litósfera y la corteza.[27] Se denomina *rifting* al correspondiente proceso de escisión y plegamiento terrestre: hay un momento de *prerift*, cuando se inicia la perturbación, bajo condiciones tectónicas que deben ser descriptas en cada caso para poder explicar los sucesos posteriores; luego se verifica una transición o *sinrift*,[28] con severas deformaciones en respuesta a las grandes tensiones, para dar finalmente lugar al *posrift*, cuando, sin haber cesado la actividad tectónica, se alcanza una situación de relativo equilibrio en el basamento, dando lugar a largos procesos de meteorización, sedimentación y llenado de la correspondiente cuenca.

El dibujo ilustra dos momentos de la geodinámica del *rifting* de Neuquén, motivada por el encuentro de las placas de Nazca y Sudamericana, enormes plataformas que se movían (y se mueven) arrastradas por la astenósfera.[29] Las mismas se enfrentaron en su deriva continental y el resultado fue la formación de una cadena montañosa continua en sentido norte-sur, cuyo tramo meridional es la cordillera de los Andes. Según el Gráfico 6 (ver también la columna R. T. del Gráfico 5),[30] lo que hoy es la provincia del Neuquén y alrededores comenzó a bailar el *rift* durante el Triásico Superior, hace 220 millones de años, semanas más o menos. Los sucesos resultantes de la embestida se incluyen en la definición de "*rift* de margen convergente con subducción" (Padilla, 2009: 59). Hay otros estilos de *rifting* (por ejemplo, cuando las placas, en vez de presionarse mutuamente, divergen y forman un *graben*),[31] pero se trata de variedades de *rift* que no trataremos aquí.

[27] Litósfera: comprende la corteza terrestre y el volumen superior del manto o "cuspidal", conjunto que conforma las placas tectónicas, masas que interactúan entre sí y constituyen los continentes y los fondos de los océanos.

[28] Sin-: en una de sus acepciones, prefijo que significa "unión", "simultaneidad", "convergencia".

[29] Astenósfera: zona del manto inmediatamente por debajo de la litósfera, formada por roca basáltica semilíquida.

[30] Traducimos los términos de dicha columna, de acuerdo con la clasificación de Coleman y Cahan (2012):
- R. T.: *rift* transtensional o transpresional, otra forma de calificar el tipo de *rift* de bordes de placa que estamos tratando.
- *Sag*: período de hundimiento del *rift*.
- *Foreland*: período de llenado por sedimentación y de consecuente elevación de la cuenca adyacente a la falla que da lugar al *rift*.

[31] Seguimos descifrando las palabras del Gráfico 6. Una fosa tectónica formada por dos fallas paralelas se denomina *graben* (término del idioma alemán). Si la fosa es originada por una sola falla, como en nuestro caso, estamos frente a un *hemigraben*.

Como se observa en el dibujo, la placa de Nazca fue forzada a un alto grado de subducción mecánica,[32] lo que generó una brecha en la litósfera, dando como resultado el arco magmático de elevaciones y volcanes, así como la particular geografía de Chile, de poca anchura con respecto a su extensión norte-sur. En el subproceso de *sinrift*, mientras emergían lentamente las montañas y aún no se había formado el engolfamiento, las deformaciones en la corteza generaron ambientes fluviales, lacustres y marinos que dieron lugar a las formaciones del Grupo Cuyo, entre las que se incluyen Los Molles y Lajas.

Luego de varias decenas de millones de años, y como contrapartida de la pausada pero firme emergencia de la cordillera de los Andes, maduró un proceso de subducción termal hacia atrás de la placa Sudamericana. Ampliamos: subducción porque la litósfera se hundió formando el engolfamiento; y termal porque el flujo de material magmático, que se expandió y emergió por el arco andino, implicó un enfriamiento de la astenósfera, haciéndola más pesada y motivando su descenso, y con ella, el de todo el conjunto. Consecuentemente, hace aproximadamente 190 millones de años, las aguas del Pacífico ya habían penetrado profundamente hacia el oeste, activando los lentos pero persistentes procesos de sedimentación y llenado de la cuenca.

Volviendo al Gráfico 5 y su línea de tiempos, se advierte que, hasta "muy recientemente", hace "apenas" setenta millones de años, cuando se formó la unidad litológica Malargüe, existieron mares y caudalosos ríos capaces de alimentar numerosas formaciones líticas sepultadas a miles de metros. Muchas de ellas, en un ambiente geológico altamente inestable, con numerosos terremotos y volcanes activos, sufrieron deformaciones y fallamientos (finalmente he contraído la adicción a las innovaciones literarias de los geólogos), dando lugar, en algunos casos, a los *sistemas petroleros* que hoy explota la humanidad, tema que trataremos más adelante.

Tengo que decir que, en esas épocas, los habitantes norpatagónicos (se entiende que me refiero a animales terrestres, incluyendo dinosaurios de distintos pelajes) gozaron de las amplias playas de una extensa bahía, con espectaculares vistas a volcanes activos e islas con densos bosques. A cambio de esa irrecuperable pérdida, y gracias a ella, hoy podemos disponer de los recursos convencionales y no convencionales de petróleo y gas.

---

[32] No confundir este proceso de subducción de bordes de placa, caracterizado por el empuje mecánico de la placa subsidente (que se hunde), con la subducción de antepaís o *sag*, de tipo termal (enseguida se explica), que formó el engolfamiento neuquino.

ii. *Génesis de la orografía, el subsuelo y los devenires neuquinos*

Cabe preguntarse por qué se produjo en esas latitudes tan notable hendidura y no ocurrió lo mismo más al norte y al sur, donde los Andes también fueron moldeados por similares fuerzas tectónicas. Para una posible explicación, debemos retroceder a los tiempos del *prerift*. Parece que la placa Sudamericana venía con una suerte de mochila: una cadena montañosa muy antigua llamada Dorsal, cuyos vestigios arrancan en las montañas de Azul, en la provincia de Buenos Aires, y llegan hasta la región centro-sur de Neuquén (área Dorsal de Huincul, en el Gráfico 4). Dicha cuña motivó que la salida de magma por el borde de las placas se dividiera, dando lugar a la cordillera y a la precordillera. Asimismo, el esfuerzo compresivo fue mayor en menor espacio, haciendo que la parte anterior de la corteza se quebrara y en parte se montara sobre sí misma (nótese en el mapa recién mencionado la zona estructural denominada Faja Plegada, sobre la que volveremos más adelante). Paralelamente, a mayor flujo magmático el enfriamiento en la astenósfera fue mayor, contribuyendo a profundizar el engolfamiento, cuyo límite sur fue precisamente el complejo estructural de la Dorsal.

Queda por decir que, a partir del Paleógeno y como se lee en el Gráfico 5, ya no hubo "ingresiones" marinas, lo que dio lugar a procesos erosivos y sedimentarios exclusivamente fluviales. Es el período *posrift* o de cuenca de antepaís que alcanza hasta el presente.

Con respecto a las enunciaciones de los autores citados en esta sección, debo admitir que no existe consenso sobre los acontecimientos tectónicos que originaron la hondonada litosférica que nos ocupa. Así, algunos no mencionan el papel que jugó la Dorsal, y otros, como Franzese y Spalletti (2001: 8), simplemente expresan: "[...] el marco geológico inicial de la Cuenca Neuquina es complejo y controversial", y siguen adelante con lo que les interesa a los petroleros. Lo aquí escrito sobre el *rift*, la Dorsal y sus secuelas es una síntesis personal, una interpretación de las lecturas de numerosos textos sobre el tema, varios de los cuales figuran en la Bibliografía, así como de largas conversaciones con geólogos amigos.

Como sea que hayan sucedido las cosas, las consecuencias fueron relevantes:

– La menor altura que presentan los Andes en las latitudes de Neuquén con respecto a Mendoza, así como la consecuente aparición de numerosos lagos y pasos de baja altura que unen el este y el oeste de la cordillera.

– La presencia de la precordillera del Viento que, en el norte de Neuquén, va desde el volcán Domuyo hasta Andacollo, siguiendo un arco de elevaciones que continúan, con menor altura, hacia el sur, hasta las cercanías de Piedra del Águila.

– La constitución de las cuencas hídricas de los ríos Colorado y Neuquén, al norte, y del Limay, al sur, separadas por las elevaciones del centro-sur de la cuenca.

– La lenta y catastrófica formación de las unidades litológicas y estratos del subsuelo, incluyendo las rocas madre de Vaca Muerta, Los Molles y Agrio, fundamentos de los principales sistemas petroleros de la Cuenca Neuquina.

En otras palabras: el *rift* y la Dorsal, protagonistas de los ciclópeos movimientos tectónicos de la región, contribuyeron centralmente a formar el suelo y el subsuelo, así como el clima, las montañas y los ríos; y consecuentemente, la fauna y la vegetación, algunas de cuyas especies originadas en el período Terciario –como la araucaria araucana (el pehuén)– subsisten hasta el presente. Es decir, el escenario en el que alentamos, quienes vivimos allí, expectativas y motivaciones, en nuestro afán por intervenir sobre la naturaleza, para sacar provecho de los recursos que esta ha desarrollado a lo largo de millones de años.

iii. Faja Plegada, donde "hay dos Vaca Muerta"

El Gráfico 7, de Bermúdez y Delpino (2008), presenta un interesante corte estructural que corresponde a una línea noroeste-este que pasa por el centro norte de la cuenca.

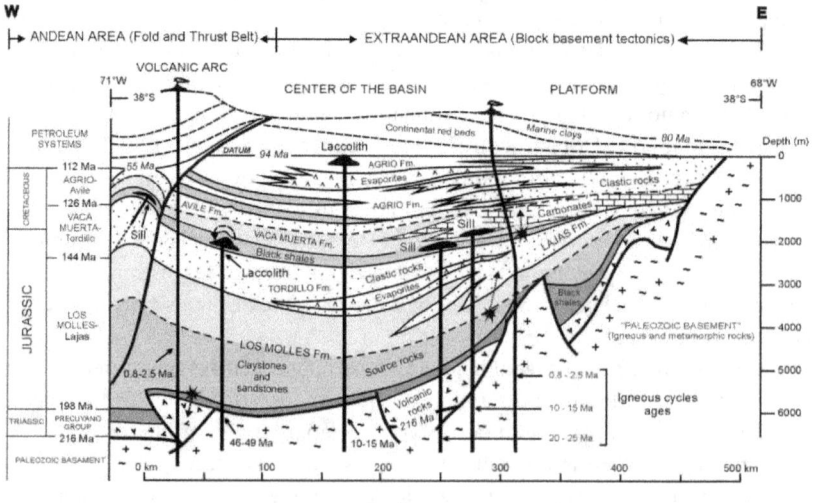

Gráfico 7

El dibujo tiene la virtud de ilustrar claramente la forma de la hondonada y la ubicación espacial de los grupos y las formaciones. La escala horizontal se muestra mucho más comprimida que la vertical, de manera que las proporciones están alteradas. Señalo que el "hoyito" supera, en su mayor calado, los 6.000 m.

Los autores son vulcanólogos, por lo que se interesaron en los *lacolitos*, intrusiones plutónicas[33] que no llegaron a la superficie y que, en su máxima elevación, se dispersaron lateralmente formando una especie de soleras (*sills*) de material basáltico. O sea, se trataría de volcanes frustrados. En cambio, en la Faja Plegada se observa una intrusión que alcanzó la superficie, la que podría ser el cerro Tromen, un volcán extinto, cercano a la localidad de Buta Ranquil. Otra surgencia dibujada más al este seguramente se refiere al Auca Mahuida, otro volcán que también ha disipado sus energías. En estos aspectos es interesante comprobar que esos fenómenos tienen fechas de nacimiento mucho más tempranas que los estratos líticos.

Seguimos elucidando la información del ilustrativo corte estructural. "Rocas clásticas" es la denominación general de las rocas formadas por meteorización, transporte, compactación y litificación de los sedimentos. Las evaporitas son rocas sedimentarias que se forman por cristalización de distintas sales disueltas en las aguas de lagos y mares costeros. *Claystones* o *shales* son arcillitas y *sandstones* son areniscas que presentan distintas propiedades petrofísicas.

Por último, son necesarias algunas palabras sobre la Faja Plegada, cuyo esquema figura a la izquierda del Gráfico 7, limitado por una línea en forma de S que va desde el basamento hasta la superficie. Dicha línea representa una gran falla tectónica con fuerte hundimiento (un *hemigraben*, según ya definimos). La grieta se originó durante el Triásico, pero permaneció inactiva (es decir, las formaciones a ambos lados no se movieron) hasta fines del Jurásico, cuando se produjo otro evento de relevancia: la *inversión* de la falla, una reactivación en sentido inverso producida por el empuje del basamento. Según Zamora Valcarce y otros (2009): "La deformación fue consecuencia de una leve horizontalización de la placa subducida, que habría provocado la migración del arco volcánico hacia el antepaís". Esto significa que la placa de Nazca cambió la manera de presionar, lo que también derivó parte del vulcanismo más hacia el este. El empuje compresivo hizo su efecto, y a mediados del Cretácico se verificaron eventos geológicos de gran magnitud (terremotos) que comenzaron a elevar las formaciones. Luego hubo más movimientos tectónicos compresivos, según ilustra el Gráfico 8 (Zamora Valcarce, 2009), que muestra cómo varió el soterramiento de las capas. Atención, ese gráfico cartesiano no representa las formas de dichas capas, sino las distancias de las mismas respecto de la superficie, a

---

[33] Una intrusión geológica es una masa de roca ígnea que se cristaliza a partir del magma. Si la solidificación es subterránea, las intrusiones se denominan plutones. Las grandes emergencias superficiales se denominan batolitos.

través del tiempo. Como se comprueba, la fosa neuquina había llegado a tener hasta 8 km de profundidad (se entiende: profundidad respecto de la superficie, del basamento sobre el que se acomodaron los estratos sedimentarios).

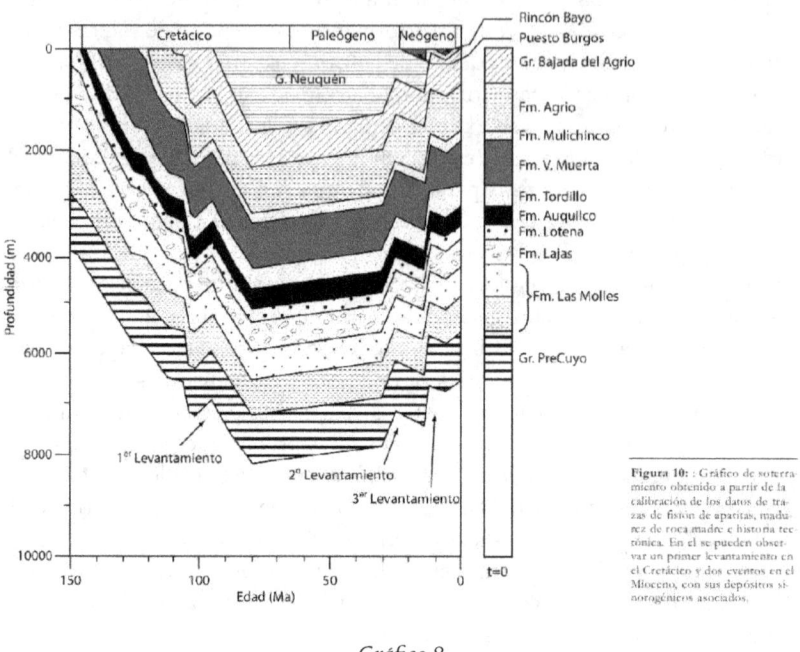

Figura 10: Gráfico de soterramiento obtenido a partir de la calibración de los datos de trazas de fisión de apatitas, madurez de roca madre e historia tectónica. En él se pueden observar un primer levantamiento en el Cretácico y dos eventos en el Mioceno, con sus depósitos sinorogénicos asociados.

Gráfico 8

Tan colosales movimientos tectónicos hicieron que superficie y subsuelo ganaran una complejidad que en este trabajo no puede explicarse, pero que cualquier viajero que vaya desde Zapala hacia Chos Malal puede apreciar. Por ejemplo, la pampa del Salado adquirió su cualidad de llanura en medio de las montañas gracias a un levantamiento por inversión de un bloque de basamento, haciendo que aquella se elevara mil metros por encima de la pampa de Agua Amarga, cerca de allí, hacia el este. La presión lateral generó el Cordón del Salado y el anticlinal (alteración de los estratos con forma de domo) de Pichi Mula, provocando el traslapamiento de las capas geológicas, entre ellas Vaca Muerta, de la manera que se observa en el Gráfico 9 (información también tomada de Zamora Valcarce y otros [2009]).

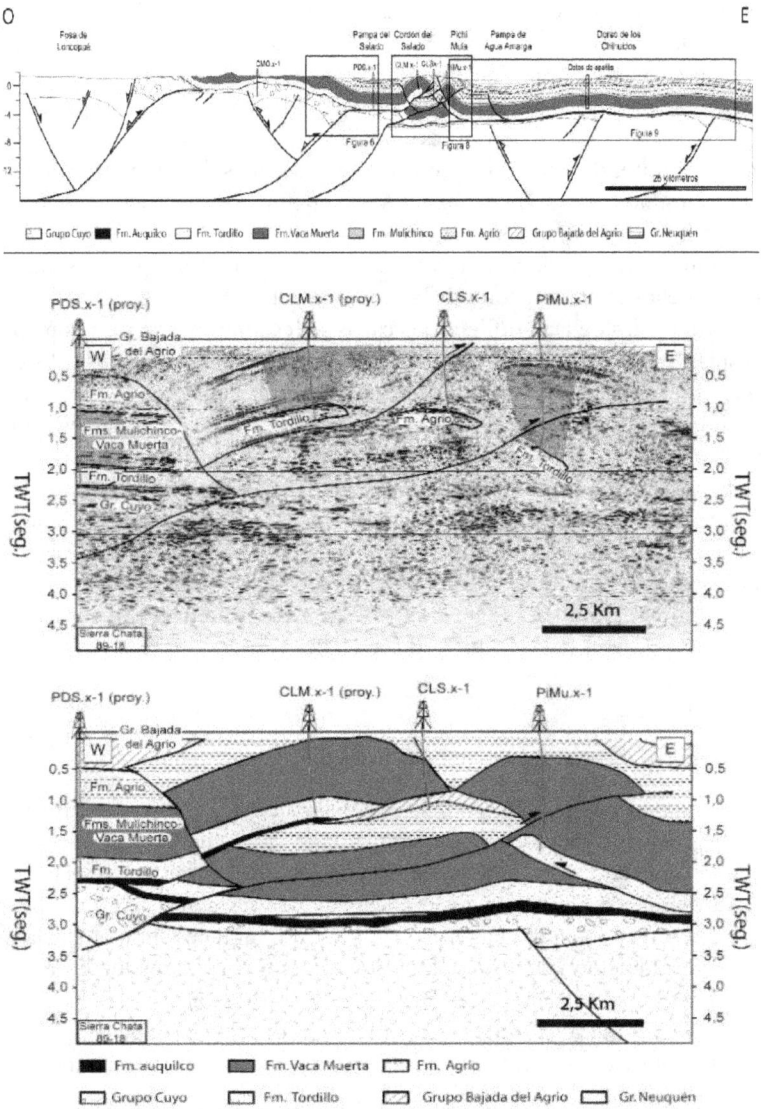

Figura 8: Sección sísmica 2D a través del cordón del Salado y el anticlinal Pichi Mula. Esta zona constituye una zona triangular (Zapata et al. 2002) con dos anticlinales aflorantes con vergencia opuesta y un tercer anticlinal enterrado. El nivel de despegue superior está constituido por las evaporitas de la Formación Huitrín, en donde se insertaron los corrimientos que levantaron las estructuras.

Gráfico 9

Como vemos, el corte estructural abarca más de 100 km de este a oeste y hay un detalle ampliado del Cordón del Salado. La interpretación (dibujo inferior) de la sísmica 2D[34] (dibujo ubicado al medio) muestra como la compresión tectónica quebró los estratos y los superpuso, de manera que Vaca Muerta y las capas sedimentarias superiores quedaron traslapadas. Un enorme trozo de dicho estrato, de casi 10 km de ancho por decenas de kilómetros de largo en dirección norte-sur, con el Grupo Agrio encima, se aloja debajo de lo que fueron sus propias extensiones laterales.

Es muy común, y de hecho lo he escuchado en más de una oportunidad por boca de los mismos actores de la industria petrolera, la creencia de que en las proximidades de la cordillera "las capas se levantaron y se plegaron sobre sí mismas", con lo cual las perforaciones dieron con dos Vaca Muerta. Es cierto que en la Faja Plegada hay dos Vaca Muerta, pero no porque el estrato se haya doblado, sino porque el mismo se quebró y se solapó. Probablemente el equívoco se haya originado a partir de una interpretación errónea de la palabra "inversión", que no se refiere al solapamiento, sino al cambio de dirección en el movimiento de los estratos, los que primero se hundieron siguiendo la falla y luego, en un espacio de confinamiento más pequeño debido a la compresión tectónica, subieron por el mismo camino, pero al costo de quebrarse y encimarse.

Por último, la unidad de medida TW es el acrónimo de *Two-Way Time*, el tiempo que tarda la señal sísmica en ir hasta una capa reflectora y retornar al instrumento de medición.

iv. *Un modelo matemático y una hermosa foto*

Las subducciones, ingresos marinos, fallamientos, inversiones, traslapamientos y demás incidentes geodinámicos, en el marco de la confrontación de las placas de Nazca y Sudamericana, son de inconmensurable complejidad y difíciles de concebir en su dimensión y duración. Ergo, son arduos de explicar, lo que obviamente no intentamos, solo esbozamos modelos simples y dejamos volar la imaginación respecto de los detalles. Es bueno dejar que las mentes generen imaginarios inspirados, quizás, por apocalipsis bíblicos y películas como *La Guerra de las Galaxias*, estereotipos de catástrofes como terremotos y colapsos capaces de abrir y cerrar imponentes cordilleras como si fueran compuertas.

---

[34] La *exploración sísmica de reflexión* en dos dimensiones (2D) consiste en generar pequeñas ondas de vibración terrestre desde un equipo que produce impactos en la superficie, las que se reflejan (rebotan) en los estratos y luego son captadas por sismógrafos, lo que permite dibujar cortes como los del Gráfico 10. La sísmica 3D, como su nombre lo indica, genera imágenes estratigráficas en tres dimensiones, logrando mayor profundidad y precisión en los datos.

Ante la imposibilidad de proponer un mecanismo claro de causa y efecto, y para aumentar el desconcierto, solo diré que, en el vasto lapso que fue desde 200 a 120 millones de años antes de ahora, hubo nada menos que cuatro accesos del océano Pacífico a tierras que hoy forman parte de Neuquén, Río Negro, La Pampa y Mendoza. Colosales inundaciones que dieron origen a otras tantas rocas generadoras de hidrocarburos. Pensemos en Sodoma y Gomorra, en las siete plagas de Egipto y en el contrataque del imperio de George Lucas; en esas historias los acontecimientos ocurren en minutos, horas o pocos días; en escalas de tiempo acordes con la escasa duración de la vida de los seres humanos. En contraste, las entradas y salidas de los mares ancestrales neuquinos implicaron, cada una de ellas, varios millones de años. Comparemos lo incomparable: solo pocas personas llegan a vivir cien años, o sea: un diezmilésimo de un millón de años (Ma, en el Gráfico 5), mientras que Vaca Muerta necesitó dos millones de años para consolidarse como formación.

¿Cómo habrá sido el movimiento de esas compuertas andinas? ¿De golpe, catastróficamente, mediante gigantescos terremotos?, ¿o de a poco, con la inconcebible lentitud litostática de los sistemas tectónicos? Las respuestas están solo en nuestra capacidad de imaginación.

Una aproximación que hace más o menos aprehensible tan complicada evolución terrestre consiste en la modelización matemática del *rift*. Si bien no puede aclarar en detalle cómo se produjeron los cuatro ingresos marinos, al menos proporciona un modelo simplificado, un esquema conceptual a partir del cual la imaginación puede inspirarse. A ese respecto, y como se ha demostrado infinidad de veces, una buena imagen puede ser más explicativa que muchas palabras. El Gráfico 10 posee esa virtud: es el resultado de un desarrollo matemático realizado en la Universidad de Bergen, Noruega (Huismans, 2014), mediante el cual se simuló un proceso de *rifting* "fotografiado" en la etapa de *sinrift*. Con los conceptos hasta aquí volcados es posible interpretar los dibujos. Se puede entender cómo hacia el oeste (hacia Chile, en nuestro caso) se generó una geografía fragmentada y montañosa. Y cómo hacia el este, aparecen profundas fallas, una de las cuales podría representar la gran quebradura que dio lugar a la Faja Plegada neuquina. El dibujo de arriba a la derecha se aproxima a los procesos de plegamiento y traslapamiento que hicieron que en algunas locaciones hubiera dos Vaca Muerta bajo tierra.

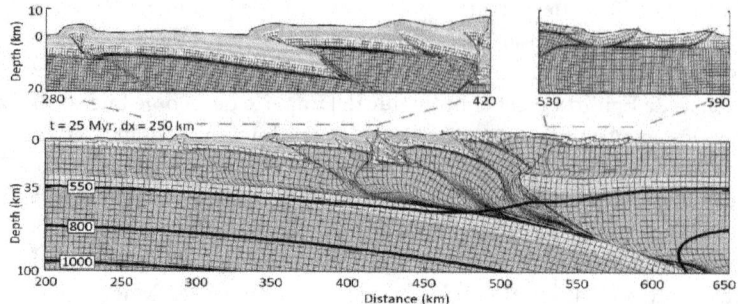

- Feedback between thin-skinned FTB and thick-skinned crustal scale tectonics
- Longer thin and thick skinned thrust sheets as a consequence of syn-tectonic deposition

Erdos, Huismans, van der Beek, submitted

Gráfico 10

En este punto es oportuno decir que similares dinámicas de deformaciones de *sinrift* se reflejaron en la superficie continental, creando ondulaciones y depresiones cubiertas por lagos y pantanos de agua dulce (el océano Pacífico ingresó en la cuenca mucho después). Tales ambientes dieron lugar a deposiciones anóxicas de detritos orgánicos y sedimentaciones, componentes aptos para promover los procesos de diagénesis y catagénesis ya descriptos. Con ello se crearon las condiciones para la constitución de un primer estrato generador de hidrocarburos, anterior y, en su localización, más profundo respecto de Los Molles y Vaca Muerta, una roca madre de origen lacustre denominada Puesto Kauffman, parte de la unidad litológica Precuyo.

En resumen, la Cuenca Neuquina cuenta con cinco rocas madre, una de origen continental y lacustre, y las otras predominantemente marinas, aunque también con aportes fluviales y de grandes depósitos de agua dulce.

Para finalizar este apartado, ofrecemos imágenes proporcionadas por Legarreta y Villar (2013), en el Gráfico 11. Consiste en una composición fotográfica que destaco por su belleza y expresividad. La foto superior muestra el conjunto de una emergencia litológica; la inferior a la izquierda es un detalle de la formación Tordillo; la contigua al centro es Vaca Muerta, y la inferior derecha Quintuco.

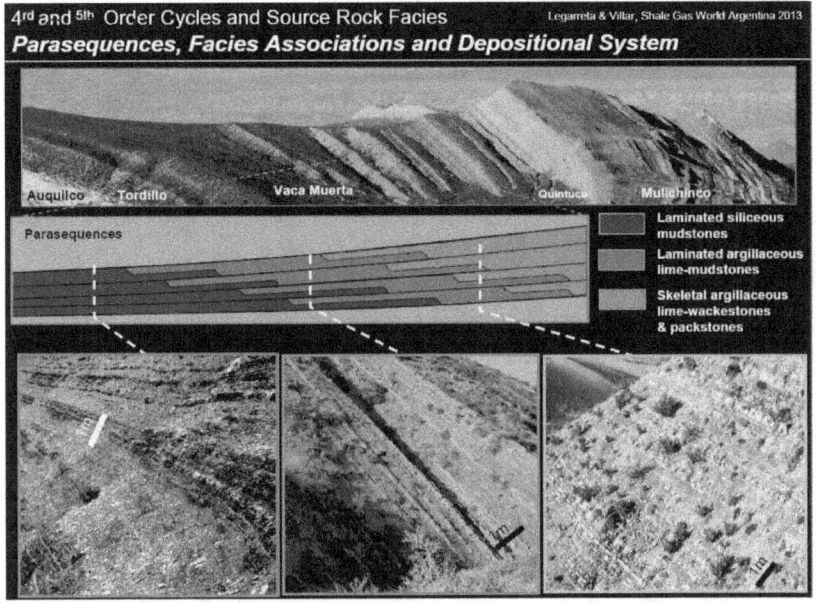

6. El origen del nombre "Vaca Muerta"

i. ¿Quién descubrió el gran yacimiento?

Hablando de Vaca Muerta, ¿cuál es la historia de su nombre? Guillermo Corona (*Animal de Ruta*, 2013) afirma: "Un geólogo de YPF, al dibujar el mapa de Vaca Muerta sobre una cartulina, se dio cuenta de que la forma se parecía al dibujo de una vaca echada. De ahí su nombre". En este caso, los informantes, quizás mal informados, se equivocaron. El siguiente texto de Etcheverry y Toledo (2012: 164) es claro:

> La formación Vaca Muerta toma su nombre del lugar donde una de aquellas figuras de piqueta en mano, el geólogo y paleontólogo norteamericano Charles E. Weaver, la definió por primera vez. En 1923 el científico comenzó un extenso trabajo de campo en la cuenca Neuquina, en la que elaboró mapas de grandes áreas, tomó valiosos datos estratigráficos y formó una colección de invertebrados fósiles de miles de piezas, los que revelaban el alto contenido orgánico de la formación y por ende su actual condición de productora de hidrocarburos.
>
> Según cita Darío G. Lazo [2009], Weaver publicó dos contribuciones principales sobre la estratigrafía y la paleontología de la cuenca Neuquina. La primera apareció en 1927 y fue un estudio estratigráfico y paleontológico de la Formación Roca (Río Negro). La segunda y más importante fue la monografía sobre el Jurásico y Cretácico de la cuenca publicada en 1931. Este es el trabajo por el cual hemos traído a Weaver a estas páginas, ya que aquí aparecen nominadas las formaciones Vaca Muerta y Los Molles, junto con Las Lajas, Lotena, Auquilco, Quintuco, Mulichinco y Agrio. Lo que Weaver estudió fue la sucesión de sedimentos del Jurásico y Cretácico que se acumularon en el llamado Engolfamiento Neuquino, es decir, el océano Pacífico que por entonces irrumpía en la cuenca hasta más allá de donde hoy está la ciudad de Neuquén.

Efectivamente, el mapa dibujado en el Gráfico 12 por Weaver (1931), y citado por Lazo (2009), no deja lugar a dudas:

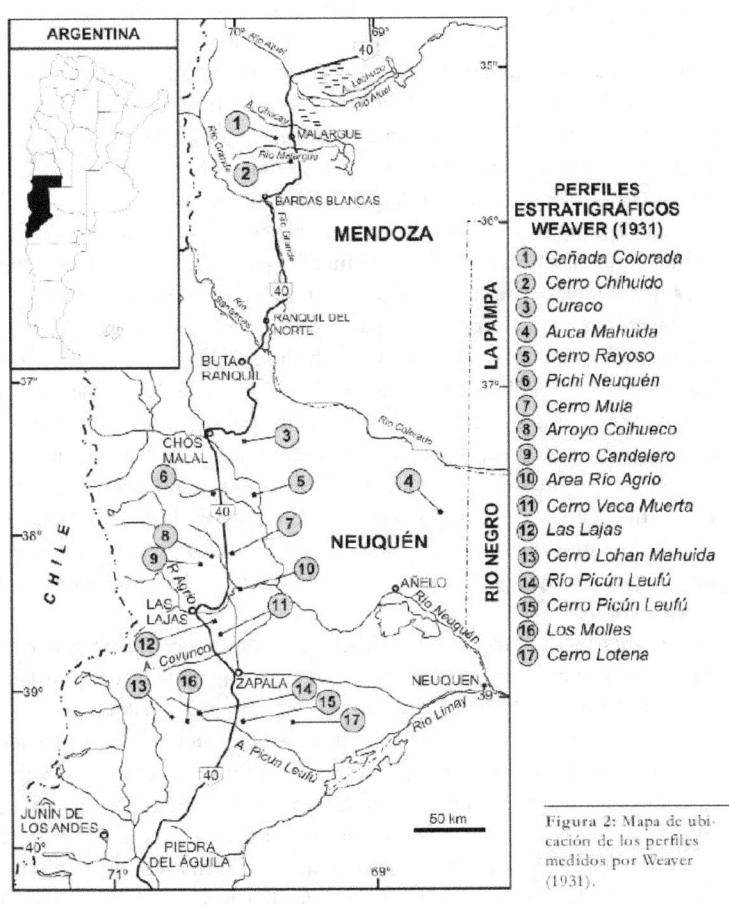

Figura 2: Mapa de ubicación de los perfiles medidos por Weaver (1931).

Gráfico 12

El cerro Vaca Muerta se ubica en el paraje del mismo nombre, a unos 35 km al norte de la ciudad de Zapala. Agreguemos que desde mucho antes de que llegaran los geólogos a la región ya existía una concentración de población, circundada por establecimientos agropecuarios y puestos dispersos de crianceros. Por si alguien tuviera que enviar correo postal a Vaca Muerta, les ahorro el trabajo de buscar el código de la localidad: 8351.

La ilustrativa reseña de Alonso (2014), titulada *La autopsia de Vaca Muerta*, es una buena síntesis de todo lo escrito:

La formación Vaca Muerta es el nombre que toma una unidad geológica que ocurre en la llamada Cuenca Neuquina y que se desarrolla mayormente en las provincias de Neuquén y Mendoza. Se encuentra allí una sucesión bastante completa de sedimentos acumulados durante el Jurásico y Cretácico, que representan una columna bastante completa de estos tiempos geológicos. Dicha sucesión de rocas sedimentarias se depositaron en un viejo golfo del océano Pacífico que se dio en llamar el Engolfamiento Neuquino.

Precisamente a fines del periodo Jurásico, el océano avanzó dentro del continente y comenzaron a depositarse sedimentos marinos muy ricos en materia orgánica. Téngase presente que para entonces las aguas eran cálidas y en ese mar vivía una extraordinaria fauna de reptiles marinos, tortugas y, por supuesto, los famosos amonites y muchísimos otros invertebrados, todos los cuales han servido para reconstruir la edad y el medio ambiente de ese tiempo. En el fondo marino y en condiciones anóxicas (sin oxígeno) se iba acumulando la materia orgánica proveniente del plancton marino y toda la demás masa muerta, que con el tiempo y el enterramiento comenzaría a convertirse en un bitumen. Esto ocurría unos 140 millones de años atrás y esos sedimentos negros son los que hoy se llama formación Vaca Muerta, que, según los lugares, alcanza un gran espesor y es lo que constituye una "roca madre".

Técnicamente los petroleros la definen como "una roca madre generadora de petróleo de excelente potencial, con materia orgánica amorfa, portadora de querógeno tipo I/II, depositada en un ambiente marino anóxico".

La maduración de la materia orgánica de esta roca generadora –que comenzó hace unos 80 millones de años– dio lugar a la formación de gas y petróleo que se liberó para ir a acumularse en trampas desde donde se lo extrajo como fluido convencional. Sin embargo, una enorme cantidad de ese hidrocarburo quedó atrapado en el *shale*, también llamado lutita o esquisto arcilloso, desde donde solo se lo puede liberar por medios mecánicos invasivos como la fracturación hidráulica del reservorio. Repsol-YPF anunció en 2011 que había "descubierto" ese petróleo y gas convencional, y que ello llevaba a un incremento de sus "reservas" y de sus "activos". Metafóricamente, ese anuncio y ese día declararon la autopsia a Vaca Muerta. Lo cierto es que ellos no descubrieron nada.

Los geólogos sabían desde hace un siglo que esa era una roca madre de hidrocarburos, incluso se había encontrado amonites embebidos en petróleo. Los fósiles comenzaron a estudiarse desde fines del siglo XIX y tuvieron un avance importante con los estudios de Carl Burkhardt, en 1903, y de Charles Weaver, en la década de 1920.

Como bien dice Alonso, las *facies* generadoras que constituyen la "cocina" de Vaca Muerta fueron encontradas hace casi un siglo. Es correcto expresar que se "descubrió" un yacimiento del tipo tradicional, ya que las condiciones estructurales para su existencia, como enseguida veremos, son poco frecuentes y difíciles de hallar. Pero un reservorio no convencional no se descubre, porque se sabe que está allí. En todo caso, se *desarrolla* a partir de los conocimientos previos sobre el mismo. Ergo: los grandes anuncios de "descubrimientos" en Vaca Muerta son excesivos, más bien motivados por el deseo de crear impactos mediáticos.

II- Sistemas petroleros: distinción en las profundidades

> *¿Cuál es la definición exacta de "no convencional"? No la hay. Existen varias definiciones, pero no existe un límite exacto y definido entre lo convencional y lo no convencional.*
>
> Guillermo Corona, 2010

1. Migraciones, fallas y trampas

i. No cualquier estructura es un sistema

Con los elementos introductorios sobre geología e hidrocarburos desarrollados en el capítulo anterior, podemos avanzar un paso más hacia el objetivo de conocer los no convencionales y Vaca Muerta. Para ello, necesariamente debemos reseñar los *sistemas petroleros* en su formulación más genérica.

Los depósitos orgánicos sedimentados, transformados y retenidos temporariamente en la corteza terrestre abarcan menos del 1 % del volumen de la misma. No obstante, como es obvio, son importantísimos para la generación de distintas formas útiles de energía. A su vez, solo pocas de tales estructuras sedimentarias conllevan exclusivas cualidades petrolíferas. Para definir dichas ordenaciones distintivas, traduzco un texto de Magoon y Beaumont (1999: 3-5), con aclaraciones propias dentro de corchetes:

> El concepto de *sistema petrolero* abarca un conjunto articulado por una roca fuente activa y las acumulaciones de petróleo y gas generadas a partir de ella. Incluye todos los elementos y procesos geológicos esenciales para la existencia de una acumulación de petróleo y gas.
>
> La palabra *petróleo* se refiere a un compuesto que incluye altas concentraciones de una o varias de las siguientes sustancias:

– Gases de hidrocarburos térmicos y biológicos, encontrados en depósitos convencionales [y no convencionales] hidratos de metano,[35] *tight sands*, *shale* [naturalmente] fracturado y [metano de lechos de] carbón.
– Condensados [gas metano y compuestos hidrocarburíferos de cadena corta en disolución, principalmente etano, propano y butano].
– Petróleos crudos.
– Bitúmenes naturales [kerógeno degradado y soluble], generalmente en depósitos silicoclásticos [de sedimentos silícicos] y rocas de carbonato.
Por su parte, la palabra *sistema* describe los elementos interdependientes y los procesos que forman la unidad funcional que crea las acumulaciones de hidrocarburos.

¿Qué particularidades deben reunir esos arreglos geológicos? A esta altura, algo sabemos:

– En los estratos formados por arcillas o lutitas o *shales*, algunas *facies* pueden actuar como generadoras o fuente o madre; son las que alojaron a los macerales biogénicos (kerógeno) que dieron origen al petróleo y al gas en sus poros. Cierta porción de esos fluidos puede migrar a otros niveles litológicos, como por ejemplo areniscas (reservorios convencionales), aunque la mayor parte queda retenida en la roca generadora o madre (reservorios no convencionales).

– Las arenas compactadas o *tight* fungen como roca de pasaje y, en específicos escenarios de confinamiento, como roca reservorio, donde se acumula parte de los hidrocarburos que emergieron de la roca madre.

Pero no son tan simples las cosas. (Selley, en Dawe, 2000: 25) nos ilustra:

> Actualmente hay consenso sobre la obligatoriedad de cinco requisitos básicos para constatar una acumulación comercial de petróleo:
> 1- Una roca generadora rica en materiales orgánicos.
> 2- Temperatura y presión, para generar petróleo desde la roca fuente.
> 3- Un reservorio poroso y permeable, para almacenar el petróleo.
> 4- Una roca tapa [*cap rock*] o sello impermeable, para retener el petróleo dentro del reservorio.
> 5- Cierta configuración rocosa, tal como un anticlinal, para atrapar el petróleo dentro del reservorio.[36]

---

[35] Los hidratos de metano son moléculas de metano encerradas en complejas estructuras de moléculas de agua, las que se convierten en sustancias sólidas ante ciertas condiciones de presión y temperatura. Constituyen enormes acumulaciones que se presentan en el talud continental y en las regiones polares, como permafrost. Aún no se ha encontrado un método económicamente adecuado para su explotación.

[36] Traducción propia.

Pese a los relevantes antecedentes académicos del autor del texto y de la entidad a la que pertenece,[37] prefiero la más idiosincrásica definición del geofísico Guillermo Corona (2010), pues incorpora la variable económica:

> [Un] sistema petrolero [reúne] los elementos cruciales que en conjunto "trabajan" [formando] una cuenca hidrocarburífera comercial. [De lo que] se desprende un punto fundamental: podemos tener una hermosa cuenca sedimentaria, con petróleo y/o gas, pero si no es económicamente rentable, ¡no es un sistema petrolero! Los elementos [básicos necesarios] son cinco:
> – Roca fuente: es la roca con contenido orgánico en la cual se genera el petróleo. También es llamada "cocina" [o roca "madre"].
> – Migración: el petróleo es un fluido y, por ende, por diferencias de presiones o por cambio de posición de la roca, generalmente migra hacia otras zonas [...], alojándose en rocas con más alta porosidad y permeabilidad.
> – Reservorio: las rocas que alojan el petróleo que viene migrando se llama roca reservorio.
> – Trampa y sello: estos dos elementos son también fundamentales. Si no hay alguna barrera (trampa) para frenar la migración del petróleo, este iría a parar a la superficie. Las trampas pueden ser de tipo estratigráfico, estructural, por fallamiento, por domo salino, o lo que es más común, por una de las tantas combinaciones entre ellas. El sello es la capa de roca que se encuentra por encima de la roca reservorio que tiene característica petrofísicas particulares: tiene baja permeabilidad evitando que el petróleo siga migrando en la vertical.
> – *Timing*: el [que] involucra la sincronización de los elementos anteriormente citados. Podemos tener una hermosa roca fuente, madre, la trampa y el sello; pero si al petróleo le falta maduración estamos "al horno". Es el punto menos tenido en cuenta en la industria petrolera, y sin embargo, para mí, el más importante.

En el Gráfico 13[38] se estilizan las formas básicas que presentan los sistemas petroleros. En la muy variada realidad geológica suelen encontrarse diversas combinaciones de esas maneras elementales. Aunque no está mencionado, es obvio que, en cada caso, alguna de las capas más profundas fungirá como roca germinal. En síntesis, la arquitectura básica de un sistema petrolero contiene tres formaciones ordenadas: *fuente, reservorio y sello*.

---

[37] Richard C. Selley es miembro del EI (*Energy Institute*), organización que resultó de la fusión del IP (*Institute of Petroleum*), una prestigiosa entidad profesional del Reino Unido, y el IE (*Institute of Energy*), en 2003. Asimismo, es profesor emérito de Geología del Petróleo en el *Imperial College* de Londres.

[38] Estos excelentes bocetos han sido reproducidos por Guillermo Corona (2010) y Shamsi (2013), pero no he podido hallar la fuente.

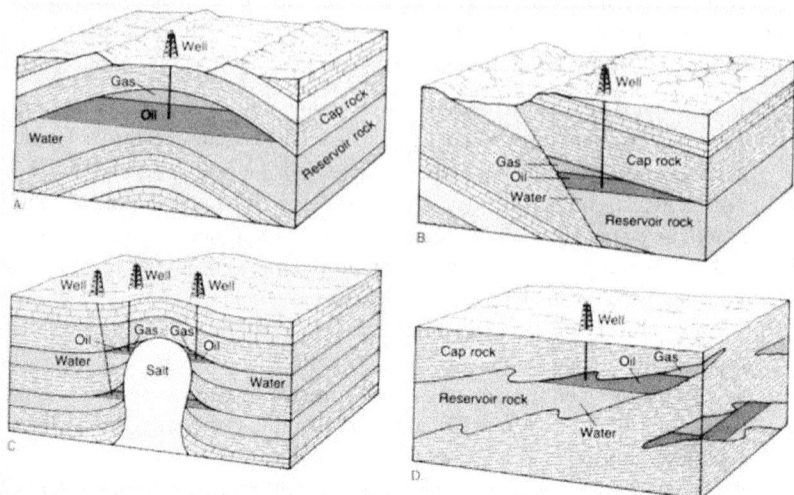

Gráfico 13

Dejemos que Guillermo Corona (2010) nos lo explique con más detalle:

– Arriba-izquierda: una trampa de tipo *estructural*. El nombre es debido a causa [sic] del estructuramiento (doblamiento de la roca). Como siempre el petróleo está acompañado de agua, y esta, al ser más pesada, flota sobre [aquella]. La presión litostática se encarga de llevarlo hacía la zona posterior y [forzar] su acumulación.

– Arriba-derecha: una trampa por *fallamiento*. Un sector o bloque se eleva por fallamiento, el petróleo migra por presión litostática y se acumula contra el bloque que queda más abajo. También se llama entrampamiento por *yuxtaposición*.

– Abajo-izquierda: una trampa por *domo salino*. La sal tiene la propiedad de intruirse (meterse) entre las capas de rocas sedimentarias, genera una inclinación en ellas y un desbalance de presión litostática y por ende, la acumulación de petróleo. Los grandes yacimientos del Golfo de México son de este tipo.

– Abajo-derecha: una trampa *estratigráfica*. Sucede cuando hay una discontinuidad lateral de las rocas. Se aprecia como la roca reservorio "termina" hacia la derecha de la figura.

En caso de no existir roca sello, no se constituye el sistema petrolero y entonces los hidrocarburos emergerán en la superficie. Los espacios confinados en los cuales se concentran los hidrocarburos, en los niveles más altos de las capas reservorio, son denominados *sweet spots*, los "puntos dulces" buscados con obvio afán por los petroleros. Los seres humanos llevamos casi dos siglos tras esos tesoros, hasta que los descubrimientos comenzaron a mermar... y se valorizaron los reservorios no convencionales.

ii. Roca madre como roca que no es inerte

En la geología estructural, la tesis de "la inerte energía mineral" de Yourcenar revela no solo que "la piedra como piedra" posee la cualidad de lo perenne, sino que, vista en adecuada escala temporal, también se evidencia inestable. Tecnología mediante, el hombre ha logrado sacar provecho de la piedra como piedra madre y apropiarse de la impensada y recóndita identidad lítica, la energía madurada a través del "irrevocable Tiempo", pero no del tiempo de los humanos, sino del tiempo geológico. Yourcenar adivinaba la opaca presencia de un extinto poder imperial en las ruinas pétreas. Los tecnólogos, en contraste, descubren la latente luminosidad de la materia orgánica mineral e intentan expandir el dominio del hombre sobre la naturaleza.

Veamos cómo los historiadores de las profundidades líticas han reconstruido la saga de la estructuración de las rocas, paralela a la migración y entrampamiento de los hidrocarburos. Para ello nos valemos del Gráfico 14 (Al-Hajeri y Al Saaeda, 2009), que representa un hipotético *cuadro de eventos*, que traza los hitos fundacionales de un sistema petrolero. En cuanto a los símbolos que señalan los períodos, estos son: P: Pensilvaniense; Per: Pérmico; Tr: Triásico; J: Jurásico; K: Cretácico; Pg: Paleogeno; Ng: Neogeno. La tabla ordena cualitativamente los elementos y los procesos constitutivos del sistema en función de la variable *tiempo*. Empezando por los primeros, vemos que:

– En el Paleozoico se forman la roca generadora o fuente, la roca yacimiento o reservorio y la roca sello o trampa. Los eventos del gráfico indican un sistema de mayor edad que cualquiera que se haya formado en la Cuenca Neuquina, cuyo nacimiento se ubica en el Triásico (nuevamente, revisar el Gráfico 5).

– La roca de sobrecarga (*overload*) está conformada por todas las formaciones acumuladas por sobre las tres anteriores. Su presencia aporta las condiciones de presión y temperatura necesarias para la maduración de la materia orgánica.

En cuanto a los procesos, la constitución de las trampas ocurre como consecuencia de movimientos tectónicos, con lo cual el sistema adquiere la cualidad de acumular los hidrocarburos que migran desde la roca fuente. Es el *momento crítico* de la secuencia, pues sin tales acontecimientos disruptivos el sistema no se sellaría. Luego de ello aún resta una condición: es menester que el conjunto se preserve hasta el presente, cosa que seguramente no ocurriría si se produjeran otros eventos que podrían arruinar el arreglo. Como explica Corona (2010):

> [...] lo más importante y crítico, ¡el petróleo se debe preservar desde ese período hasta la actualidad! No debe suceder ningún evento geológico secundario, como por ejemplo una orogenia que desequilibre el sistema por generación de nuevas estructuras y migración del petróleo. Ni tampoco más sedimentación sobre la cuenca que genere de vuelta más presión y temperatura "sobrecocinando" y destruyendo nuestro hidrocarburo.

Carta de eventos genéricos

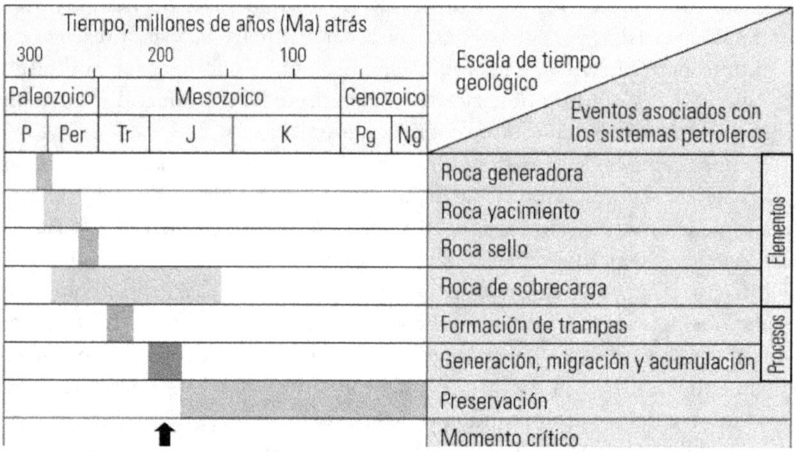

Tiempo, millones de años (Ma) atrás							Escala de tiempo geológico / Eventos asociados con los sistemas petroleros	
300		200		100				
Paleozoico		Mesozoico			Cenozoico			
P	Per	Tr	J	K	Pg	Ng		
							Roca generadora	Elementos
							Roca yacimiento	
							Roca sello	
							Roca de sobrecarga	
							Formación de trampas	Procesos
							Generación, migración y acumulación	
							Preservación	
		↑					Momento crítico	

Gráfico 14

Al analizar tanta complejidad geológica, se entienden las dificultades para encontrar yacimientos en condiciones de ser explotados. No solo tienen que estar presentes los elementos, sino que la historia de los mismos no puede ser cualquier historia, sino una en la que, inexorablemente, se deben verificar las aludidas secuencias temporales. Corona (2010) es elocuente al respecto:

Para tomar conciencia de la importancia del *timing*, les voy a contar una anécdota. El pozo más caro perforado durante muchísimos años fue uno que se realizó en Alaska en 1982. La sísmica mostraba una muy linda estructura de 32 km x 14 km [y] había evidencia de sobra de que el petróleo había sido atrapado en la formación reservorio Mukluk [...]. Sin embargo no se encontró petróleo. Las palabras de Richard Bray, presidente en ese entonces de la compañía dueña del pozo, [...] explicando el porqué del fracaso, son ahora una lección aprendida para todas las demás compañías petroleras: "Perforamos en el lugar correcto, solo que lo hicimos 30 millones de años tarde"[39].

iii. Porosidad y permeabilidad: remando en dulce de leche

Volviendo al Gráfico 13, vemos que en las capas reservorios se encuentran tres subcapas bien definidas, que contienen agua, petróleo y gas, así ordenadas de abajo hacia arriba, dado que el agua es más pesada que el petróleo y el gas es volátil. El dibujo da la sensación de que estos elementos ocupan todo el espacio, como si se presentara un "lago" de petróleo con una "atmósfera" de gas. No son así las cosas, pues en realidad todo el volumen es tomado por la roca reservorio, la que, a la manera de una esponja petrificada, en sus intersticios, grietas y poros contiene agua y distintos hidrocarburos. En el Gráfico 15 (Pazos, 2012)[40] tenemos una lutita (*shale*) de color gris y una arenisca compactada (*tight*) de color marrón claro; las podemos apreciar tal como se presentan ante nuestros ojos y también ante el microscopio, donde se revelan sus cualidades. La primera es típicamente una roca generadora y la segunda una roca reservorio. En el *shale* se señala un poro que contiene hidrocarburos y que mide aproximadamente 20 micrones, cuyo símbolo es µm (1 mm = 1.000 µm); es decir, tan solo 20 milésimas de milímetro. Dada la cercanía de la grieta, también marcada, es posible que los fluidos se desplacen por ella, en virtud de la presión a la que está sometida la roca. Por su parte, la arenisca, con sus brillantes clastos visibles en el microscopio, claramente tendrá mayor probabilidad de generar grietas, caminos aptos para la migración de los fluidos desde los poros y, por lo tanto, será más permeable. Me pregunto cuántas veces habremos visto rocas como esa y no imaginamos que podrían contener hidrocarburos.

---

[39] El relato pormenorizado de ese fracaso se puede leer en: https://www.linkedin.com/groups/Offshore-Good-Luck-Bad-Luck-4645278.S.180997104.

[40] Las fotografías provienen de distintas fuentes, entre ellas el Atlas de Petrología Sedimentaria, provisoriamente alojado en: http://pendientedemigracion.ucm.es/info/petrosed/index.html, al momento de su acceso: 20/01/2015.

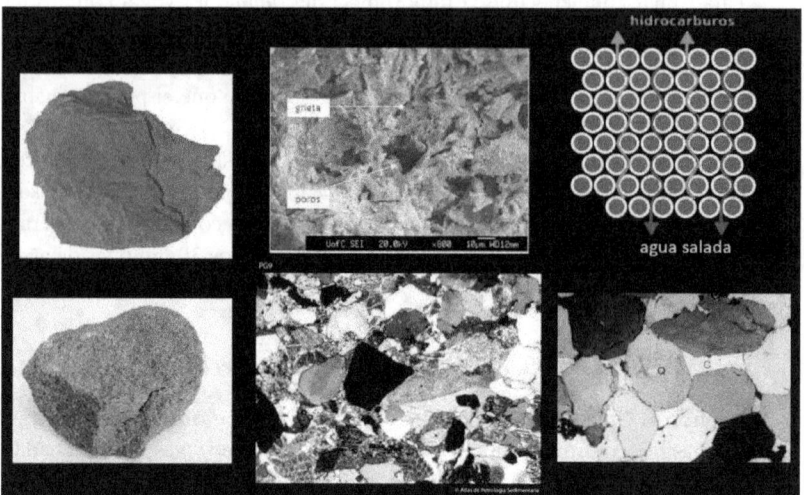
Gráfico 15

Ya sabemos que las pequeñas partículas de petróleo y gas, en determinadas situaciones, pese a la poca permeabilidad de la roca, pueden migrar a través de grietas como las indicadas en la microfotografía superior del Gráfico 15. En los casos de enclaustramiento, dichos fluidos se desplazarán hacia arriba y en sentido contrario lo hará el agua también alojada en el estrato, tal como se esquematiza arriba y a la derecha. Esta agua es necesariamente salobre, dada la profundidad de los estratos petroleros.

Si el concepto de tiempos geológicos es arduo de asimilar, algo parecido ocurre con el de permeabilidad de las rocas. No es fácil reconocer que el cemento o el mármol tienen espacios que, bajo cierta presión, permiten el paso de líquidos.

La *permeabilidad* es la potencialidad que tiene un material para permitir que fluya a través de él un gas o un líquido, sin sufrir alteraciones de su estructura. Se afirma que un material es permeable si deja pasar a través de él una cantidad apreciable de fluido en un tiempo dado, e impermeable si la cantidad de fluido es despreciable. La definición de la medida de la permeabilidad,[41] el *darcy*, ayuda a la comprensión de la cuestión. Según el *Glosario Schlumberger* (1998):

[41] Todos entendemos de manera informal de qué se tratan la permeabilidad y la viscosidad de los materiales. Por ejemplo, la frase "remar en dulce de leche" es una expresión coloquial para referirse figuradamente a las dificultades de alguna acción, atendiendo a la viscosidad del dulce de leche. Pero las definiciones científicas de los atributos de la materia, para ser operables tecnológicamente, deben ser precisas y, fundamentalmente,

Darcy:[42] [...] unidad de medida estándar de la permeabilidad. Un *darcy* describe la permeabilidad de un medio poroso a través del cual se produce el pasaje de un centímetro cúbico de fluido que tiene un centipoise de viscosidad[43] y fluye en un segundo bajo una presión diferencial de una atmósfera, donde el medio poroso posee un área en sección transversal de un centímetro cuadrado y una longitud de un centímetro. Un milidarcy (mD) es una milésima parte de un *darcy* y se trata de una unidad utilizada generalmente para las rocas yacimiento.

Vemos que la permeabilidad depende de las características del medio poroso, de la viscosidad del fluido y de la presión a la que está sometido, lo que dará como resultado cierta velocidad de desplazamiento. Dejemos de remar en dulce de leche y veamos cómo, con ayuda de Darcy y el *darcy*, podemos comparar con precisión las permeabilidades de los materiales que nos interesan. El Gráfico 16 (Etcheverry y Toledo, 2012) tiene las virtudes de la sencillez y la elocuencia:

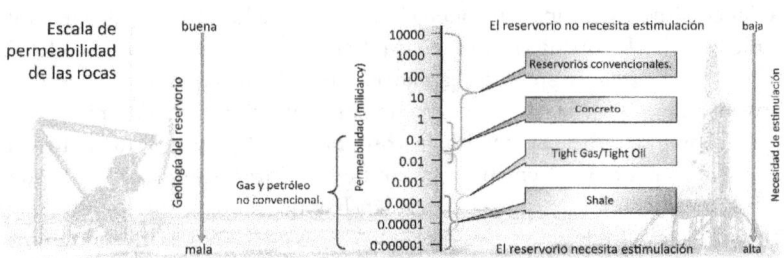

Gráfico 16

---

permitir mediciones. No alcanza con decir que el dulce de leche es *más* viscoso que el agua, hay que poder mensurar dicha cualidad con números, precisando *cuánto más* viscoso es aquel respecto de esta.

[42] Henry Philibert Gaspard Darcy, ingeniero hidráulico francés, en 1858 formuló la ley que lleva su nombre, la que describe el comportamiento físico de los fluidos sometidos a presión en un ambiente poroso.

[43] Wikipedia: "La *viscosidad* es una variable que mide la oposición de los fluidos a las deformaciones tangenciales. La misma es provocada por ciertas fuerzas de cohesión moleculares. Todos los fluidos presentan algo de viscosidad [...]. Un fluido que no tiene viscosidad se llama fluido ideal". El *poise* es una medida de la viscosidad (en honor al investigador Jean Louis Marie Poiseuille [1799-1869]) y se mide en unidades de peso del fluido, divididas por la longitud de la deformación del mismo, multiplicada esta por el tiempo en que tarda en producirse. Un *centipoise* es un centésimo del *poise*.

Los reservorios convencionales tienen hasta 10.000 mD de permeabilidad, valor relativamente alto debido a que se trata de arenas o gravas poco consolidadas. Sin embargo, incluso en rocas tan cerradas como un hormigón de baja compactación es posible extraer hidrocarburos de manera convencional, gracias a la presión litostática. Aún no hemos dado cuenta de los detalles de los no convencionales, pero la figura nos permite adelantar una de las características más destacables de los mismos: su baja permeabilidad, ¡varios órdenes de magnitud por debajo del cemento más apretado elaborado por el hombre! Las *tights*, típicas rocas reservorio muy compactas, son hasta mil veces más impermeables que un concreto, mientras que los *shales* de las rocas madre son de cien a diez mil veces más estancos que el cemento más denso. Como veremos, solo con poderosas, y a la vez precisas, tecnologías de estimulación, es posible sacarles jugo a semejantes rocas.

Para terminar esta sección, damos un ejemplo extremo de depósitos orgánicos. Si el poro de la microfotografía del *shale* del Gráfico 15 puede parecer muy pequeño, debemos decir que hay abundancia de reservorios aún más diminutos. El Gráfico 17 contiene una muy buena imagen de una lutita, obtenida mediante un microscopio de barrido electrónico (McCarthy, Rojas y otros, 2011). El fondo de color gris claro corresponde a la matriz mineral, en la que se ven pequeñas incrustaciones de pirita, un producto de la maduración termoquímica de los clastos. Como se indica, la materia gris oscura es kerógeno amorfo, dentro del cual se han generado *microporos*[44] que contienen hidrocarburos, los que miden apenas unas décimas de micrón. También hay otros pocos microporos en la matriz mineral. Lo destacable es que se trata de microcavidades veinte veces más pequeñas que las del Gráfico 15. Estamos frente a una roca generadora con muy poca capacidad de migración de sus contenidos hidrocarburíferos, una lutita como podría ser Vaca Muerta Inferior o Los Molles, con valores de permeabilidad en la escala de las diezmillonésimas de *darcy*.

---

[44] Un poro es designado microporo si mide menos de un micrón.

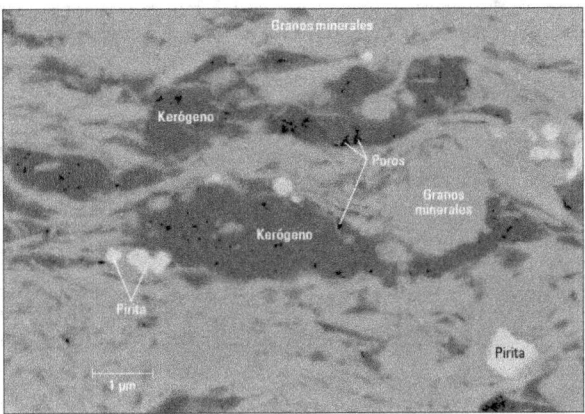

Gráfico 17

iv. Vitrinita y TOC: *los indicadores clave*

Durante los procesos exploratorios previos al inicio de las explotaciones comerciales, se busca determinar fehacientemente las siguientes características de las rocas (Chebli, Mendiberri y otros, 2011), las que ya hemos investigado en su significación:

> Cuatro son las propiedades que representan características importantes en cada *play*[45] de *shale* gas:
> 1. Carbono Orgánico Total (COT)[46] contenido en la unidad-roca (preferentemente, mayor que el 2 %).
> 2. Madurez de la materia orgánica (Ro) con valores entre 1.2 a 1.7 %.
> 3. Tipo de gas generado y almacenado en el reservorio.
> 4. Permeabilidad del reservorio.
> [Para los no convencionales] en la etapa exploratoria la investigación es mucho más minuciosa que en el caso de los convencionales. Se requieren exhaustivos estudios geoquímicos y petrofísicos. Ello implica disponer de un elevado número de testigos corona, testigos laterales y buena frecuencia en la obtención del *cutting*.[47] Los datos de presiones cobran significativa

---

[45] En la jerga petrolera, se denomina *play* a un proyecto de desarrollo de un conjunto de yacimientos que tienen en común un mismo sistema petrolero.

[46] COT (TOC, en inglés): cantidad total de carbón orgánico respecto del volumen de la roca contenedora.

[47] *Cutting*: fragmentos de roca producidos por la acción del trépano durante la perforación de los pozos petroleros, extraídos por el lodo de perforación. El mismo se recupera para su estudio petroquímico y petrofísico. El análisis de los recortes de perforación

importancia. La sísmica 3D de buena calidad es indispensable para definir la extensión de los reservorios, sus espesores, los juegos de fracturas eventualmente existentes y las orientaciones de las mismas para diseñar los parámetros de la futura fracturación.

La determinación del porcentaje del carbono y de hidrocarburos *in situ* son cuestiones de laboratorios químicos (cromatografía, isótopos de carbono, etcétera), mientras que la madurez de la materia orgánica, siendo un proceso termoquímico, se calcula mediante un método físico que también ya hemos mencionado: la *reflectancia de la vitrinita*, el maceral que tiene la muy útil propiedad de que la reflectividad de muestras debidamente preparadas se correlacionen muy bien con el grado de madurez. El Gráfico 18, aportado por McCarthy, Rojas y otros (2011) ilustra a este respecto.

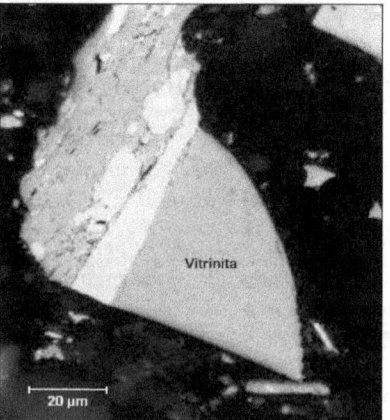

^ La vitrinita en el carbón bituminoso. La cantidad de luz reflejada por los macerales de la vitrinita constituye una prueba clave para determinar la madurez térmica de una roca. La intensidad de la luz reflejada de una muestra se mide en cientos de puntos, a lo largo de un área de muestreo microscópica; luego, un análisis estadístico determina la cantidad de vitrinita presente en la muestra y su madurez térmica. Esta fotografía fue tomada con luz blanca incidente, con la muestra en inmersión en aceite. [Fotografía, cortesía del Programa de Recursos Energéticos del Servicio Geológico de EUA: "2011 Photomicrograph Atlas," http://energy.usgs.gov/Coal/OrganicPetrology/PhotomicrographAtlas.aspx (Se accedió el 7 de julio de 2011).]

Gráfico 18

---

permite describir la columna litológica del pozo y detectar las manifestaciones de hidrocarburos, si las hubiera.

Todas las mencionadas técnicas de investigación, más otras en constante evolución, son infaltables en la exploración de todo yacimiento. Sin embargo, solo se podrá evaluar un sistema petrolero con suficiente probabilidad de éxito luego de realizar perforaciones a los fines de indagación. Recordemos la experiencia en 1982, más arriba relatada, sobre un pozo exploratorio en Alaska, cuyos indicadores preliminares resultaban excelentes; sin embargo, hasta que no se practicó el mismo no se supo que, en realidad, se trataba de un reservorio sobremaduro e inútil.

2. Las bases geológicas de la economía de los hidrocarburos

i. El colapso de la tasa de retorno energético

Concluimos que a menos permeabilidad, mayores problemas y costos para extraer hidrocarburos.

Respecto de ello, es muy significativa la *tasa de retorno energética* (TRE), definida como la razón entre la cantidad de energía que es capaz de producir una fuente y la cantidad de energía que se debe consumir para explotar ese recurso energético: TRE= Energía generada por una fuente / Energía invertida. Cuanto mayor sea el valor, más eficiente energéticamente será la fuente. Si cae debajo de 1, nos encontramos ante una fuente que requiere más cantidad de energía que la que produce.

Si bien la definición es clara, hay cierta ambigüedad en relación con los modos de calcular la energía primaria utilizada. Por ejemplo, los números difieren si se incluye o no la energía necesaria para fabricar el acero de las torres de perforación o para alimentar a los trabajadores, y por el estilo. Por ello la tabla del Cuadro 2, donde se comparan distintas fuentes energéticas, muestra cuatro columnas diferente, según las metodologías empleadas por los diversos investigadores que se ocuparon del tema.

Fuentes	TRE Cleveland	TRE Elliott	TRE Hore-Lacy	TRE Otros
Combustibles fósiles				
Petróleo		50 - 100		5 - 15
-Hasta 1940	>100			
-Hasta 1970	23			
-Hoy	8			
Carbón		2 - 7	7 - 17	
-Hasta 1950	80			
-Hasta 1970	30			
Gas natural	1 - 5			
Pizarra bituminosa	0,7 - 13,3			< 1
Energía nuclear				
Uranio 235	5 - 100	5 - 100	10 - 60	
Plutonio 239				
Fusión nuclear				< 1
Energías renovables				
Biomasa		3 - 5	5 - 27	
Hidroeléctrica	11,2	50 - 250	50 - 200	
Eólica		5 - 80	20	
Geotérmica	1,9 - 13			
Solar				
-Mediante colectores	1,6 - 1,9			
-Térmica	4,2			
-Fotovoltaica	1,7 - 10	3 - 9	4 - 9	7 - 20
Etanol				0,6 - 1,2
-Caña de azúcar	0,8 - 1,7			
-De maíz	1,3			
-De residuos de maíz	0,7 - 1,8			
Metanol (de madera)	2,6			

Cuadro 2
Fuente: Wikipedia

Los datos del cuadro permiten comprender por qué la mayoría de las energías no fósiles tienen dificultades para su desarrollo y utilización práctica, pues muestran valores de la TRE bajos, incluso menores que la unidad, como algunos cultivos bioenergéticos.

Con respecto al petróleo, el relato de Wikipedia, un tanto pesimista, permite sacar conclusiones:

El caso del petróleo

El ejemplo más clásico de tasa de retorno decreciente es el de la explotación industrial de los yacimientos de petróleo: hacia la mitad del siglo XIX, momento en el que el principal productor de petróleo del mundo era Estados Unidos, para extraer un barril de crudo solo era necesario invertir un 1% de la energía contenida en el mismo, es decir, se obtenía una TRE de 100. Esto se entiende fácilmente: los primeros yacimientos contenían un petróleo de altísima calidad a escasas profundidades, en lugares accesibles y fáciles de explotar (Texas [...]); de forma que la energía necesaria para la búsqueda, prospección, perforación, bombeo y transporte del crudo era muy poca.

A medida que los yacimientos más accesibles y superficiales se agotaron, fue necesario buscar, prospectar y perforar a mayor profundidad o en lugares menos convenientes: lejanos de los centros de consumo, en alta mar [etcétera], de tal manera que los costes energéticos de estas extracciones han ido creciendo con el tiempo: en la actualidad la TRE de la extracción de petróleo se evalúa entre 5 y 15 dependiendo de los autores: invirtiendo el mismo barril de petróleo que en 1850, el resultado obtenido [es] de 5 a 15 barriles, en vez de 100. Hoy la tasa de retorno es mucho más baja, y es probable que siga disminuyendo.

En cuanto a los hidrocarburos no convencionales (pizarras bituminosas o alquitranes pesados)[48], su rendimiento energético es claramente inferior al del petróleo convencional, debido a la gran cantidad de energía que es necesario invertir en la manipulación de las enormes cantidades del material en el que están embebidos los hidrocarburos y en su tratamiento térmico. Hay autores que evalúan la TRE de parte de estos hidrocarburos por debajo de la unidad.

Esta tendencia decreciente en la TRE del petróleo marca que el agotamiento de este como fuente de energía no se producirá en el momento en el que las

---

[48] Se refiere a hidrocarburos pesados embebidos en arenas y cercanos a la superficie, posibles de extraer a cielo abierto. Se los suele denominar *kerogen shale* u *oil shale*, que no es lo mismo que *shale oil*, pues aquel es kerógeno que *puede* producir petróleo mediante procedimientos fisicoquímicos, mientras que este *es petróleo* contenido en poros dentro de la lutita. El primero es un recurso no convencional con ciertas perspectivas de aprovechamiento, pero no tan abundante como el segundo.

reservas mundiales de petróleo lleguen a cero, sino mucho antes: cuando el coste energético de la extracción de las reservas restantes sea igual al contenido energético de dichas reservas.

No se debe confundir TRE con la *tasa interna de retorno económica* (TIR: la tasa de interés que permite el retorno de una inversión a lo largo de su desenvolvimiento) de una explotación energética. Lo que desvincula un coeficiente de otro es la combinación de la innovación tecnológica y el manejo financiero. Aunque todo *shale* tiene baja TRE, si se diseña un buen plan de explotación, con inversiones del tamaño adecuado, tecnologías aptas y tiempos suficientes para alcanzar la recuperación del capital involucrado, la rentabilidad puede ser alta y, de hecho, así sucede en EE. UU. y comienza a suceder en Argentina. En los viejos tiempos del petróleo abundante y fácil de extraer no se necesitaban tecnologías muy sofisticadas, con los que TRE y TIR corrían paralelas. Obligados como nos encontramos hoy por las bajas TRE, solo la ciencia, la tecnología y la planificación acertadas pueden lograr que se saque aceite de una roca y aparezcan las ganancias.

ii. *Recuperación primaria, secundaria y terciaria: innovación permanente*

Como ilustran los dibujos del Gráfico 13, los sistemas petroleros convencionales se explotan mediante pozos verticales que apuntan a reservorios de buenas condiciones petrofísicas. Dado el empuje natural del reservorio (gradiente o diferencia de presión entre el fondo del pozo y la superficie), inicialmente los hidrocarburos drenan de manera espontánea. Cuando esa presión interna disminuye, se continúa extrayendo fluidos mediante bombeo mecánico (con las tradicionales "cigüeñas" y otras formas de succión). La conjunción de producción natural y mecánica (o *artificial lift*) define lo que se denomina *recuperación primaria*, a través de la cual se llega a extraer un promedio de 15 a 20 % del volumen de hidrocarburos que contiene el yacimiento. Con la "maduración" del mismo, lo que suele ocurrir después de varios años de explotación, la capacidad de entregar hidrocarburos del yacimiento decae y es la ocasión para incrementar la producción mediante tecnologías innovadoras y maniobras de estimulación y mejoramiento, que resumimos de la siguiente manera:

– *Recuperación secundaria*: técnica ampliamente utilizada en Argentina, que consiste en inyectar agua o gas al estrato reservorio, mediante pozos especialmente ejecutados para tal fin. Los fluidos incorporados producen nuevos empujes y ayudan a aumentar la producción. Así, se logra alrededor de un 10 % más de captación del volumen de hidrocarburos, pero también indefectiblemente llega un momento en el que lo que extraen las bombas es mayormente agua, con lo que la producción deja de ser económicamente viable y no resulta conveniente continuar con el método.

– *Recuperación terciaria o recuperación mejorada* (en inglés EOR, *Enhanced Oil Recovery*): se aplica cuando la producción secundaria declina, pero también se la puede utilizar inmediatamente después de agotada la etapa primaria. Consiste en la utilización intensiva de distintas tecnologías para aumentar la porosidad y permeabilidad de la roca, así como la fluidez de los hidrocarburos. Con ello se extrae hasta cerca de un 10 % más de volumen, totalizando aproximadamente de 35 a 40 %, incluyendo las tres etapas.[49] Las tecnologías EOR se clasifican como sigue, según el tipo de métodos:

>a) Químicas: inyección de polímeros y surfactantes, que se desarrolla aquí en palabras de Arellano Varela (2006):
>[Invasión con *polímeros*:] el principio básico que sigue este método es [que] el agua puede hacerse más viscosa a partir de la adición de un polímero soluble en agua, lo cual conduce a una mejoría en la relación de movilidad agua/petróleo y de esta manera se puede mejorar la eficiencia de barrido y por tanto un mayor porcentaje de recuperación. [...] Entre los polímeros usados para este método se encuentran los polisacáridos (o biopolímeros) y las poliacrilamidas (PAA) y sus derivados.
>[Invasión con *surfactantes*:] el objetivo principal de este método es disminuir la tensión interfacial entre el crudo y el agua para desplazar volúmenes discontinuos de crudo atrapado, generalmente después de procesos de recuperación por inyección de agua. [...] Los surfactantes más empleados a nivel de campo son sulfanatos de petróleo o sintéticos, los cuales pueden ser empleados en un amplio intervalo de temperaturas a bajas salinidades.
>b) Térmicas: estimulación con vapor y combustión *in situ*, operaciones especialmente útiles para petróleos pesados.
>c) Miscibles: incorporación de hidrocarburos solventes que mejoran la fluidez del petróleo.
>d) Estimulación por fracturación hidráulica (el tema "de moda"), sobre la que nos explayaremos en detalle más adelante.

En la práctica se utilizan combinaciones de varios de los métodos mencionados. La lista no agota el número creciente de tecnologías para incrementar la producción y el aprovechamiento de los yacimientos maduros. La gran cantidad de prácticas para mejorar la producción hace que se diluyan los límites entre las maniobras de recuperación secundaria y terciaria respecto de las clásicas

---

[49] Los productores noruegos afirman haber alcanzado un 45 % de extracción de los hidrocarburos detectados en sus yacimientos gigantes mar adentro, gracias al empleo intensivo de sofisticadas tecnologías, incluyendo fracturas hidráulicas.

tareas de terminación (punzado del *casing* terminal y otras operaciones) e intervención (mantenimiento y reparación) de pozos.

Son necesarios algunos comentarios. Primero: las tecnologías existentes son capaces de aumentar bastante más del 40 % el recobro del TOC. Más aún: gobiernos, universidades y laboratorios privados de todo el mundo se encuentran abocados a intensas investigaciones para mejorar las técnicas y encontrar otras nuevas. El mencionado límite porcentual está dado en el presente por la viabilidad económica de los procedimientos EOR, lo cual depende no solo de su eficiencia, sino también de otras variables tales como precios y condiciones financieras, fiscales y normativas. Si "hay precio", entonces hasta las más costosas maniobras resultan rentables. Como suele suceder, la aplicación de las tecnologías no depende exclusivamente de los laboratorios fisicoquímicos y la experimentación en el campo; también de la bolsa de valores y del despacho del ministro de Economía. Segundo: se puede interpretar el sentido que tiene ese proceso de mejora continua de la capacidad de remoción de los hidrocarburos contenidos en las unidades litológicas subterráneas: se trata del esfuerzo de la humanidad para que no decline la producción petrolera, para lo cual las empresas hurgan cada vez más lejos de los *sweet spots* y más profundamente en los poros de las rocas. Ya se sabe que casi no queda "petróleo fácil" y que la TRE es cada vez crítica. Se trata de escaparle al instante fatídico en que ese coeficiente tome valor 1; es decir, distanciarse en el tiempo del deprimente (aunque no inexorable) escenario en que sacar un metro cúbico de petróleo implique invertir otro tanto o más.

iii. Cómo "trabajan" los estratos de la Cuenca Neuquina

Habiendo alcanzado este punto en el relato, es interesante consultar una vez más el Gráfico 5, pues con el conocimiento que ahora tenemos de las estructuras litológicas, podemos dar significados más precisos a las unidades que se han detectado en la Cuenca Neuquina. En dicho esquema, en las tres últimas columnas a la derecha, bajo la denominación común de "Sistemas Petroleros", se identifican los papeles que juegan las distintas formaciones y grupos: con gotas de color negro, las rocas madre; con círculos verdes, las roca reservorio; y con franjas rojas, las rocas trampa. Entonces podemos contabilizar, desde la roca basamento hacia arriba, las siguientes cinco rocas madre o fuentes, con algunas de sus características más notables (información de Legarreta y Villar, 2012):

– La unidad litológica Precuyo Inferior (Triásico Superior - Jurásico Inferior) en el extremo sur oriental del engolfamiento contiene a la formación Puesto

Kauffman,[50] un hemigraben aislado que alimentó valiosos yacimientos de la provincia de Río Negro, gracias a un TOC (carbón orgánico total) de entre 2 y 11 %. En el Gráfico 5 no se señalan por sus nombres a Precuyo Inferior y Puesto Kauffman, pero se ubican inmediatamente por encima del basamento, en el volumen de color rosa, al lado de la palabra "Protoclast", a la misma altura del símbolo "gota negra", ubicado más abajo e indicando, precisamente, la existencia de un *shale*.

– Los Molles (Jurásico Inferior y Medio) es la primera roca sedimentaria generada por una inundación marina que duró al menos cuatro millones de años. Presenta un TOC de entre 1 y 5 %, aunque en algunos lugares llega al 9 %. Posee una elevada potencia (espesor de capa generadora) y alcanza, en el fondo de la cuenca, hasta 800 metros de ancho. Si bien tiene una extensión análoga a la de Vaca Muerta, Los Molles se presenta más fragmentada y con mayor maduración, por lo que gran parte de ella se encuentra en proceso de metagénesis, motivando que el grafito y el carbón predominen sobre el gas y el petróleo. Si a esto se suma su profundidad, se llega a un escenario de escasa rentabilidad para su posible explotación no convencional. No obstante, los hidrocarburos que migraron desde sus entrañas han alimentado reservorios largamente explotados.

– Vaca Muerta (Jurásico Superior) es el resultado de un segundo y también extenso ingreso del Pacífico, de unos dos millones de años. Tanto Los Molles como Vaca Muerta ocupan, como se ha dicho, una extensión similar, tomando la forma triangular del engolfamiento y abarcando desde la zona centro-sur de Neuquén hasta el sur de Mendoza, incluyendo partes de Río Negro y La Pampa. La potencia de sus *facies* generadoras es muy buena, entre 25 y 400 metros, con valores de TOC entre 3 y 6 %, llegando en algunos puntos hasta 12 %. Mucho más homogénea que Los Molles, –y como veremos más adelante, para suerte de los neuquinos y argentinos–, su capacidad para operar como reservorio *shale* es muy alta.

– Agrio Inferior y Agrio Superior son las últimas dos rocas madre, las que tienen una historia distinta a las anteriores. Como precisan Legarreta y Villar (2012):

---

[50] "La sección de pelitas organógenas lacustres de la Fm. Puesto Kauffman, equivalente de lo que informalmente se conoce como Pre-Cuyo (Jurásico Inferior), constituye otra roca madre cuya presencia se restringe a hemigrábenes de menor extensión areal y de distribución geográfica menos conocida dentro de la cuenca" (Legarreta y otros, 2005). En otras palabras, dicha antigua roca madre se originó en la etapa del *prerift* y a partir de sedimentos de lagos aún no invadidos por el océano Pacífico.

En el Valanginiano Superior-Hauteriviano[51] (formación Agrio Inferior), tuvo lugar en la cuenca una rápida y extendida inundación marina, de tal forma que grandes extensiones del ambiente de plataforma precedente quedaron prácticamente ahogadas con inhibición del suministro clástico hacia el interior de la cuenca, donde se establecieron condiciones anóxicas propicias para la acumulación y preservación de la materia orgánica. Un evento similar tuvo lugar con posterioridad a la desecación de la cuenca (Miembro Avilé), con lo cual se acumuló otra sección de *facies* generadoras en el Hauteriviano Inferior (formación Agrio Superior).

En términos más llanos: en las épocas geológicas señaladas, muy posteriores a las correspondientes a Vaca Muerta, un cataclismo en la cordillera del Viento abrió una "compuerta" por la que el océano Pacífico entró nuevamente en el continente. Ello motivó que la zona de meteorización y erosión quedara inundada, con lo que el resto de la plataforma bajo agua encontró condiciones anóxicas, las que, como vimos, son aptas para comenzar la constitución de una *facie* generadora. Algún otro movimiento tectónico "subió" la compuerta, con lo que se reinició la sedimentación clástica (no orgánica) acumulando las areniscas eólicas de la formación Avilé. Situación que no duró mucho, apenas unos cientos de miles de años, pues otro movimiento telúrico removió un cierre evidentemente débil, dando lugar a una segunda deposición anóxica. La primera formación logró potencias de hasta 400 metros, mientras que la segunda solo consiguió 100 metros, ambas con TOC entre 2 y 5 %. Gracias a ello, el sur de Mendoza y el noroeste de Neuquén se han favorecido con importantes yacimientos, como Filo Morado y Chihuido de la Sierra Negra.

Las cinco formaciones aludidas constituyen los *shales*, las rocas madre de Neuquén, Mendoza, Río Negro y La Pampa. Una riqueza geológica no convencional enorme, que recién ha comenzado a aprovecharse económicamente, pese a casi cien años de exploración y explotación convencional.

Sigamos con el Gráfico 5, en relación con las rocas reservorios. Allí son señaladas: Precuyo (en realidad Precuyo Superior, no identificado en el gráfico), Lajas, Challacó, Lotena, La Manga, Tordillo, La Montosa, Mulichinco, Avilé (apenas visible entre Agrio Inferior y Superior), La Tosca, Rayoso y otras en los intersticios de los ambientes sedimentarios Neuquén y Malargüe. Sin embargo, en la cuenca existen más rocas reservorio con sus respectivas rocas sello, las que el Gráfico 5 no alcanza a abarcar (recordemos que se trata de una suerte de corte en un lugar específico del engolfamiento).

Respecto de las rocas sello, la última columna del mismo esquema consigna numerosos estratos que cumplen esa función; entre ellos, las formaciones

[51] Se trata de épocas del Cretácico Temprano. Consultar el Gráfico 5.

Challacó, que entrampa a gran parte de Lajas (a su vez reservorio de Molles), Auquilco, Troncoso y otras. La primera es una lutita, mientras que las dos últimas mencionadas son evaporitas, esto es: salinas concentradas por evaporación. Si se observa con detenimiento, se verá que Los Molles y Vaca Muerta, además de ser generadoras, también son roca sello de Precuyo Superior y Tordillo-Sierras Blancas, pues, como buenas lutitas que son, resultan muy impermeables.

Las cinco rocas madre han alimentado unos doscientos yacimientos, conformando intrincados sistemas petroleros, cuyo despliegue se observa en el Gráfico 19. Se trata de:

> [Un] corte regional que ilustra esquemáticamente la estratigrafía física y la distribución de reservorios probados y sellos. También se incluye en forma indicativa el nivel de maduración [Ro, reflectancia de la vitrinita] de las principales rocas madre y con flechas se muestran las direcciones de carga de hidrocarburos hacia los diferentes reservorios (Legarreta y otros, 2005).

El dibujo muestra las amplias migraciones de hidrocarburos, principalmente desde Vaca Muerta y Los Molles. Se observa la formación Puesto Kauffman como una fracción separada del grupo Precuyo. Por alguna razón, y como en casi todos los gráficos consultados para este trabajo, la rica formación Sierras Blancas, reservorio del yacimiento de gas más grande de Sudamérica, no aparece, pero sabemos que es continuación de Tordillo.

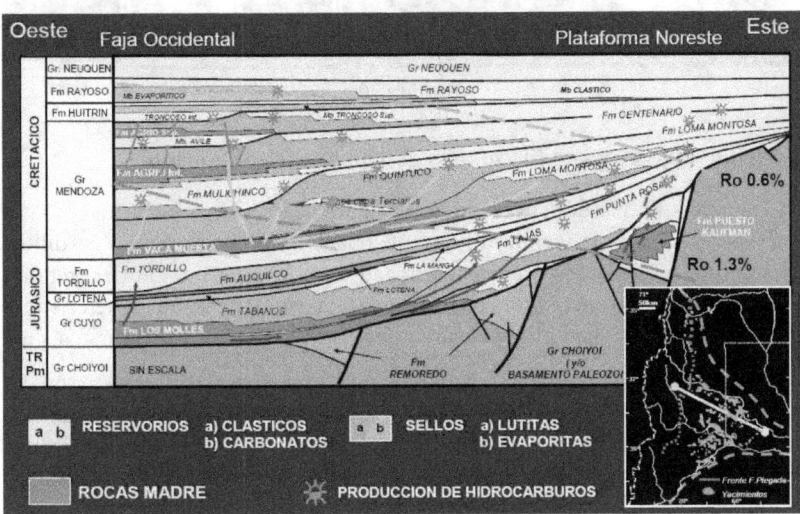

Gráfico 19

Otro ilustrativo esquema de los mismos autores se reproduce en el Gráfico 20, una

> "Carta estratigráfica del relleno sedimentario, indicando los ambientes deposicionales principales y la evolución tectónica de la cuenca Neuquina. Se resaltan los reservorios más importantes y las rocas generadoras de hidrocarburos. A la derecha se indica el tiempo en el cual la tasa de transformación kerógeno-hidrocarburos fue máxima" (Lagarreta y otros, 2005).

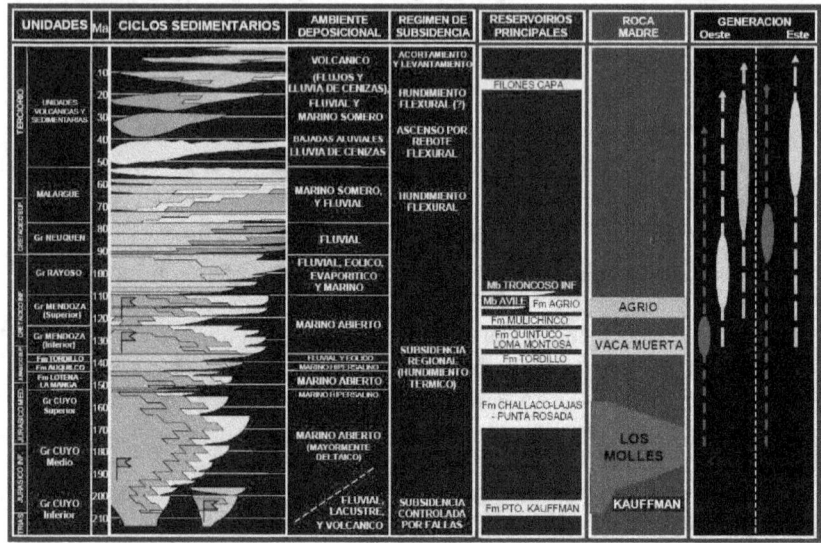

Gráfico 20

iv. Yacimiento Octógono Fiscal: la sublimación del Basamento

Para mostrar más de cerca cómo trabajan las *facies* generadoras, los reservorios y los sellos, seleccionamos un ejemplo relacionado con la antigua cordillera Dorsal, que ya destacamos como parte activa en la constitución del engolfamiento, y cuya presencia provocó (des)arreglos geológicos con características distintivas. En el Gráfico 21 observamos dos sistemas petroleros contiguos, que:

> [...] se extienden desde los fallamientos de la Dorsal hacia posiciones profundas de la cuenca. [...] Los sistemas de carga Los Molles y Vaca Muerta, cubriendo un amplio rango de madurez térmica, alimentan numerosos reservorios con hidrocarburos líquidos y gaseosos. Las flechas verdes y rojas simbolizan migración de petróleo y de gas, respectivamente; los círculos verdes y rojos, acumulaciones de petróleo y de gas, respectivamente (Villar y otros, 2005).

Sobre el sistema de fallas de Huincul, en el que el basamento se elevó notablemente por reversión de las mismas, se realizó el pozo descubridor de la cuenca en 1923. Allí se extiende el área denominada Octógono Fiscal, en cuyo centro se ubica la localidad de Plaza Huincul. La concesión fue explotada sin interrupciones hasta el presente, mostrando una disminución paulatina de la producción de los reservorios más someros. Sin embargo, en la actualidad se experimenta un sorprendente aumento de la recuperación de hidrocarburos, ahora captados a mayor profundidad gracias a que las unidades litológicas Precuyo y Basamento se encuentran muy fragmentadas, lo que permitió la migración de hidrocarburos desde Los Molles. En otras palabras: en las profundidades de Plaza Huincul, Vaca Muerta se ha mostrado "perezosa" debido a la obstrucción de la vieja Dorsal. La que pudo "trabajar" como roca generadora fue Los Molles, que descargó su riqueza no en una arenisca, como es lo usual, sino en el mismísimo Basamento, que, habiendo emergido tectónicamente, sublimó como roca reservorio.

Ciertamente, la geología es sorprendente y apasionante.

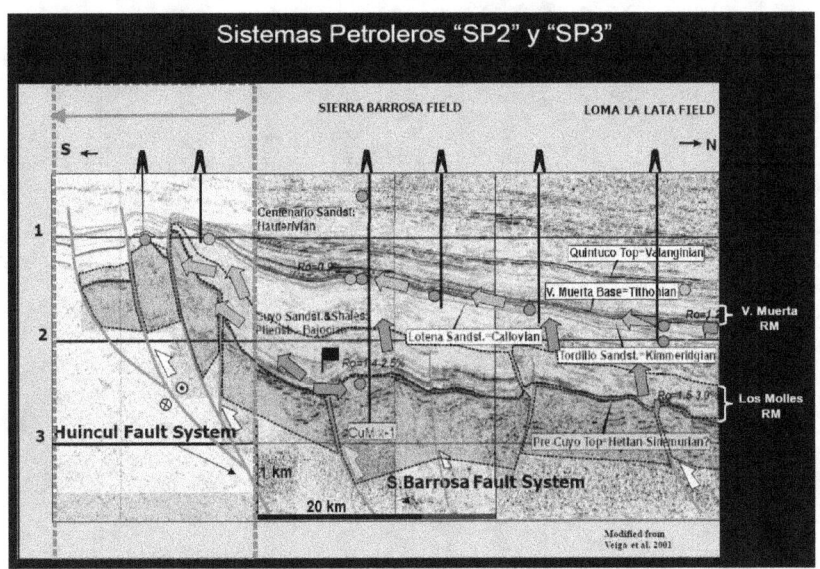

Gráfico 21

III- Lovely fracking... fucking fracking

> *La fractura hidráulica ha sido objeto, a lo largo de sus más de sesenta años, de historia de permanentes mejoras, optimizaciones y adaptaciones a aquellos yacimientos que, por sus características geológicas, requieren de técnicas específicas de estimulación para hacerlos económicamente viables.*
>
> *Por tanto, hoy no estamos en presencia de un proceso tecnológico radicalmente nuevo, sino que más bien presenciamos una etapa caracterizada por innovaciones continuas en el mismo.*
>
> Vladimir Cares Leiva y otros, 2013

1. Vida, energía y tecnologías no convencionales

i. *Lo humano es esencialmente tecnológico*

Sin el conocimiento básico de los sistemas petroleros *convencionales*, el que esperamos haber transmitido, no podríamos elucidar los reservorios hidrocarburíferos *no convencionales* y su reciente éxito productivo. Así, dejamos el terreno de lo geológico (de lo dado por la naturaleza, de lo que el hombre encontró al indagar bajo la superficie) y comenzamos a inspeccionar lo específicamente tecnológico de la extracción hidrocarburífera. Esta actividad es constitutiva de la magnífica y controvertida artificialidad tecnológica construida por los hombres, propia del uso de la naturaleza y los aparatos, que se inició con el invento del garrote y la lanza, así como con la domesticación del fuego, las plantas y los animales. Pensemos que garrote, lanza, fuego, plantas y animales domesticados implicaron, directa o indirectamente, el uso de distintas formas de energía, controladas y dirigidas por los seres humanos. Es más, la tecnología y el uso de la energía son esenciales al "ser" humano. Y precisamente, porque soy humano, soy capaz de manejar tecnológicamente la energía. Suele afirmarse: "somos humanos porque somos los únicos animales que tenemos conciencia;

en particular, la conciencia de que nuestra vida es finita". Correcto. Pero esa conciencia, si se la analiza, es tecnológica, puesto que la muerte es un hecho verificado empíricamente; si todos los animales, tarde o temprano mueren, ergo, yo también. Y uno muere cuando nuestro "ser" ya no puede absorber y procesar energía.

Es así, vida y energía son casi sinónimos, son mutuamente esenciales. Y si la Humanidad ha logrado, en cierta medida, adaptar la naturaleza a sus necesidades, es porque ha incrementado sin parar la adquisición y el uso de distintas formas de energía. Desde la sutileza de un proceso nanotecnológico hasta la ecuménica Internet, pasando por los sistemas de producción y distribución de energía eléctrica, la medicina y los aparatos para hacer la guerra, todo es tecnología y energía.

Como hemos visto en el Cuadro 2, en el que se comparan las tasas de eficiencia energética (TRE), la hidroelectricidad (que tiene un techo insoslayable: la limitada existencia de saltos hidráulicos aprovechables) y la energía atómica (que es catastrófica cuando sus controles fallan), el petróleo y el gas son los combustibles que mejor se adaptan, en cuanto a eficiencia productiva, a las necesidades actuales de la humanidad, también en cuanto a disponibilidad, seguridad e impactos medioambientales. Antes de que los ambientalistas a ultranza se enojen, aclaro:

– Disponibilidad, porque, como veremos, las reservas posibles de no convencionales, incluyendo *shale*, *tight* e hidratos de metano, pueden abastecer a la humanidad por varios siglos más, al ritmo actual de consumo. ¡Aún no se ha terminado de evaluar y medir la cantidad de estos recursos que alguna vez se podrán producir! Y las estimaciones crecen al mismo ritmo que las exploraciones.

– Seguridad, porque todas las formas de generación soportan ciertas incertidumbres en los abastecimientos, mientras que los hidrocarburos son los que ofrecen mayor estabilidad y continuidad en la oferta.

– Impactos ambientales, porque pese a implicar incidencias importantes en el aire, el agua y la tierra, estas son medibles y controlables, en tanto las comunidades, los gobiernos y sus organismos responsables ejerzan un control fehaciente y apropiado a la magnitud de los impactos identificados y las condiciones de ejecución del proyecto. Por otra parte, no existen energías totalmente inocuas, pues muchas de las formas usualmente reconocidas como "sustentables" también causan riesgos e impactos importantes, tales como los cultivos bioenergéticos, que desplazan otras formas de vida vegetal y animal. Lo mismo se puede decir para las energías solar y eólica... Ya llegaremos a los apartados sobre medio ambiente para seguir polemizando. Por ahora, veamos cómo los seres humanos se las arreglan para lograr que la TRE de los hidrocarburos no alcance el fatídico valor de 1, el inviable absurdo de que para producir un barril de petróleo haya que gastar otro igual.

ii. Historia de una transgresión

Las estructuras geológicas y los modos productivos que describimos no fueron impuestos por ninguna convención, pese a denominarse "convencionales"; es lo que encontraron y desarrollaron los ansiosos buscadores de petróleo. Por ello opino que no es muy pertinente la distinción "convencional-no convencional". Solo una interpretación bastante forzada en este caso puede adjudicar a la palabra "convención" el sentido de "usual" o "consabido". La dicotomía más bien debería ser "tradicional-no tradicional", o por el estilo. En fin, ya fueron nombrados de esa manera y así quedará.

Asumido el lapsus semántico, cabe preguntarse: ¿en qué reside la transgresión de *lo no convencional* sobre *lo convencional*? Nuevamente acudimos al ameno relato de Guillermo Corona (2013), quien nos explica:

> ¿Cómo y dónde nace la necesidad de explotar los no convencionales? El origen de la "criatura" fue el embargo de petróleo de la OPEP [Organización de Países Exportadores de Petróleo] debido a [la] guerra de Medio Oriente [1973-74]. [Ello] generó una crisis energética en EE. UU. y un alza muy fuerte de los precios. A esto se sumaron dos inviernos excepcionalmente severos (75-76 y 76-77), lo que obligó a cortar suministros de gas a regiones enteras de EE. UU., e inmediatamente después surge una segunda crisis petrolera por el conflicto entre EE. UU. e Irán (1979-80). Eso llevó a replantear la estrategia energética [estadounidense, para] no depender tan fuertemente de países "problemáticos". El por entonces presidente Jimmy Carter da un discurso el 18 de abril del 77, donde habla de la *National Energy Policy* y pronuncia las siguientes palabras: "The tenth and last principle is that we must start now to develop the new unconventional sources of energy that we will rely on in the next century".[52]
>
> Y es allí donde se pronuncia por primera vez la frase "no convencionales". Un año después la *National Energy Policy* se convierte en ley [y lo más importante que propone es] fomentar la iniciativa de nuevos desarrollos de gas natural, en áreas geológicamente complejas y en reservorios de extrema baja permeabilidad (*tight*).

---

[52] "El décimo y último principio consiste en que debemos comenzar ya mismo a desarrollar los nuevos recursos de energía no convencional, de los cuales dependeremos en el próximo siglo".

La nación que durante un siglo y medio había desarrollado tanto la necesidad de consumir derivados de los hidrocarburos como la industria extractiva para satisfacer esa demanda, inesperadamente no alcanzaba a producir lo necesario y además tenía serias dificultades para importarlos. Los viejos *sweet spots* habían perdido su dulzura; largamente exprimidos, la producción y las reservas habían disminuido muy por debajo del crecimiento sostenido de los requerimientos. Comenzó así en EE. UU. un vasto programa de investigaciones científicas y tecnológicas, con fuertes incentivos crediticios y fiscales por parte del Estado. Dicho esfuerzo se expandió a todo el mundo, con varios países buscando nuevas fuentes, no solo *shale* y *tight*, también *oil shale* (recordemos: alquitrán en estratos superficiales, distinto del *shale oil*), hidratos de metano, metano de lechos de carbón (*coalbed methane*),[53] gas biogénico de reservorios someros, gas obtenido de biomasa y otros.

Sin embargo, hasta el presente solo los dos primeros, sobre los que se centra este libro, alcanzaron desarrollos económicamente viables. Las areniscas empetroladas (*oil shale*) solo han podido explotarse a cielo abierto, en Canadá, dadas las especiales condiciones geológicas del caso. Los hidratos de metano están siendo intensamente explorados e investigados, pues las cantidades albergadas en los océanos son inconmensurablemente grandes. Se estima que este recurso *duplicaría* o *triplicaría* la suma todas las demás fuentes fósiles hasta ahora conocidas. De todas maneras, aún no existe un método de explotación económicamente viable.

Pero, ¿qué características separan a los yacimientos convencionales de los no convencionales? Con los conocimientos adquiridos hasta aquí, podemos comenzar a dilucidar la cuestión. Nuevamente con ayuda de Corona (2013), veamos cómo ha evolucionado la conceptualización del tema:

> Existen varias definiciones pero no existe un límite exacto y definido entre lo convencional y lo no convencional. Veamos las cinco definiciones más generales que se han ido refinando desde 1980 hasta la fecha.[54] La primera corresponde a la definición que aparecía en las previsiones de la Política Energética de los Estados Unidos (*National Energy Policy*):
>
> 1–. *U.S. Department of Energy, Unconventional Gas Resources*, 1980: han sido identificados cuatro grandes recursos de gases no convencionales, los que prometen significativos impactos en el desarrollo de futuras fuentes de abastecimientos. Ellos son:

---

[53] *Coalbed methane*: no es otra cosa que el gas grisú de los yacimientos de carbón, pero los tecnólogos energéticos así lo han designado.
[54] Traducción propia.

– Formaciones lenticulares y estratos de arenas compactadas de baja permeabilidad (*tight*) del oeste de EE. UU.

– Lutitas (*shales*) gasíferas, originadas en el Devónico y el Mississippiano [períodos de la era paleozoica] del este de EE. UU., en los Apalaches y el medio oeste.

– Gas natural presente en vetas de carbón y estratos asociados.

– Acuíferos de la costa del Golfo, con elevadas temperaturas y presiones (geopresurizadas).

2-. *S.A. Holditch, SPE Distinguished Lecturer*, 2001: los reservorios no convencionales son aquellos que no pueden ser producidos con rentabilidad o no contienen volúmenes suficientes para ser producidos económicamente, a menos que sean tratados mediante estimulaciones masivas o procesos de recuperación con tecnologías especiales, tales como inyección de vapor.

3-. *B.E. Law and J.B. Curtis, Introduction to unconventional petroleum systems*, 2002: los recursos convencionales de gas son acumulaciones de gas emergente (*buoyancy-driven*), acotadas por trampas estructurales o estratigráficas, mientras que los recursos no convencionales de gas son generalmente depósitos sin permeabilidad (*not buoyancy-driven*). Se trata de acervos que presentan amplia dispersión geográfica, usualmente sin relación con trampas estructurales o estratigráficas.

4-. *National Petroleum Council Global Oil and Gas Study, Topic Paper #29, Unconventional Gas*, 2007: reservorio no convencional de gas es una denominación usualmente utilizada para referirse a depósitos de baja permeabilidad, los que producen principalmente gas natural seco.

5-. *Society of Petroleum Evaluation Engineers, Monograph 3, Application of Reserve Definitions to the Evaluation of Resource Plays*, 2009: se conocen extensas áreas con acumulaciones de hidrocarburos, consideradas de bajo riesgo geológico y/o comercial.

La mayoría de esos conceptos son válidos para todo tipo de yacimientos no tradicionales. Concentrándonos solo en *shale* y *tight*, de tales enunciados podemos resaltar varias cualidades específicas:

– Tratándose, como sabemos, de estratos generadores, abarcan amplios espacios. Por ejemplo, Vaca Muerta abarca unos 30.000 km^2 de superficie, con un espesor promedio de unos 400 metros.

– Los fluidos no pueden ser extraídos mediante el recurso a la presión propia o inducida de los yacimientos, ya que se hallan enclaustrados en rocas sin permeabilidad.

– Ello los hace económicamente inviables con los métodos tradicionales de extracción.

– La contrapartida favorable de ese inconveniente es que los riesgos mineros son bajos y la mayor parte de ellos ya han sido detectados.

– Corolario: solo resulta viable su explotación utilizando tecnologías especiales, que requieren inversiones en gran escala.

iii. Sistemas petroleros con un solo estrato

Sin embargo, quizás la cualidad más distintiva, en relación con lo geológico, es un aspecto señalado en la definición 3: los no convencionales no se relacionan con trampas geológicas. Para explicarlo nos ayudamos con el Gráfico 22 (Rachid, 2011). Al observarlo, uno se da cuenta de que el esquema contiene una definición alternativa de *shale* y *tight*, tan concisa como explicativa: los recursos no convencionales conforman sistemas petroleros donde la misma roca de baja porosidad y permeabilidad funge como generadora, reservorio y trampa. Es notable: el hombre dedicó poco más de 150 años a desarrollar estructuras petroleras con tres estratos, para desembocar en una perspectiva de futuro radicada en una sola capa.

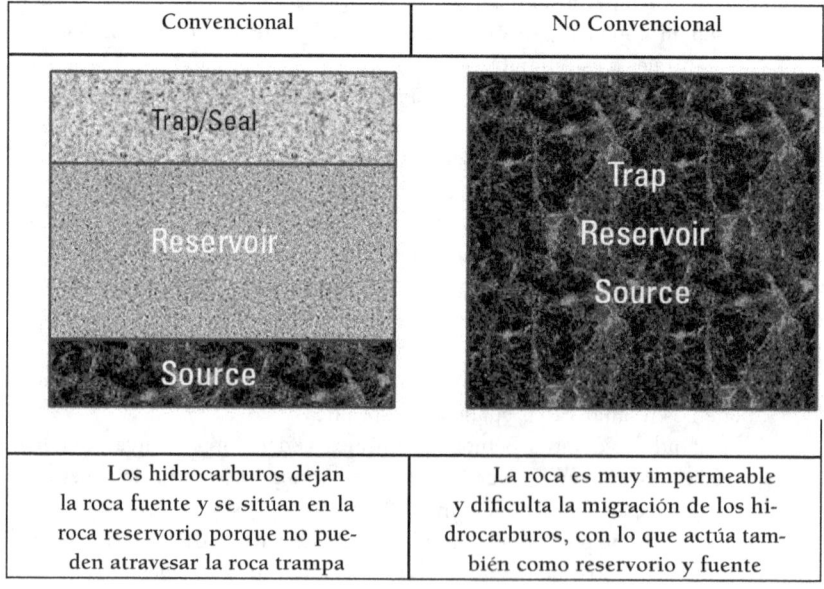

Gráfico 22

Un comentario respecto de dicho gráfico: si bien el dibujo se refiere específicamente al *shale*, que se convierte simultáneamente en *trap, reservoir* y *source* (trampa, reservorio y sello), ello también ocurre para el *tight*, donde la conjugación funcional se verifica en las mismas arenas compactadas que hacen de reservorio, pero en zonas de baja porosidad y permeabilidad, alejadas de las trampas geológicas que motivan los *sweet spots* convencionales o tradicionales.

Por otro lado, cuando nos referimos a los "no convencionales", como ya especificamos, estamos señalando *sistemas petroleros distintos* a los tradicionales. Por ello es equivocado expresar, como se escucha con frecuencia, "petróleo no convencional" o "gas no convencional", dado que los hidrocarburos de ambas procedencias son exactamente los mismos, solo que unos han migrado natural y espontáneamente, mientras que los otros fueron obligados a moverse a través de las fracturas hidráulicas.

iv. Evolución tecnológica del fracking

¿Cómo se produjo el desarrollo tecnológico de los no convencionales a partir de los convencionales? Veamos:

> En 1947, en el campo gasífero de Hugonot, Kansas, la empresa Stanolind Oil llevó adelante la primera prueba experimental de una fractura hidráulica (el fluido base era una mezcla de gasolina y napalm, usando como medio soporte arena proveniente del río Arkansas). Dos años más tarde, ya en una etapa de producción comercial, dos estimulaciones fueron llevadas adelante por la compañía Halliburton en Stephens County, Oklahoma y Archer County, Texas. A partir de aquí la utilización de la técnica tuvo un crecimiento exponencial. En 1950 fueron tratados 332 pozos y ya para 1955 era habitual fracturar una media de más de 3.000 pozos por mes en todo Estados Unidos. A modo de ejemplo, hasta la fecha sólo en el estado de Kansas se han desarrollado procesos de fractura en más de 57.000 pozos. Para la década de 1980, ya en una etapa señalada por la teoría del pico de petróleo (*peak oil*) como de plena declinación de la producción mundial de hidrocarburos, se comenzó a utilizar la fractura hidráulica en yacimientos no convencionales de lutita (*shale*), en combinación con la perforación horizontal. Tras años de esfuerzo en los cuales coexistieron éxitos parciales con fracasos notorios, la empresa Mitchell Energy logró en 1998 alcanzar los resultados esperados. De allí en adelante el *fracking* comenzó a aplicarse con fines comerciales de manera sistemática en los yacimientos no convencionales de Estados Unidos, primero en Barnett Shale y luego en Haynesville, Eagle Ford, Bossier y Marcellus Shale (Cares Leiva, 2013).

En la Argentina, la primera estimulación mediante fractura hidráulica fue realizada por la empresa de servicios Halliburton en el año 1959, para un pozo de YPF en el yacimiento Puesto López, sobre la formación Sierras Blancas (Lauri, 2013). Luego de esa primera y exitosa experiencia, miles de pozos en procesos de incremento de recuperación han utilizado esa técnica. En esa circunstancia no se detectaron diferencias significativas en la frecuencia y las características de los impactos ambientales respecto de los pozos donde no se practicó *fracking*.

Agrego una disquisición para complementar el relato: la tecnología de estimulación por fractura hidráulica comenzó a utilizarse en yacimientos convencionales a partir de los mismos pozos o de otros especialmente terminados para practicarla. Lo esencial del concepto es que se lo hacía como extensión, como EOR (recordemos: *enhanced oil recovery* o producción terciaria) de los yacimientos tradicionales, los que se definen por la tripleta roca madre, reservorio y sello. Con la experiencia y las investigaciones, en algún momento alguien se habrá preguntado: "Si logramos extraer fluidos de rocas cada vez menos porosas y permeables, a partir de pozos ya trabajados, ¿por qué no explorar con nuevos pozos también en todo volumen sedimentario que tenga parecidas características, independientemente de que se ubique cerca o lejos de un sistema petrolero clásico, con trampa y sello?". Así fue que inicialmente los adelantados se desprendieron del enfoque convencional y escarbaron en el *tight*, en la roca reservorio con porosidades micrométricas y permeabilidades del orden de diezmilésimas de mD.

También confluyeron en el paquete las técnicas de perforación horizontal, perfeccionadas para ciertos casos donde no se puede realizar el pozo directamente encima del objetivo a alcanzar. Tal es el caso de yacimientos cercanos a las costas, en los que conviene perforar en suelo firme, comenzando con un tramo vertical para luego, mediante un motor dirigido a distancia, hacer girar el trépano hasta tomar una dirección horizontal o en distintos ángulos, según las características de las formaciones.

Estrictamente hablando, se puede considerar al *fracking* como una técnica de terminación de pozos y, más precisamente, como una operación de estimulación. El excepcional hecho de que permita convertir en comerciales reservorios que no lo serían sin su aplicación, es que se la toma como un capítulo separado respecto del gran capítulo de las terminaciones de pozo.

v. *El trépano inteligente*

En el Gráfico 23, tomado de McCarthy y Rojas (2011), se reproduce el esquema comparativo de los pozos de explotaciones convencionales y no convencionales. Con lo aprendido hasta aquí, el bosquejo resulta autoexplicativo. Obviamente, el *fracking* se practica sobre la perforación horizontal dentro del *shale*, a los efectos de *construir* una red de fracturas y grietas, una suerte de miniyacimiento donde no estaban dadas las condiciones convencionales. La permeabilidad y la fluidez se logran mediante la microfracturación de la formación y el agregado de elementos físicos y químicos que facilitan el drenaje.

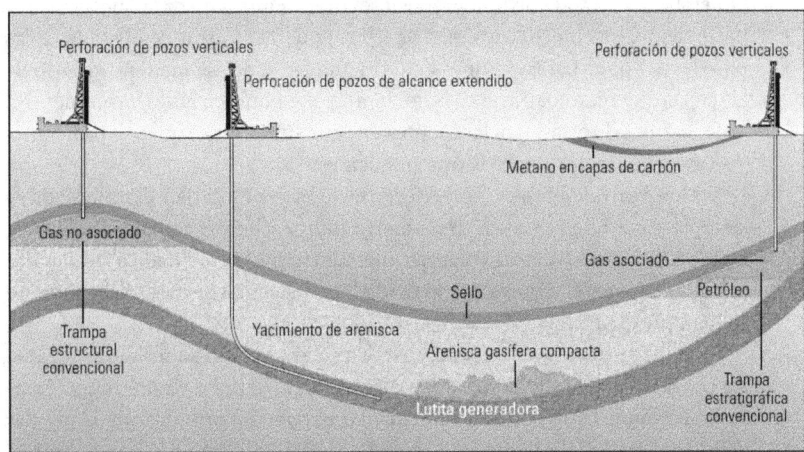

Gráfico 23

No vamos a explayarnos sobre tecnologías de perforación, sino que nos limitaremos a describir lo necesario para comprender las similitudes y las diferencias entre pozos convencionales y no convencionales:

Perforación y terminación de pozo [no convencional]

> […] Un gran equipo de perforación hace girar una tubería de acero con un trépano en el extremo. A medida que se tritura la roca y el pozo va ganando en profundidad, se agregan tramos de cañería desde la superficie. [Los pozos horizontales] se perforan hasta una profundidad vertical predeterminada, pero luego se "horizontalizan" a lo largo de cientos a un par de miles de metros.
> Si bien los pozos horizontales permiten entrar en contacto con una mayor superficie de la formación y esto los convierte en más productivos, inicialmente son más costosos que los pozos verticales. En ambos casos se necesita un equipo sumamente resistente para soportar el peso de las tuberías

de acero necesarias para la perforación de un pozo de varios kilómetros de profundidad.

[...] Se realizan múltiples operaciones para garantizar la protección del pozo y su entorno durante la perforación. Por ejemplo, un motivo de preocupación frecuente es que, en los primeros metros, el pozo puede atravesar napas freáticas para continuar su camino hasta miles de metros de profundidad. Sin embargo, se trata de una práctica segura, ya que a medida que avanza la perforación, se colocan cañerías de acero, que luego son cementadas a las paredes del pozo para asegurar su hermeticidad y, de esa manera, aislarlo de las capas que fueron atravesadas, al tiempo que también las formaciones son aisladas unas de otras. Así, las fuentes de agua subterránea quedan protegidas y se evita cualquier tipo de contaminación.

[...] Una vez que el pozo se perforó hasta la profundidad determinada, y siempre y cuando se hayan descubierto hidrocarburos, se baja, por dentro de la primera, otra tubería de acero, que también es cementada a las paredes del pozo para garantizar su hermeticidad. Este sistema de tuberías y cemento se denomina *casing*.

A partir de entonces, se colocan válvulas en el extremo superior de la cañería (boca de pozo) y el equipo de perforación se retira de la locación. Estas válvulas son las que permitirán controlar el pozo en producción, al regular el flujo del gas y del petróleo y, de ser necesario, interrumpirlo por completo. También permitirán que otros equipos puedan ingresar en el pozo de manera segura para realizar el mantenimiento. Por su forma y disposición, a este conjunto de válvulas se lo llama "árbol de Navidad".

Una vez completadas estas operaciones, por el interior del pozo se baja una herramienta para perforar la parte inferior de la tubería de acero, frente a la formación que contiene los hidrocarburos.

Mediante este "punzado", se atraviesan la cañería de acero y el cemento, en forma controlada y, así, el interior queda conectado con la formación en la que se encuentran el petróleo y el gas, permitiéndoles que fluyan hacia la superficie por el interior del *casing*.

En algunos casos particulares de desarrollo de formaciones convencionales, y en todos los casos de las no convencionales, el paso siguiente es estimular el pozo para hacerlo producir o para aumentar su productividad.

En el caso de los no convencionales se inyecta, como ya dijimos, un fluido conformado por agua y arena a gran presión, junto con una muy pequeña porción de algunos químicos específicos, generando y conectando entre sí fisuras en la formación. Estas fisuras buscan aprovechar, agrandar y mejorar la red de fisuras naturales de la roca para facilitar el flujo de gas y el petróleo hacia el pozo. [...] En el caso de la roca generadora, entonces, el objetivo es intentar conectar la mayor cantidad posible de fisuras naturales al pozo que, de otro modo, quedarían aisladas entre sí y no producirían (IAPG, 2013).

Los equipos usualmente utilizados para emprendimientos convencionales requieren unos 1.500 HP para alcanzar hasta unos 3.000 m de profundidad con su trépano. En contraste, un "gran equipo de perforación" implica una maquinaria robusta capaz de perforar más de 5.000 m, gracias a motores de 2.000 a 2.500 HP. Esa potencia permite maniobrar una columna de perforación pesada y compleja, tal como se muestra en el Gráfico 24, cuya característica más destacada es la presencia de un motor que, operado desde la superficie, es capaz de direccionar el sondeo según las necesidades del proyecto.

El Gráfico 25 ilustra cómo se disponen las cañerías, una vez finalizada la perforación. La tubería guía puede tener hasta 20 pulgadas de diámetro, la que permite direccionar el *casing* de aislación de menor diámetro. Cada uno de estos tubos es asegurado con una capa de cemento de baja permeabilidad. El triple encamisado en las profundidades más someras responde a la necesidad de asegurar la estanquidad hasta aproximadamente 400 m, a fin de disminuir al máximo la probabilidad de fugas hacia los acuíferos de agua dulce.

La horizontalización permite abarcar un mayor volumen de reservorio. En el tramo horizontal del pozo se esquematizan las fracturas, realizadas para producir permeabilidad en las cercanías de las tuberías terminales.

La operación de *fracking* se utiliza desde hace muchas décadas en pozos convencionales que han disminuido su producción. También, cuando se perfora un reservorio de baja permeabilidad, se realiza como operación de rutina durante la terminación del pozo. En esos casos las instalaciones están diseñadas para soportar las presiones convencionales (típicamente unos 5.000 psi), por lo que los empujes aplicados para lograr las fracturas son bastante menores a los que corresponden a pozos especialmente diseñados para *shale* y *tight* (hasta 15.000 psi). Mientras en los convencionales las fracturas se aplican en determinadas ocasiones, complementando otras actividades, en los no convencionales es la actividad básica y se realiza en gran escala. En el siguiente apartado, nos dedicamos con mayor detalle a la fractura hidráulica en gran escala.

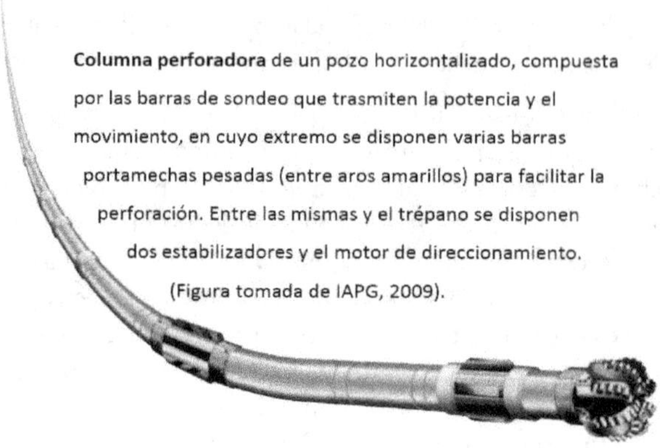

Columna perforadora de un pozo horizontalizado, compuesta por las barras de sondeo que trasmiten la potencia y el movimiento, en cuyo extremo se disponen varias barras portamechas pesadas (entre aros amarillos) para facilitar la perforación. Entre las mismas y el trépano se disponen dos estabilizadores y el motor de direccionamiento. (Figura tomada de IAPG, 2009).

Gráfico 24

Obelisco: 85 mts
Cabeza de pozo
Cemento
Cañería guía
Acuífero
Casing
Cemento
Fluido de perforación
Cañería intermedia
700m
1400m
2100m
2800m
3500m
4200m
ROCA IMPERMEABLE
FORMACIÓN DE HIDROCARBUROS NO CONVENCIONALES

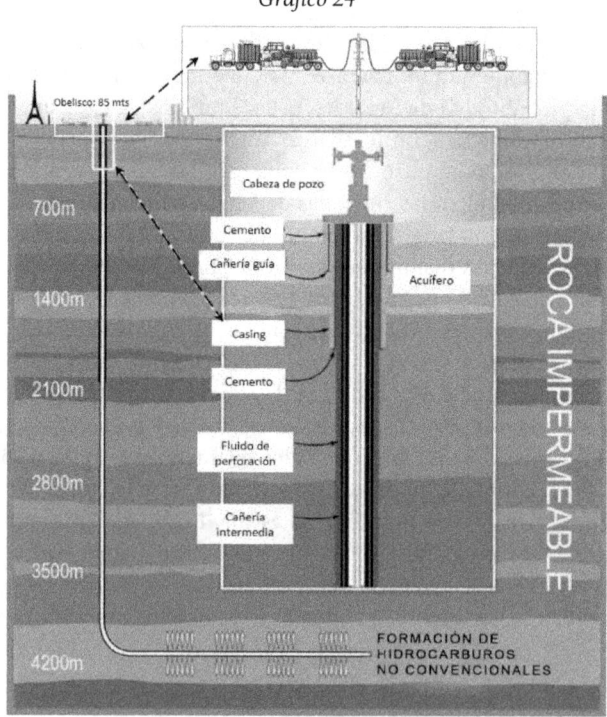

Gráfico 25.
Montaje con figuras de IAPG*, 2009; y D'Huteau y otros, 2012*

2. Frrrrrracking

i. Fractura hidráulica masiva y por etapas

Los petroleros de EE. UU., acostumbrados como buenos norteamericanos a crear acrónimos y apócopes, abreviaron *hydraulic fracture* e inventaron la palabra *fracking* haciendo confluir los términos *facture* y *crack* (grieta, rajadura, resquebrajamiento). No imaginaron que la asociación fonética del nuevo vocablo impactaría en el aspecto sonoro de tal manera, que la cualidad onomatopéyica de la palabra, el nada agradable sonido que conjugan las cuatro primeras consonantes, sería resignificada por las organizaciones ultrambientalistas. Al agregarle contenidos logra suscitar temor y rechazo. Más adelante vamos a tratar los impactos ambientales que genera el *fracking*, así como estimar si los mismos son tolerables y controlables o no. Para poder hacer tales evaluaciones, antes es necesario saber de qué se trata el asunto.

Lo que se busca con la fracturación masiva es, obviamente, incrementar la tasa de flujo de petróleo y gas en reservorios de baja permeabilidad (aunque también puede usarse en situaciones de alta permeabilidad, tal como se observa en el Gráfico 26), meta genérica que puede conjugar varios objetivos particulares, algunos de los cuales son pertinentes tanto para proyectos no convencionales como convencionales, a saber:

– Incrementar el volumen en la formación desde el que drenan fluidos hacia pozo.

– Vincular y potenciar fracturas naturalmente presentes en la formación.

– Reparar pozos que hayan sido dañados.

– Disminuir las diferencias de presión en las cercanías de la perforación, para evitar o disminuir la producción de asfaltenos y parafinas, así como la entrada de detritos y arenas.

– Disminuir el número de pozos necesarios para drenar un área.

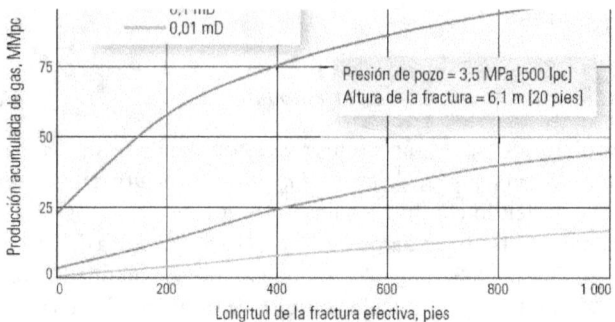

^ Efecto del fracturamiento hidráulico sobre la productividad del pozo. Esta gráfica muestra cómo el tamaño de la fractura afecta la producción acumulada de gas de un año de tres pozos hipotéticos con diferentes permeabilidades de formación. La longitud (o semilongitud) de la fractura es la distancia a lo largo de la cual se extiende una de las alas de la fractura desde el pozo. El beneficio del fracturamiento hidráulico en términos de productividad se incrementa en forma proporcional con la reducción de la permeabilidad de la formación.

Gráfico 26

Descripción de la técnica StageFrac

Operación

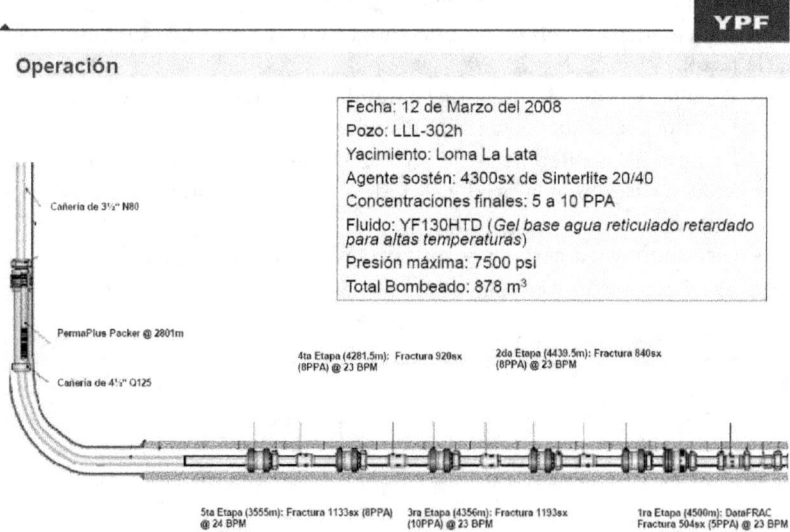

Gráfico 27

Existen muchas maneras de practicar la inyección a alta presión de fluido de fracturas. El Gráfico 27 (YPF, 2012) muestra uno de los muchos arreglos posibles; en este caso, para un desarrollo convencional de recuperación mejorada, en el que se ensayaron técnicas de fracturación múltiple. El ejemplo fue seleccionado porque, además de ilustrar sobre *fracking*, indica que la frontera entre lo convencional y lo no convencional no es concluyente. El pozo LLL-302h fue ejecutado en 2008 en la roca reservorio Sierras Blancas, el *tight* que contiene al yacimiento gigante Loma de la Lata, con Los Molles como roca madre. Sin embargo, el abordaje de *stage frac* o fracturas en etapas es claramente no convencional. Esas "nuevas tecnologías" para el "desarrollo convencional" (palabras del título del documento de YPF del año 2011) estaban anticipando la irrupción del no convencional.

El tramo horizontal se dividió en varios intervalos estancos, separados por *packers* o empaquetaduras, cada uno de los cuales fue motivo de una operación de fracturas, comenzando por el extremo. Los *packers* se afirmaron sobre la pared del pozo para clausurar cada tramo, mientras que los líquidos de fractura penetraron por la cañería interior.

Sugiero observar atentamente los detalles e información del gráfico. Desciframos los siguientes crípticos datos que allí figuran, correspondientes al segmento inicial:

1ra Etapa (4.500 m). DataFRAC: Fractura 504 sx (5 PPA) @ 23 BPM

> sx: *sacks*; significa sacos o costales de agente sostén.
> PPA: medida de concentración del agente sostén, *proppant added per gallon* (lbm/gallon).
> lbm: unidad de masa expresada en libras (no confundir con libra fuerza o con libra moneda)
> BPM: barriles de líquido de fractura (gel base agua) por minuto (1 barril = 6,29 m^3).

La secuencia inicial de los símbolos significan, en castellano legible, lo siguiente: "Primera etapa de fractura realizada a los 4.500 m de extensión de la cañería, con datos que indican que se inyectaron 504 sacos de agente sostén a [una velocidad de] 23 barriles por minuto, con una concentración de 5 libra masa por galón de fluido".

También revelan que se bombearon 878 m^3 de líquido a una presión de 7.500 psi, un empuje mecánico mayor a la presión litológica, necesario para quebrar la estructura del *tight*, pero menor a la que se requiere para el *shale*.

La función del agente sostén, o *proppant*, es la de soportar las fracturas para evitar su cierre cuando es retirada la presión desde las bombas de superficie. En general, se practica primero una fracturación sin elementos de apuntalamiento y con agua con aditivos reductores de fricción, para aumentar la fluidez (*slickwater*) y la penetración en la roca, así como para ajustar la dirección y alcance de las fracturas. Como se representa en el Gráfico 28 (Nolen-Hoeksema, 2013), al aumentar el bombeo aumenta la presión de fondo de pozo hasta que colapsa la roca, con lo que aquella disminuye abruptamente. Una vez que se consideran satisfactorias las características de las fracturas (más abajo detallaremos cómo ello se verifica mediante microsísmica), se ejecuta un segundo ciclo, con mayor empuje, más tiempo y un fluido más gelificado, capaz de introducir profunda y homogéneamente el agente de apuntalamiento. Finalmente, el pozo queda sometido a una presión mayor a la inicial, lo que coadyuva a la producción de hidrocarburos.

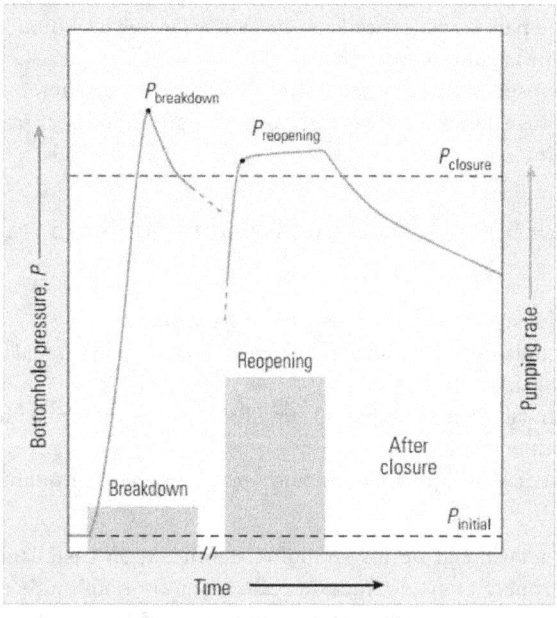

Gráfico 28

ii. La leyenda de los fluidos de fractura y las arenas de soporte

La composición y características de los fluidos (agua, hidrocarburos, geles) para fracturas, así como los componentes químicos y físicos que ellos arrastran, varían constantemente al ritmo del aprendizaje y la innovación. Nos concentraremos en los más usados, aquellos de base agua, que dada su fluidez cumplen muy bien, con la doble misión de transmitir las presiones de fractura y transportar los elementos de sostén. Dependiendo de las circunstancias de cada proyecto, la cantidad de agua que consumen las operaciones de fracturación en un pozo va desde 5.000 a 18.000 m^3. En el área Loma Campana, de Vaca Muerta, en el año 2014 se consumió un promedio de 8.000 m^3 por pozo.

Respecto del agente soporte, cuando hace varias décadas comenzaron las primeras experiencias de *fracking*, se utilizaba arena natural, cuidadosamente tamizada para alcanzar tamaños adecuados y homogéneos. Pero cuando se extendió la tecnología a las más profundas y presurizadas rocas madre, se hizo necesario introducir partículas artificiales, más tenaces. En el Gráfico 29, también de Nolen-Hoeksema (2013), se ven algunos agentes de sostén o apuntalantes habituales. De izquierda a derecha: bauxita de alta resistencia, arenas silícicas revestidas con resinas y cerámicas de bajo peso.

^ Proppant. Several proppant types, including high-strength bauxite (*left*), resin-coated silica (*middle*) and lightweight ceramic (*right*), are pumped into fractures to maintain open fractures for enhanced hydrocarbon production.

Gráfico 29

La fabricación de estos elementos y su logística constituyen uno de los costos más altos en los procesos de estimulación hidráulica.

Como señalamos, en la segunda acometida de fractura los fluidos deben ser más densos para lograr que las pequeñas partículas que conforman el agente soporte se distribuyan uniformemente dentro de las fracturas. Para ello se usa *slickwater* con otros aditivos y geles especiales, según las necesidades. Existen "geles lineales" y *crosslinkeados*. Los primeros, como la palabra indica, poseen estructuras moleculares unidireccionales, pero "no tienen suficiente viscosidad para transportar a grandes distancias altas concentraciones de agente de sostén dentro de la fractura, [por lo que] se *crosslinkean* o reticulan para dar mejores viscosidades y minimizar la cantidad de residuo dentro de la fractura" (Lauri, 2013).

Es necesario consignar que del total del volumen del fluido de fractura no menos del 90 % es agua, mientras que el agente sostén ocupa hasta el 9 %, con lo que queda menos del 1 % para los químicos. Además de otorgar densidad para lograr que las partículas de sostén no se hundan al fondo de los conductos de transporte, los siguientes son los objetivos de dichos compuestos:

– Reducción de la fricción, en general mediante poliacrilamidas y otros compuestos que atenúan las turbulencias en los flujos, disminuyendo con ello la fricción en los tubos.

– Disminución de la tensión capilar entre los hidrocarburos y las rocas, mediante compuestos surfactantes o tensoactivos. Los más empleados son sulfanatos de petróleo o materiales sintéticos con similares propiedades.

– Prevención de incrustaciones en los conductos, mediante compuestos como etilenglicol.

– Eliminación de bacterias mediante desinfectantes varios, por ejemplo glutaraldehídos.

– Inhibición de corrosión, de parafina, de escamas, etcétera, con distintos productos químicos de uso cotidiano en todas las industrias.

Al respecto ver el Gráfico 30, de Lauri (2013).

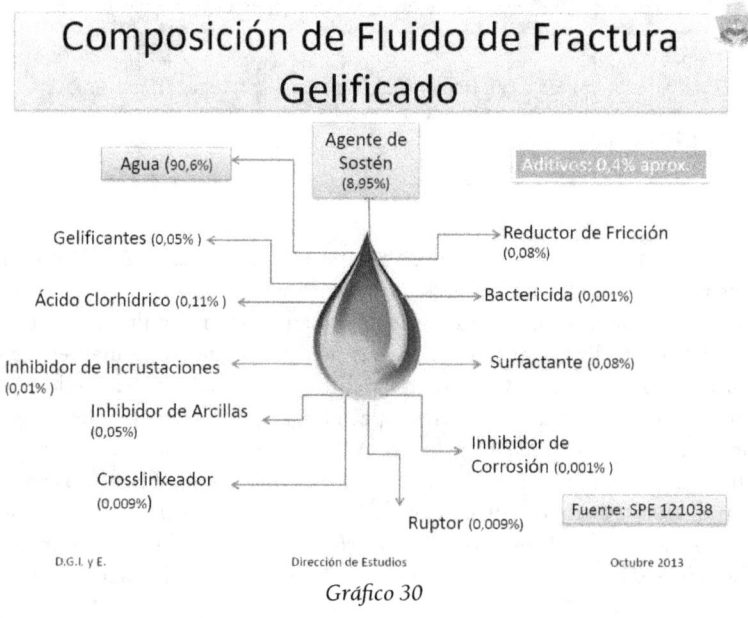

Gráfico 30

El Instituto Argentino del Petróleo y el Gas viene realizando una campaña de difusión de estos temas y utiliza la tabla del Cuadro 3 (IAPG, 2014) para afirmar que los componentes químicos de los líquidos de fracturación o bien son inocuos o su concentración es tan pequeña que no produce daños apreciables. Allí se destaca que la mayoría de esos materiales se utiliza en el hogar, en la alimentación o en contextos usuales de la vida y el trabajo.

Por supuesto, siempre queda la posibilidad de que las empresas operadoras agreguen nuevos aditivos, con lo cual la sospecha de que se introducen en las capas geológicas elementos dañinos nunca desaparecerá. Suele haber fórmulas químicas que, como la de Coca Cola, son mantenidas en secreto por las empresas para que no sean copiadas. En el caso de los aditivos para fracturas hidráulicas, podría pensarse que el encubrimiento no solo tendría como objetivo evitar la competencia, sino también ocultar el hecho de que muchos de esos químicos petroleros son tóxicos. Sin embargo, las normativas nacionales y provinciales argentinas obligan a los responsables a presentar bajo declaración jurada el listado completo de los elementos utilizados, y los entes de control medioambientales deben verificar en el campo el correcto uso de los mismos. Y si bien se continúa avanzando en los marcos regulatorios de la actividad, en la provincia del Neuquén, el Estado cumple (y debe hacerlo) un ineludible papel de contralor, ejerciendo su autoridad para evitar la depredación de su ecosistema. Por ello (y esta es una de las razones de este libro), se trata de poner blanco sobre negro en las controversias, encarando el tema desde un abordaje realista, que contemple la complejidad de los factores involucrados.

Por supuesto, muchos pueden pensar que las agencias estatales no son siempre confiables, con lo cual las leyendas de los materiales secretos que subrepticiamente utilizarían las firmas petroleras continuarán vivas.

Tipo de sustancia	Función en la industria	Función en el hogar	Concentración en el hogar	Concentración en el fluido de fractura
Hipoclorito de sodio (lavandina)	Acondicionamiento de agua, control microbiano	Desinfectante, agente blanqueador, tratamiento de agua. Uso médico	0,1 a 20 %	0,01 a 0,02 %
Glutaraldehído	Control microbiano	Desinfectante. Esterilización de equipamiento médico y odontológico		0,01 %
Hidróxido de sodio (soda cáustica)	Ajuste de pH para el fluido de fractura	Preparación de alimentos, jabones, detergentes, blanqueadores dentales	0,1 a 0,5 %	0,04 a 0,08 %
Ácido clorhídrico (ácido muriático al 33 %)	Disolver carbonatos, bajar pH	Para destapar cañerías. Presente en el estómago		0,33 %
Carbonato de sodio (natrón)	Ajuste de pH para el fluido de fractura	Limpiadores, lavavajillas, pasta de dientes, acuarios, cuidado del cabello	0,5 a 85 %	0,0 a 0,025 % (Muy raramente utilizado)
Bicarbonato de sodio	Ajuste de pH para el fluido de fractura	Polvo leudante, limpiadores, pasta de dientes, polvo para bebés, acuarios	1,0 a 100 %	0,0 a 0,006 % (Muy raramente utilizado)
Ácido acético (vinagre)	Estabilizador de hierro para la mezcla de ácido clorhídrico	Preparación de comidas, productos de limpieza	1,0 a 5 %	0,003 %
Cloruro de potasio	Control de la expansión de arcillas	Sal de mesa dietética, uso médico, suplemento para mascotas	0,5 a 40 %	0,0 a 0,91 %
Goma guar	Gelificante (polímero)	Cosméticos, productos horneados, helado, dulces, sustituto del trigo	0,5 a 20 %	0,0 a 0,25 %
Sales de borato / ácido bórico	Para reticular el fluido de fractura	Cosmético, spray para cabello, antiséptico, detergentes	0,1 a 5 %	0,0 a 0,001 %
Enzima hemi celulósica	Ruptor de las cadenas poliméricas del gel	Aditivo de vinos y alimentos de granja, pasta de soja, procesos industriales de alimentos	0,1 a 25 %	0,0 a 0,0005 %
Enzimas	Ruptor de las cadenas poliméricas del gel	Detergentes, jabones para ropa, removedores de manchas, limpiadores, café instantáneo	Aprox. 0,1 %	0,0 a 0,0005 %
Surfactantes	Tensioactivos: para reducir tensiones superficiales e interfaciales	Detergentes, lavavajillas, champús, gel de duchas	0,5 a 2 %	0,02 %
Sílica (arena)	Agente de sostén	Vidrio, limpiadores de polvo, artículos de artística	1 al 100 %	4 al 6 %
Resina acrílica	Recubrimiento de granos de agente de sostén	Desinfectante, colorante, empaque de alimentos	< 0,001 a 2 %	0,0 a 0,002 % (no se usa siempre)
En algunos casos se adicionan solventes en cantidades bajas, como gasoil o agentes vegetales				

Cuadro 3

iii. *Microsísmica: control del* fracking *en tiempo real*

La microsísmica es una operación de recolección de datos de exploración que solo tiene sentido en el contexto de los no convencionales. Se efectúa simultáneamente con la ejecución de las fracturas, por lo que no podríamos haber explicado dicha actividad sin antes haber descripto el *fracking*. El *Glosario Schlumberger* (1998) contiene una completa definición del procedimiento, adecuadamente incluida dentro de la categoría denominada Terminación de Pozos:

Monitoreo microsísmico

> Técnica para rastrear la propagación de una fractura hidráulica a medida que avanza a través de una formación. Se detectan, localizan y muestran microsismos a tiempo para que los científicos e ingenieros obtengan la ubicación y la propagación aproximada de la fractura hidráulica. El *software* permite realizar modelado, diseño de levantamiento, detección y localización microsísmicas, análisis de incertidumbre, integración de datos y visualización para interpretación. Se utilizan imágenes computarizadas para monitorear la actividad en espacio 3D relacionada con la ubicación del tratamiento de fracturamiento. Se provee animación a las actividades monitoreadas para mostrar el crecimiento progresivo de la fractura y la respuesta del subsuelo ante las variaciones de bombeo. Cuando se representa en tiempo real, la actividad microsísmica permite hacer cambios en el diseño de estimulación para asegurar un contacto óptimo con el yacimiento. También conocida como monitoreo de fractura hidráulica, esta técnica brinda información acerca de la eficacia de la estimulación de un yacimiento que se puede utilizar para mejorar el desarrollo de un yacimiento en terminaciones de gas de lutita.

Dichas mediciones se basan en tecnologías similares a las utilizadas para monitorear la actividad sísmica asociada a terremotos y movimientos naturales de la litósfera. El esquema de las operaciones correspondientes se observa en el Gráfico 31, de Dozier y otros (2003).

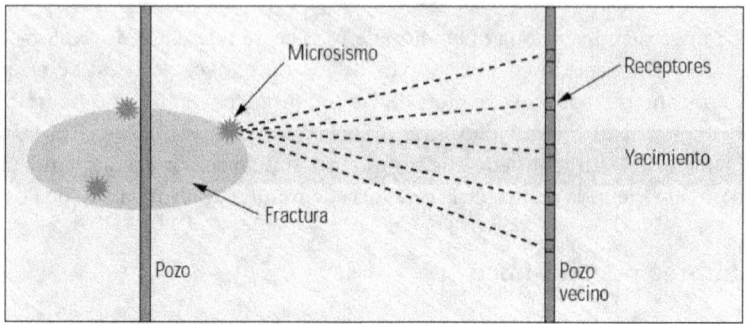

Mapeo sísmico de fracturas. La generación de imágenes microsísmicas se basa en la detección de microsismos o emisiones acústicas asociadas con el fracturamiento hidráulico o el desplazamiento inducido de fracturas preexistentes. Esta técnica utiliza sensores de tres componentes, habitualmente entre 5 y 12 geófonos o acelerómetros, en un pozo de observación vecino, para detectar estos eventos extremadamente pequeños, o microsismos. Normalmente, las operaciones de disparo efectuadas en el pozo que está siendo vigilado rutinariamente se utilizan para calibrar y orientar los sensores. A medida que se desarrolla un tratamiento, los microsismos generados por la propagación de la fractura son detectados, orientados y localizados con el yacimiento para construir un "mapa" de fracturas.

Gráfico 31

Vemos un ejemplo de los resultados, desplegados en un mapa tridimensional, de un procedimiento microsísmico en la ejecución de múltiples fracturas en el Gráfico 32, aportado por Rachid (2011). En el Gráfico 33, tomado de Arthur (2009), se representa un corte longitudinal (es decir, mirando en la dirección de las cañerías) de localización de los eventos de fractura por los geófonos, en el cual se advierte que las quebraduras llegan a distancias que superan los 500 m horizontalmente, mientras que verticalmente se concentran en un tramo de 150 m; es decir, 75 m hacia abajo y arriba del punto de entrada de la presión de fracturación.

Microseismic Data and Fracture Orientation

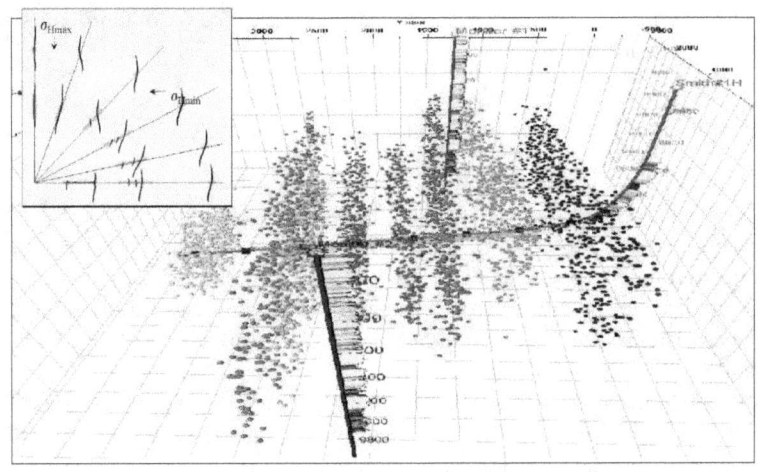

Gráfico 32

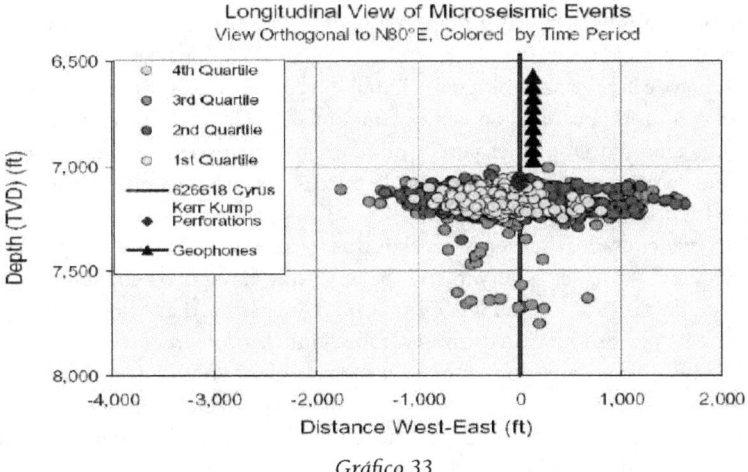

Gráfico 33

En síntesis, la microsísmica aplicada al *fracking* implica el total control sobre las operaciones y asegura su correcta ejecución, en tanto permite a los operadores corregir y mejorar las vías de rotura de las rocas. En la suposición, planteada en documentos de procedencia ultrambientalista, de que algunas fracturas alcanzaran mayor penetración hacia la superficie y pudieran poner en peligro acuíferos someros e instalaciones civiles, ello sería detectado y corregido en el momento. Volveremos sobre dicha presunción cuando abordemos con mayor detalle los impactos ambientales.

iv. *Producción: la perforación permanente*

Pues bien, ya tenemos nuestros pozos especializados para reservorios no convencionales, con alta potencia en la punta del trépano operando en las profundidades de las rocas madre, de manera de llevar las cañerías horizontalmente en tramos de hasta 2.000 m, y capaces de soportar grandes presiones de fractura, las que son controladas en tiempo real mediante geófonos y *softwares* de microsísmica. Corresponde indagar sobre los resultados de tan sofisticada articulación tecnológica.

En el Gráfico 34, correspondiente a la etapa de exploración de YPF en el área Loma Campana de Neuquén (Fernández Badessich, 2012), se exponen las curvas de producción de varios grupos de pozos, dirigidos a Vaca Muerta y con distintos abordajes de fracturas. En todos los casos resultaron curvas de obtención inicial por pozo de más de 30 m^3/día, las que descendieron en dos o tres meses a menos de 10 m^3/día. Así ocurre debido a que la presión artificialmente inducida durante las fracturas va declinando hasta que se estabiliza por encima de la presión litológica original. La curva en azul oscuro representa valores medios de producción acumulada por pozo, la que, inversamente a la de producción diaria, primero crece rápidamente y luego se ameseta, aunque no llega a la horizontalidad porque cada pozo sigue produciendo por muchos años, e incluso décadas.

Los mencionados números revelan que la producción de cada pozo no convencional suele ser relativamente baja, ya que hay pozos convencionales que superan tasas de centenares de metros cúbicos por día. Ello motiva que los proyectos de producción estimulada mediante *fracking* requieran gran cantidad de pozos con fracturación masiva para alcanzar volúmenes adecuados y rentabilidad. Dicha característica estructural se explica en el Gráfico 35 (Luna Sierra y García San Miguel, 2013), donde se ilustra la modalidad operativa típica por la que, desde cada localización de las torres de perforación, se practican varios pozos que al horizontalizarse consiguen aprovechar mayores volúmenes productivos de las formaciones.

Otra consecuencia de la combinación de baja productividad por pozo y el diseño de las perforaciones para saturar los estratos, es la necesidad de la planificación a largo plazo. Mientras que en los desarrollos convencionales las perforaciones van creciendo en la medida del conocimiento del yacimiento y de las necesidades de producción, en los no convencionales necesariamente se deben generar planes que pueden alcanzar dos o tres décadas, con programas intensivos de perforaciones en serie, para evitar la declinación de la producción y lograr resultados económicos aceptables.

Como ejemplo de lo dicho, en el área Loma Campana se utiliza una estrategia de perforación denominada *multipack* (Gráfico 36), consistente en operar dos equipos por locación, los que se mueven por rieles (*walking rigs*, literalmente "perforadoras que caminan") para poder realizar hasta doce pozos por locación. Las bocas de esas perforaciones se encuentran separadas por 15 o 20 metros, pero en el nivel de la formación Vaca Muerta las tuberías quedan separadas en no menos de 300 metros.

De esta descripción se deduce que los no convencionales presentan tasas de riesgo exploratorio mucho menor a las de los yacimientos convencionales. Los ingenieros de reservorios saben dónde está el estrato rico en hidrocarburos; y su tarea, lejos de la búsqueda al azar, consiste en determinar en qué direcciones extender las perforaciones para mejor aprovechar el reservorio. En contraste, las producciones por pozo son menores y las inversiones mayores. La clave del éxito no reside en el "gran descubrimiento petrolero", sino en la utilización masiva de las técnicas de estimulación, lo que da a la explotación no convencional las características de una particular industria de producción en serie.

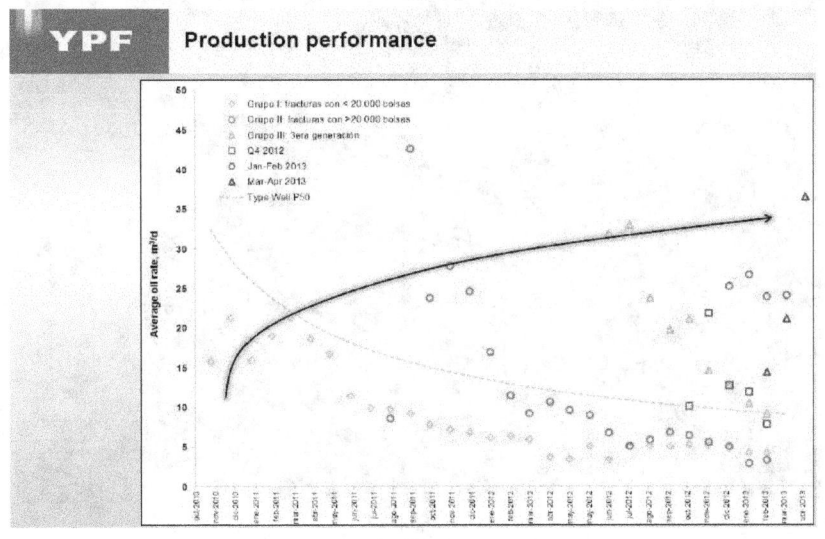

Gráfico 34

Características y comportamiento de los yacimientos de shale/tight oil/gas

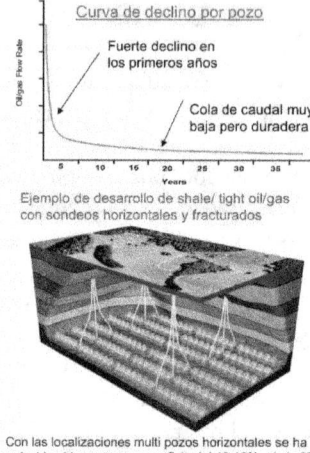

Ejemplo de desarrollo de shale/ tight oil/gas con sondeos horizontales y fracturados

Con las localizaciones multi pozos horizontales se ha reducido el impacto en superficie del 10-12% al 1-2%

- Una de las características más singulares de este tipo de yacimientos es el comportamiento de los pozos. Presentan producciones iniciales modestas, que declinan extraordinariamente rápido. En el primer año la producción disminuye un 65-80% sobre la producción media de los 30 primeros días.
- La producción inicial en pozos que drenan recursos convencionales es varias veces mayor y tienen un declino menos acentuado.
- Su rápido agotamiento obliga a la **permanente perforación de sondeos** para evitar el declino del campo, a un ritmo e intensidad, hasta la fecha desconocidos.
- Esto, unido a las vastas extensiones que abarcan este tipo de acumulaciones, conduce a una **actividad intensiva y duradera en el tiempo**. Esquemas de desarrollo basados en la perforación de centenas de pozos, los desarrollos tecnológicos han permitido transformar recursos contingentes en reservas recuperables previamente no económicas

Gráfico 35

Gráfico 36
Foto de frackingargentina.org

v. Flowbacks: *sales, metales y radioactividad*

Las perforaciones *shale* y *tight* no producen solo hidrocarburos aprovechables, sino que entre 10 y 50 % de los líquidos de fractura (*flowbacks*), respecto de los volúmenes inyectados, retornan a la superficie altamente contaminados con sales y distintos metales. Al respecto, en Vaca Muerta se informa un promedio general de recupero del 30 %. Usualmente, luego de terminadas las operaciones de fracturación, los líquidos de retorno emanan durante lapsos que van de dos a cuatro semanas, a ritmos de hasta un metro cúbico por minuto.

El Cuadro 4 (Kimball, 2011, con adaptaciones del autor) nos detalla los principales parámetros y componentes del agua de retorno de un pozo fracturado típico. Se observa que crecen la acidez y las concentraciones de sólidos disueltos (TDS) y sólidos en suspensión (TSS). Asimismo, aparecen altos contenidos de calcio, magnesio y cloratos, así como metales: hierro, estroncio y bario. También los *flowbacks* arrastran cantidades apreciables de hidrocarburos.

Para destacar: las actividades de extracción petrolera son fuente de *materiales radiactivos producidos naturalmente* (NORM, por *Naturally Occurring Radioactive Materials*). Al respecto, entidades ambientalistas han expresado inquietud por las fracturas, debido a que los fluidos remanentes traerían a la superficie ciertas cantidades de uranio, radio, radón y torio de las formaciones rocosas. No obstante, si bien en toda perforación se puede detectar la aparición de elementos NORM, en el caso del *flowback* los mismos son muy bajos dado el corto tiempo de emanación de los mismos. En cambio, los residuos radioactivos procedentes de la explotación petrolífera resultan problemáticos cuando se concentran, luego de largo tiempo, en válvulas, separadores y componentes de cañerías de superficie, en los que los flujos de hidrocarburos se vuelven turbulentos y facilitan la deposición de las partículas más pesadas. Como las aguas de retorno del *fracking* no se someten a complicados trasportes, sus residuos no encuentran oportunidades para concentrarse. De todas maneras, en Argentina los controles de sustancias radioactivas han sido minuciosamente establecidos, y en el caso poco probable de detectarse NORM, deben ser obligatoriamente eliminados.

Las formas de tratamiento y eliminación de todos los contaminantes, tanto irradiantes como no, así como las normas que se utilizan para reglamentar dichas operaciones de limpieza, serán referidas en los capítulos correspondientes a impactos ambientales.

Frac Flowback Water Quality		
Parameter	Feed Water	Flowback
pH	8.5	4.5 to 6.5
Calcium	22	22,200
Magnesium	6	1,940
Sodium	57	32,300
Iron	4	539
Barium	0.22	228
Strontium	0.45	4,030
Sulfate	5	32
Chloride	20	121,000
Methanol	Neglible	2,280
TOC	Neglible	5,690
TSS	Neglible	1,211
TDS	<500	182,273

All values in mg/L

Solids – A measurement of the concentration of particulate solids that can dissolve or suspend in wastewater (e.g., Total Solids (TS), Total Suspended Solids (TSS), Total Dissolved Solids (TDS), Total Volatile Solids (TVS), and Total Fixed Solids (TFS)).

Cuadro 4

vi. Un gran espectáculo

No vamos a desarrollar aquí las numerosas y complejas aparatologías y logísticas que intervienen en las operaciones de *fracking*. Solo vamos a mostrar, en el Gráfico 37, una espectacular fotografía aérea de una locación de la empresa estatal Gas y Petróleo de Neuquén SA (GyP), junto al detalle de los componentes, obtenida gracias a Lauri (2013), lo que nos da una idea clara de la magnitud de los recursos puestos en acción para ejecutar las estimulaciones hidráulicas.

En la esquina inferior izquierda, superponemos una fotografía de la agencia de noticias Télam que muestra un árbol de fractura, el conjunto de válvulas y retenes que se instala en la boca del pozo para permitir la entrada y salida de los distintos fluidos en movimiento. Gracias al operario presente en la imagen, se puede apreciar el tamaño de los equipos puestos en juego.

Desciframos algunos términos:

Blender: mezclador de agua, agente soporte y componentes del líquido de fracturas.

Coiled Tubing Unit: equipo para introducir un tipo especial de *tubing*, de metal flexible y sin uniones, lo que permite manejarlo de manera similar a una larga manguera.

Fosa de quema: espacio acondicionado para inflamar de manera segura los gases que se pierden durante la perforación y terminación del pozo.

Fracturadores: cada uno de los camiones con bombas fracturadoras dispone de 2.500 HP de potencia nominal. Si tenemos en cuenta que en la operación de la foto se observan catorce equipos, resultan 35.000 HP disponibles para las fracturas.

Frac van: cabina móvil de control.

Gas booster: separador de gas.

Manifold: tren de válvulas distribuidoras de fluidos.

Mountain movers: grandes camiones trasportadores de equipos.

Wire line: equipo de mediciones que introduce, en toda la profundidad del pozo, líneas de sensores conectados por cable, con el fin de generar perfiles de datos electrónicos, magnéticos y nucleares.

Cuando Marguerite Yourcenar escribía, no existían los actuales conocimientos sobre geología y tecnología. Ella podía reflexionar "sobre la perennidad de las cosas" y tenía motivos para creer que la piedra era inmutable. Sin embargo, ahora sabemos que las rocas, con la pasmosa lentitud del tiempo geológico, fluyen sin pausa. Y que con 35.000 HP empujando líquidos por una cañería introducida en la roca madre, la energía mineral es forzada a dejar su aparente indolencia, quedando a disposición de personas con pensamientos más positivos que las metafísicas meditaciones de Piranesi.

Para el caso concreto de la Cuenca Neuquina, hemos verificado que existen cinco grandes (dos de ellas enormes) formaciones *shale*, muy ricas en hidrocarburos, junto a una gran cantidad de acumulaciones *tight*, también colectoras de abundantes cantidades de gas y petróleo. Asimismo, aprendimos los fundamentos básicos sobre las tecnologías adecuadas para su explotación, las que, afortunadamente, están al alcance de los argentinos.

Hemos transitado suficientemente por temas geológicos y tecnológicos. Ya estamos preparados para discurrir sobre las cuestiones económicas de los no convencionales de Vaca Muerta, Molles, Agrio y Kauffman.

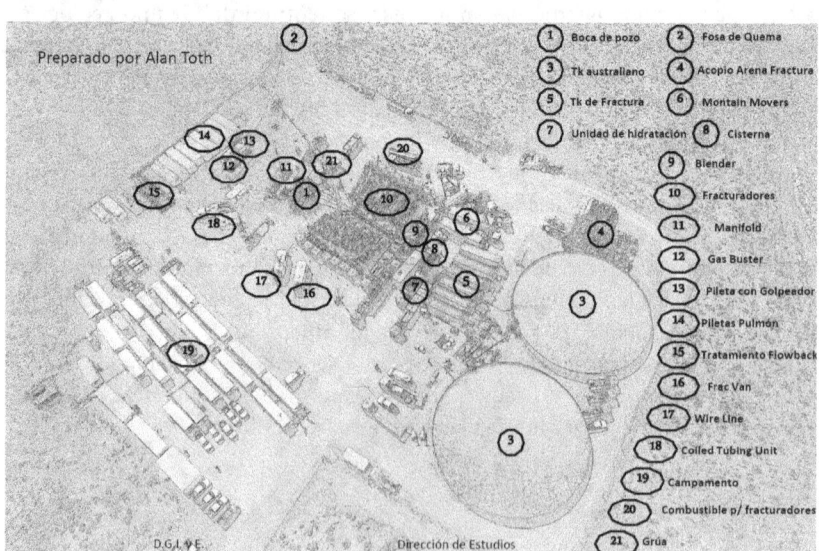

Gráfico 37

IV- Economía del *shale* y el *tight*:

De convencionales probables a no convencionales (com)probables

> *¿Cuál es la razón por la que una nueva era energética haya emergido desde las profundidades de la Gran Recesión, refutando a Alan Greenspan, presidente de la Reserva Federal, quien predijo una caída en el abastecimiento petrolero [de los EE. UU.], a los inversores Warren Buffett y Henry Kravis, quienes apostaron por la escasez de gas natural, y a Vladimir Putin, quien profetizó el monopolio del gas por parte de Rusia?*
>
> Gregory Zuckerman *The frackers*, 2013[55]

1. El saber petrolero: combinación de disciplinas tecnológicas y sociales

i. El trilema del éxito (o del fracaso)

Como ya hemos dicho, los yacimientos convencionales dependen de descubrimientos casi al azar, en tanto que la disponibilidad de los no convencionales no implica ningún hallazgo, ya que se sabe desde hace larga data dónde están. En todo caso, corresponde más bien hablar de estudios de reservorios y de diseño y planificación de perforaciones, terminaciones y estimulaciones, todo un desarrollo industrial previsible que le otorga un soporte teórico y empírico al panorama productivo, en reemplazo de la capacidad ya exangüe de los recursos convencionales. Es decir, no estamos frente a "descubrimientos de nuevas reservas", pese al discurso exitista tan en boga; por el contrario, estamos logrando pasar de recursos potenciales a recursos comprobados, merced

[55] Traducción propia.

a las avanzadas tecnologías de estimulación que dan vida a la acumulaciones hasta hace poco ociosas de los no convencionales. Tecnologías que dan pie a relevantes procesos socioeconómicos que pueden cambiar las condiciones materiales de muchos países, como ya se ha hecho en EE. UU.

Para intentar describir tan significativos procesos, en las siguientes secciones comenzaremos a explorar las mutuas relaciones económicas, políticas y culturales generadas por la explotación de los no convencionales, lo que nos obliga a combinar conceptos de distintas disciplinas. En dicho cometido resulta útil comentar el enfoque multidisciplinario con el que usualmente los grupos inversores evalúan las probabilidades de éxito de un proyecto petrolero, en el que se conjugan diversas variables tras el objetivo de asegurar ganancias. La crítica al mismo servirá para ilustrar nuestro propio abordaje. Etcheverry y Toledo (2012: 99) muestran con claridad tal concepción (Gráfico 38).

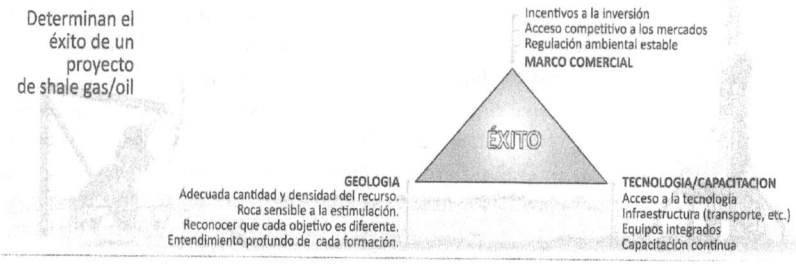

Gráfico 38

En el proceso de recabar opiniones autorizadas de profesionales idóneos en el tema, en el año 2011 recibí, por parte del gerente de Exploración y Producción de una empresa operadora,[56] la siguiente explicación sobre dicho modelo:

> –Si no tenés asegurada la geología, no podés ni siquiera pensar en un *play*. En Vaca Muerta esa base está muy segura y en la formación Agrio también estaría. Es decir, está el recurso en cantidades suficientes, con Ro y TOC a punto y buena presión poral. Molles no tanto; queda mucho por explorar todavía para no convencionales, porque es muy irregular, poco homogénea; en ese sentido todo lo contrario de Vaca Muerta. Te digo más, Vaca muerta es majestuosa: tiene, promedio, 400 m de ancho, cuando las buenas rocas madre

---

[56] La observación participante, es decir, el método de investigación sociológica que consiste en la observación directa del investigador, con un rol legítimo en el medio social que se estudia, resulta útil en este trabajo. Poder registrar sin intermediarios lo que dicen y hacen los protagonistas proporciona una riqueza conceptual que no pueden aportar las estadísticas, los informe técnicos y los cuadros de resultados.

americanas no pasan de 200 m y a veces se conforman con 50 m. Bueno, el segundo vértice te marca que, además, tenés que disponer de la tecnología. Nosotros [las empresas que operan en la Argentina] estamos avanzando. No partimos de cero, porque las colegas norteamericanas saben mucho; son los inventores de la cosa. Pero también ellas tienen que aprender sobre el *shale* y el *tight* de esta cuenca, porque cada cuenca es distinta. También tenemos a favor que en Neuquén ya está montada una infraestructura bárbara y hay mucha gente, profesionales que saben de la cosa. Hay una tradición petrolera buenísima. O sea que, curva de aprendizaje de por medio, también es cuestión de tiempo que tengamos la tecnología. Hasta aquí vamos bien. Pero donde tenemos problemas es en el tercer vértice del triángulo. No tenemos, como en Estados Unidos, marcos institucionales y macroeconómicos estables; ni hablemos de precios, de libertad para manejar divisas y ganancias, ni apoyo financiero para asegurar el éxito de una inversión de esa envergadura. Pero creo que, a la larga, eso también se va a solucionar, porque el país necesita lo que tiene Vaca Muerta, más que nada el gas, que es lo que más importamos.

Eran conceptos expresados con claridad, los que rescato para beneficio de este libro. Pero me atreví a señalar algunas debilidades que creo tiene dicho modelo:

—Vos planteás un trilema. Me parece que el triángulo puede ser válido para las empresas en Estados Unidos y, quizás, Europa. Allí se pueden reducir los problemas institucionales a un solo bloque de problemas, a un único vértice, porque las desigualdades sociales no se traducen en conflictos políticos permanentes como ocurre en los países de la periferia. Fijate que Estados Unidos es uno de los países más desiguales en ingresos y derechos sociales del mundo; sin embargo, eso repercute poco sobre la agenda política y nada sobre el desarrollo de la industria petrolera. Aquí cada nicho de desigualdades, cada falta de reconocimiento de derechos, cada problema social, rápidamente forma parte del debate público. Cuestiones como los impactos ambientales, las demandas territoriales y sociales de los mapuches, los desequilibrios económicos por los altos ingresos petroleros, el desplazamiento de las pymes locales por las empresas grandes que llegan con el *boom*, son todas cuestiones que el Gobierno y las operadoras tienen que considerar. A las empresas petroleras raramente se les ocurre generar proyectos de valores compartidos con las comunidades a las que afectan, ya sea para cuidar el medio ambiente o para involucrarlos en la producción. La mayoría no se da cuenta de que no puede haber éxito en un ambiente donde hay descontento social, porque se generarían conflictos y, con ello, la imposibilidad de invertir. Bueno... aquí no tenemos un triángulo, sino un rectángulo; habría que agregar un vértice que represente a toda la sociedad local, con sus problemas y sus proyectos.

En menos palabras: en EE. UU. alcanza con garantizar mercados y precios, inversiones y competitividad. En Argentina la viabilidad no se alcanza si no se contemplan los requerimientos y los conflictos que genera la actividad petrolera en las comunidades locales que no logran incluirse o no se sienten parte, o rechazan las actividades y las rentas. Si queremos entender Vaca Muerta, debemos indagar sobre las densas relaciones que se crean entre lo económico-tecnológico y las complejidades sociales.

Es decir que el éxito económico y social del desarrollo petrolero en la Argentina no depende de un trilema, sino de un *tetralema*, pese a que la palabra resulte poco agradable. En los capítulos anteriores recorrimos los vértices geológico y tecnológico, y en lo que resta nos ocuparemos primero de lo económico e institucional y luego de lo social, con un repaso de los temas que ocasionan conflictos.

ii. Reservas hidrocarburíferas: un concepto geológico y económico

La cadena de valor que nos ocupa se afirma a partir del creciente conocimiento geológico del subsuelo y la experiencia de la industria en actividades de mejoramiento de la extracción. En la medida en que se agota la producción fácil, provocada por la presión propia de los estratos líticos, la ingeniería se las arregla para encontrar nuevos métodos de recuperación del TOC (*total organic carbon*). Así, los costos por metro cúbico extraído aumentan y las condiciones económicas se modifican, generando cambios estructurales en las ecuaciones de retorno de las inversiones, flujos de caja y rentabilidad. Para explorar esos andariveles, debemos introducir algunos conceptos sobre las características del patrimonio más importante que poseen los dueños y concesionarios del subsuelo, independientemente de que sean privados o públicos: las *reservas* de petróleo y gas.

Etcheverry y Toledo (2012) nuevamente nos proporcionan una explicación difícil de mejorar sobre la manera de catalogar las reservas, según es reconocido mundialmente por los actores de la industria:

> Las reservas son los recursos hidrocarburíferos existentes en el subsuelo que podemos clasificar según el grado de certeza que se tenga sobre su existencia (aspecto técnico) y la probabilidad de que su extracción pueda resultar provechosa (aspecto económico). [Se clasifican] los recursos y reservas de

acuerdo con el nivel de certidumbre sobre los volúmenes recuperables y la probabilidad de que estos puedan ser explotados de forma rentable. [Se] denominan "reservas probadas (o reservas P1)[57] a aquellos hidrocarburos acumulados en yacimientos cuya existencia ha sido certificada tras una campaña prospectiva coronada por un descubrimiento y para los cuales existe un 90 % de probabilidad de que puedan ser extraídos de manera rentable. Este porcentaje ha de ser el resultado de una serie de análisis de los costos implicados en la eventual explotación, la geología del reservorio, las tecnologías disponibles, la comerciabilidad y los precios futuros estimados. En tanto, las 'reservas probadas y probables' (o reservas P2) incluyen volúmenes adicionales existentes en acumulaciones puestas de manifiesto tras un descubrimiento y que se espera resulten comerciales, aunque la probabilidad de que esto ocurra es de un 50%; finalmente, las reservas posibles (P3) suman a las reservas P2 aquellos volúmenes evidenciados por un descubrimiento, pero cuya probabilidad de ser extraídos de forma rentable es de un 10 %.
Buena parte de las reservas que hoy tiene Argentina fueron recursos "no convencionales" hace 20 años. Como la tecnología, los costos de producción, el factor fiscal, precios u otros factores pueden variar, las reservas cuantificadas cambian en la medida que los supuestos de partida para su cálculo se modifiquen o se disponga de nueva información. En forma análoga, los recursos "no convencionales" para los cuales luego se adquiere una tecnología o se conforma un marco económico favorable, pueden convertirse en reservas. Aunque también puede suceder lo contrario, cuando las condiciones de mercado u otros factores se tornan desfavorables, recursos que antes se consideraban económicamente recuperables pueden dejar de serlo.

Acotemos que dichos valores de reservas deben ser certificados por agencias evaluadoras independientes y homologadas especialmente para cumplir esa función.

Nos encontramos ante una variable de gran relevancia, que articula conceptos geológicos, tecnológicos, fiscales y económicos. Agreguemos que los operadores pueden contabilizar como activos solo los volúmenes con alta probabilidad comercial, es decir, P2 (que incluyen las P1). Complementariamente, es relevante el mejorar las perspectivas empresarias aumentado las reservas, por ello nunca dejan de dedicar parte de sus ganancias a la exploración.

Por debajo del 10 % de probabilidad, los horizontes geológicos detectados con alguna expectativa de explotación son catalogados como *recursos contingentes* o subcomerciales, los que incluyen una franja de recursos tecnológicamente

---

[57] En el texto de los citados autores se lee P1, P2 y P3, mientras que en el gráfico se escribe 1P, 2P y 3P. Aquí seguiremos con la primera notación.

no recuperables. Estas cuatro estimaciones (C1, C2, C3 y no recuperables) son valoraciones también geológico-económicas, solo que para ellas las estimaciones de rentabilidad resultan negativas.

Finalmente, queda una franja de prospecciones puramente geológicas, por las que se conjetura que aún hay en el planeta reservorios que no han sido descubiertos y que, quizás, algún día aparecerán en las agendas empresarias y gubernamentales. Todo esto se resume en el Gráfico 39, de los mismos autores recientemente citados.

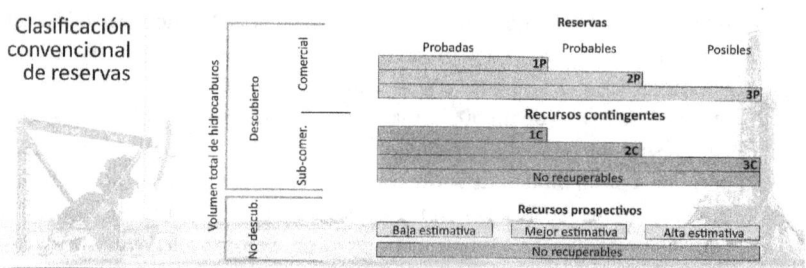

Gráfico 39

Las unidades de medida más usuales de la industria son metros cúbicos (m^3), toneladas (t), barriles (bbl) y pies cúbicos (cf). Así, se miden las reservas o las producción en Mm^3 (millones de metros cúbicos de petróleo), MMbbl (miles de millones de barriles) o Tcf (trillones, en la nomenclatura norteamericana, de pies cúbicos). Si en los acrónimos aparece la letra E, –por ejemplo BOE (BEP, en castellano)–, se trata de barriles *equivalentes* de petróleo, lo que significa que se expresan volúmenes de gas iguales al petróleo en cuanto a la energía que contienen. De tal manera, si se queman 1.000 m^3 de gas se obtiene aproximadamente la misma energía que si se lo hiciera con 1 m^3 de petróleo. La relación no es exacta, pues cada yacimiento produce hidrocarburos con distintas propiedades caloríficas. En los balances contables se suele utilizar la unidad Tbep, o sea, toneladas equivalentes de petróleo, para unificar en un solo número las reservas de hidrocarburos líquidos y sólidos.

La relación entre las reservas P2 y la producción anual de un país es un indicador muy sensible y difundido, ya que indica cuántos años de consumo se requerirían para agotar dicho volumen. Dado que P2 se mide en pies o metros cúbicos, y la producción en las mismas unidades pero divididas por el tiempo, el resultado de la división queda expresado en años. Por ejemplo, en 2013 la Argentina registraba una relación reservas/producción de 9,4 años (Instituto Mosconi, 2014), lo cual no implica que nuestro país vaya a agotar sus hidrocarburos en ese tiempo, sino que, a la fecha de la estimación, las acumulaciones consideradas comerciales cubrirían dicha cantidad de años. Como las empresas realizan de manera permanente tareas de exploración, dicho parámetro varía continuamente. A los efectos de la seguridad energética de una nación, se espera que la relación no baje de diez años, de lo que surge que la Argentina está actualmente en una situación crítica al respecto.

A los fines de la evaluación de la salud de la industria petrolera de cualquier país, la ratio entre la certificación anual de nuevas reservas P2 y el consumo en similar período es relevante. Si en determinado año el cociente arroja valor 1, significa que las reservas que se registraron resultaron iguales a las que se consumieron. Si el número superara 1, el país en cuestión se estaría capitalizando. Si el valor es menor a la unidad, como ocurrió en la Argentina desde 2002 hasta 2014, estaríamos frente a inadecuadas políticas extractivas, "quemando" reservas a la par que perdiendo la posibilidad de incrementar la producción en un futuro cercano.

2. *Shale* en EE. UU. y la volátil rentabilidad petrolera

i. Wildcatters: *la conquista del Oeste… digo, del* shale

Páginas antes desarrollamos aspectos técnicos de la historia del desarrollo de los reservorios de hidrocarburos no convencionales en EE. UU., lo que a partir de los años 90 del siglo pasado significó un cambio rotundo en la economía de ese país, con repercusiones en todo el mundo. En estos tramos más sociológicos de nuestra descripción, corresponde destacar que los actores protagonistas de la conquista del *shale* no fueron las corporaciones globales, como Chevron o Exxon Mobil. Corroborando el mito de que las empresas de gran tamaño son poco innovadoras, en este caso el liderazgo fue asumido por un grupo singular de empresas nuevas y otras existentes, pero de tamaño mediano con pocas o ninguna operación fuera del país. La cualidad en común de todas ellas es que fueron empujadas por emprendedores natos, arriesgados inversores designados por Gregory Zuckerman (2013) como *billionaire wildcatters*, para referirse a los "perforadores arriesgados y multimillonarios". El término *wildcat* significa en inglés gato montés o gato salvaje; y, por asociación, en la jerga petrolera se denomina *wildcatters* (cazadores de gatos salvajes) a aquellos petroleros audaces que perforan donde razonablemente no lo haría nadie.

Conviene igualmente matizar un poco este concepto: la palabra *wildcat,* en este segundo uso, proviene de la jerga decimonónica, y aludía en los Estados Unidos a toda operación de riesgo que acometían los emprendedores por sus propios medios (entre ellos, los buscadores de oro). En el caso que nos ocupa, estos constituyeron, claramente, el elemento clave detrás de la revolución energética. Pero a diferencia de estos pioneros del siglo XIX, lo cierto es que muchos de los *wildcatters* de nuestro tiempo se han caracterizado (con alguna honrosa excepción) por ser verdaderos especuladores, en general fuera de toda ética y siempre al filo de lo ilegal, compitiendo con maniobras inescrupulosas en un tablero en el que las leyes les resultaban "disfuncionales". En el libro *The Frackers: the Outrageous Inside Story of the New Billionaire Wildcatters*,[58] el mencionado autor describe exhaustivamente las peripecias tecnológicas, financieras, políticas y de negociaciones no siempre claras ni transparentes, mediante las cuales aquellos alcanzaron sus notables éxitos. En palabras del propio Zuckerman, "They don't give a damn about anything" (Todo les importa un carajo).

Como sea que fuere, el precursor de los no convencionales, George Mitchell, fue el primero que, con su empresa Mitchell Energy, logró extraer mediante fracturas hidráulicas y con rentabilidad hidrocarburos desde un *shale*. Los primeros pozos exitosos fueron ejecutados con fracturas sobre perforaciones verticales. Poco después, la firma Oryx Energy incorporó el ingrediente que faltaba para disparar el *boom*: la perforación horizontal. Otras empresas de mediana envergadura, que nacieron casi de la nada para llegar a ejecutar decenas de miles de pozos fracturados, fueron EOG Resources (*Enron Oil & Gas*), Chesapeake Energy, Continental Resources, XTO Energy y Cheniere Energy. Con el tiempo, y en el pináculo del éxito, muchas de ellas fueron adquiridas por alguna de las grandes operadoras, tales los casos de Mitchell, absorbida por Devon Energy, y XTO, comprada por Exxon Mobil.

Hay que decir que el triunfo de dichas precursoras no se debió solo al coraje y a la suerte, ya que aprovecharon muy bien las facilidades otorgadas por el programa iniciado por el expresidente James Carter, que incluía importantes incentivos fiscales, crediticios y de apoyo a la investigación tecnológica.[59] Los no convencionales solo podrían haberse desarrollado en un país como EE. UU., con grandes demandas energéticas y cuyas reservas hidrocarburíferas tradicionales venían en franco descenso. Las políticas estatales para responder a esa situación estructural también fueron un factor determinante, si no decisivo.[60]

---

[58] El libro, publicado hasta ahora solo en inglés, puede traducirse como *Los frackers: El escándalo detrás de la historia de los nuevos millonarios buscadores de petróleo*.

[59] El principal instrumento fue *The Nonconventional Fuels Tax Credit (Section 29)*, puesto en marcha en 1980, cuyos incentivos fueron ampliamente aprovechados por los *wildcatters* (IPAA, 2005).

[60] Cabe la pregunta de por qué la puesta a punto inicial de esas tecnologías no ocurrió en otros países con similares urgencias. Uno piensa en China, país que, más allá de sus

Cuando comenzaba la segunda década del presente siglo, ya casi todas las firmas mayores se habían sumado a la epopeya de aquellos primeros *frackers*. Los resultados se ven en el Gráfico 40 (IAPG, 2014, con datos de la US *Energy Information Agency* de 2013 y 2014).

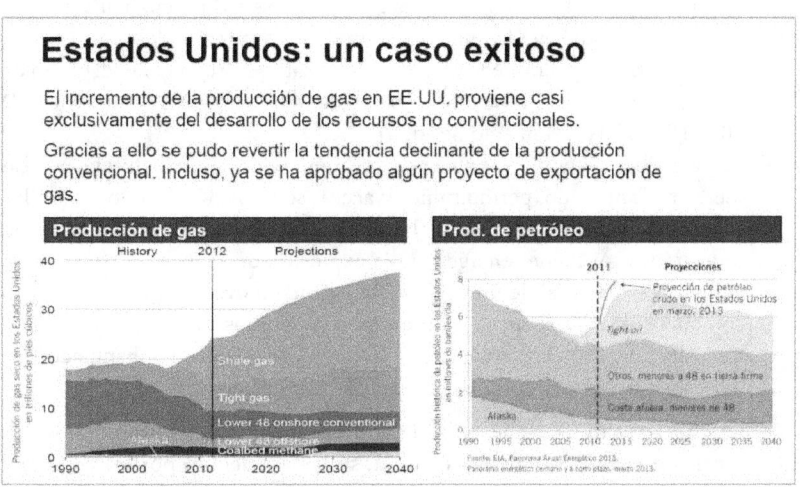

Gráfico 40

Se evidencia que el *boom* comenzó con el *tight* gas, para dar paso, a partir de 2005, al *shale* gas, gracias a la mejora continua de las tecnologías de estimulación. Respecto del petróleo, los datos de base son de 2011; hasta allí no aparece el *shale oil*, que el país del norte comenzó a producir en grandes cantidades desde 2012.

Las relevantes consecuencias económicas del fenómeno son destacadas por Castro (2013):

> [Actualmente] crece exponencialmente la oferta energética, cuyo eje es la explosión de *shale gas* en EE. UU. El mundo energético se aleja de la escasez y se interna en el terreno de la abundancia. La Agencia Internacional de Energía (AIE) sostiene que la demanda mundial de petróleo aumenta en

diferencias culturales y políticas, también es gran consumidor y posee varios *shales* prometedores. No es este el lugar para responder a semejante interrogante contrafáctico. Quizás la respuesta puede encontrarse en el análisis comparativo de los sistemas de investigación y desarrollo: mientras que en EE. UU. y Canadá los actores eficaces de la innovación son públicos y privados, y se enfocan en la creatividad, en el país asiático los esfuerzos son predominantemente estatales y están orientados a la adquisición y adaptación de tecnologías importadas o copiadas.

20 millones de barriles diarios (mb/d), [con lo que pasaría] de 90 mb/d en 2010 a 110 mb/d en 2030. Agrega que la producción crece por encima de la demanda a partir de esta década y que 1/3 del aumento corresponde a EE. UU. […]. En este tránsito, Medio Oriente pierde su naturaleza de región estratégica central y su importancia geopolítica se reduce cualitativamente. Norteamérica adelanta la tendencia mundial. Los precios del gas en EE. UU. son hoy 1/3 de los europeos y 25 % de los asiáticos; y el precio del crudo en Canadá cayó en 2012 a USD 50 el barril, la mitad del *Brent*[61] (cotizó a USD 104 / USD 110 en el mismo período).

Por eso, los costos de producción de la industria manufacturera norteamericana (ante todo, petroquímica y acero) son hoy 30 % menores que los de sus competidores alemanes, chinos o surcoreanos. La nueva revolución industrial, y su fuente energética –la explosión de *shale gas*– constituyen el núcleo estructural de una gigantesca ola de innovación que se despliega con intensidad creciente en los próximos 10/20 años. […] la producción se intensifica en todas las actividades y sectores, con la industria manufacturera a la cabeza de este proceso de generalizada innovación.

Este fenómeno de revitalización de la industria y la economía de los dos países norteamericanos, EE. UU. y Canadá, se ve fortalecido por la reciente y abrupta baja de los precios globales del petróleo, los que cuando se escribían estas líneas se posicionaban entre USD 50 y USD 60, cuando pocos meses antes superaban los USD 100. Se ha dicho que tal situación afectaría el futuro de los no convencionales, pues con esos valores, dados los altos costos respecto de los convencionales, los *frackers* no podrían competir contra el petróleo barato de Medio Oriente y de otros proveedores. Sin embargo, las cosas son más complejas y, como veremos en el próximo apartado, la respuesta estratégica del conjunto de la industria petrolera ante los vaivenes de los mercados reside en la ciencia y la innovación.

ii. Costos y precios: danza con lobos

Para mejor aprehender la febril danza entre precios y costos, es necesario aportar más información al respecto. Como hemos visto, la diferencia entre P1, P2 y P3 no reside en el mayor o menor conocimiento de la existencia de reservas de hidrocarburos, sino en las distintas *probabilidades de sus rentabilidades*. Entonces la clave central de la explotación hidrocarburífera se halla en los costos de producción, los que deben ubicarse suficientemente por debajo

---

[61] Wikipedia: "El Brent es un tipo de petróleo que se extrae principalmente del Mar del Norte. Marca la referencia en los mercados europeos".

de los precios vigentes para justificar las inversiones. Dado que estos últimos varían al ritmo de los frenéticos mercados, con subas y bajas impredecibles, a veces especulativas, dicha puja resulta una danza peligrosa: con frecuencia se producen desenlaces trágicos para las economías endebles, tanto en los países que viven principalmente de los hidrocarburos (v. gr., Venezuela y Libia) como los que deben importarlos (v. gr., Japón y Chile). Aquí no podemos ni queremos introducirnos en esos inciertos escenarios de bolsas de valores presentes y futuros, así como de derivados financieros de inmanejable evolución. Alcanza con informar que, en promedio y dependiendo de las condiciones propias de cada caso, un pozo convencional, para ser puesto en producción, requiere de tres a cuatro millones de dólares, mientras que un no convencional requiere de no menos de ocho millones y puede alcanzar hasta quince millones. Pero también sabemos que las perforaciones *shale*, luego de descargar la presión inicial, raramente rinden más de 50 BEP (barriles equivalentes de petróleo y gas) por día, mientras que hay vertederos tradicionales que aportan centenares y hasta miles de barriles equivalentes. Si además tomamos en cuenta que los costos de exploración y programas piloto para la puesta a punto son mucho mayores, entonces cabe preguntarse dónde está el meollo de la rentabilidad de los no convencionales.

La respuesta está en el diseño de los planes de perforación masiva que han logrado madurar las empresas en función de las circunstancias geológicas y tecnológicas del *shale*. Trataremos de explicar este aspecto esencial de los no convencionales, a partir de la realidad económica y financiera de la extracción tradicional. En este último caso, los costos de exploración y los tiempos de perforación son menores y los volúmenes producidos por pozo en el tiempo son mayores, con lo cual es viable alcanzar beneficios con un conjunto relativamente pequeño de pozos. Incluso sería posible pensar en un plan de negocios para un solo pozo, si este produjera, como sucede de ordinario, varios cientos de barriles por día. En cambio en el *shale* unas pocas torres son inviables. Solo con una gran cantidad de perforaciones se consiguen caudales suficientes para alcanzar ganancias que, de cualquier manera, tomadas por unidad de producción, son escasas. Es necesario poner en marcha una enorme maquinaria de "fabricación" en serie, con estimulaciones masivas, contiguas y consecutivas para, como ya vimos, cubrir con fracturamientos la mayor parte de los volúmenes de esquistos ricos en hidrocarburos.

Las operaciones además deben soportar los altos costos hundidos durante la exploración y los ensayos piloto, etapas previas a la gran producción, que pueden requerir hasta cinco años de investigación. En contrapartida, tales esfuerzos técnicos y financieros se llevan a cabo con pocos riesgos mineros. Ya lo hemos dicho en los capítulos anteriores: en los no convencionales se trabaja con menores márgenes, pero con más seguridad, o menos incertidumbre geológica, respecto de las operaciones tradicionales.

De lo dicho se sigue que la industria no convencional requiere de mayores inversiones, sin las cuales no se lograría bajar los costos: miles de millones de dólares en contraste con decenas o cientos de millones en los convencionales. Y también más tiempo de desarrollo: entre veinte años y treinta años, cuando con diez o quince años los tradicionales son viables. Ello motiva que, una vez comenzados, los proyectos *shale* sean arduos de detenerse, salvo con irrecuperables pérdidas. Pero cuando el esfuerzo se mantiene, los beneficios son amplios, tanto en precios como en cantidades entregadas.

En resumen: el plan de negocios típico de los no convencionales, a fin de garantizar el retorno de los capitales comprometidos, requiere *obligadamente* de elevadas escalas de inversiones, gran cantidad de perforaciones, cubriendo los amplios espacios de los estratos, y mayores tiempos de operaciones, con poca tolerancia para modificar los planes sobre la marcha.

Esa relativa inflexibilidad se mantiene incluso cuando se presentan las agudas variaciones de precios que caracterizan al mercado petrolero. Tal estructura se evidencia claramente en el Gráfico 41, tomado de Ferraro (2015), mostrando que, entre 2008 y 2010, con precios que colapsaron casi hasta USD 40 por barril, los actores norteamericanos no vacilaron en invertir fuertemente en *shale* y *tight*, lo cual se reflejó en la impresionante duplicación de la producción de petróleo en solo seis años.

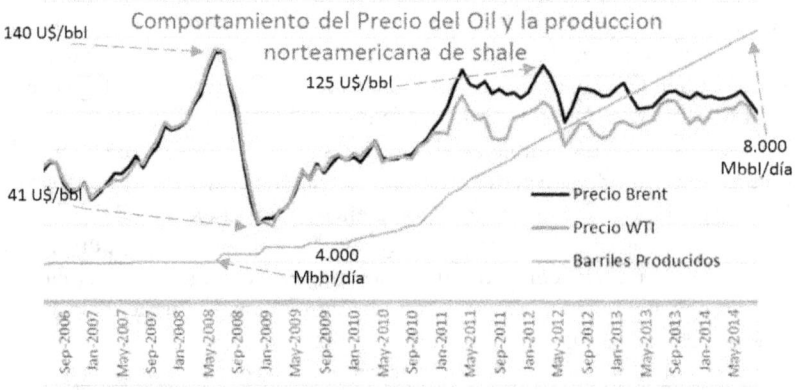

Gráfico 41
Modificado con datos de la EIA

En los convencionales no se presenta la aludida inercia en los programas de producción. Se puede variar sobre la marcha la intensidad de los trabajos; en cualquier momento es posible aumentar o disminuir la cantidad de equipos de perforación, o comenzar etapas de desarrollo secundario o terciario. Esas alternativas suelen darse en función de novedades propias de las operaciones, tales como disminución de la tasa de extracción por pérdidas de presión o, contrariamente, por descubrimientos de nuevos *hot spots*. También ciertas condiciones de contexto, sean estas económicas, financieras, sindicales o fiscales, pueden estimular cambios. Se pueden detener los desarrollos si se deterioraran los precios, para luego recomenzar si estos volvieran a ser convenientes. En menos palabras: las lógicas tecnológicas y financieras de los convencionales y los no convencionales son distintas.

Resta aclarar que con los proyectos que apuntan a estratos de arenas compactas, la situación se encuentra en un punto que podríamos definir como intermedio. Si bien en el *tight* tampoco tiene sentido un programa con pocos pozos, los planes pueden ejecutarse con menor cantidad de perforaciones y fracturamientos para alcanzar rentabilidad, o, lo que es lo mismo, con menos volúmenes de inversiones.

3. La potencialidad de Vaca Muerta

i. El tamaño del shale de Neuquén: más que vaca, un mamut

Una noticia difundida en 2013 por la *Energy Information Agency* (EIA) fue tapa de los diarios nacionales y conmovió a la provincia del Neuquén. Fue una gran sorpresa saber que nuestro país contiene la segunda acumulación técnicamente recuperable de *shale* gas en el mundo. Así lo expone el Gráfico 42 (IAPG. 2014; con datos de 2013 de EIA), en el que se compara la cantidad de Tcf (*trillion cubic feet*) que dicha agencia ha podido estimar en los países con recursos hidrocarburíferos. Considerando que China alberga 1.350 millones de habitantes y EE. UU. 320 millones, se puede entender la magnitud de la oportunidad que representan los no convencionales para los comparativamente escasos cuarenta y pico millones de personas que vivimos en la Argentina.

Hay que resaltar la cualidad de "técnicamente recuperables", lo que significa que son volúmenes que están al alcance de los métodos no convencionales, pero que requerirán ingentes tareas de exploración y sustanciales mejoras tecnológicas para ser rentables. Es decir que, utilizando la terminología definida en el Gráfico 39, lo que se logró con el *fracking* es convertir los *shales*, antes contingentes, subcomerciales y no recuperables, en reservas comerciales P2 y P3, recuperables en el mediano y largo plazo.

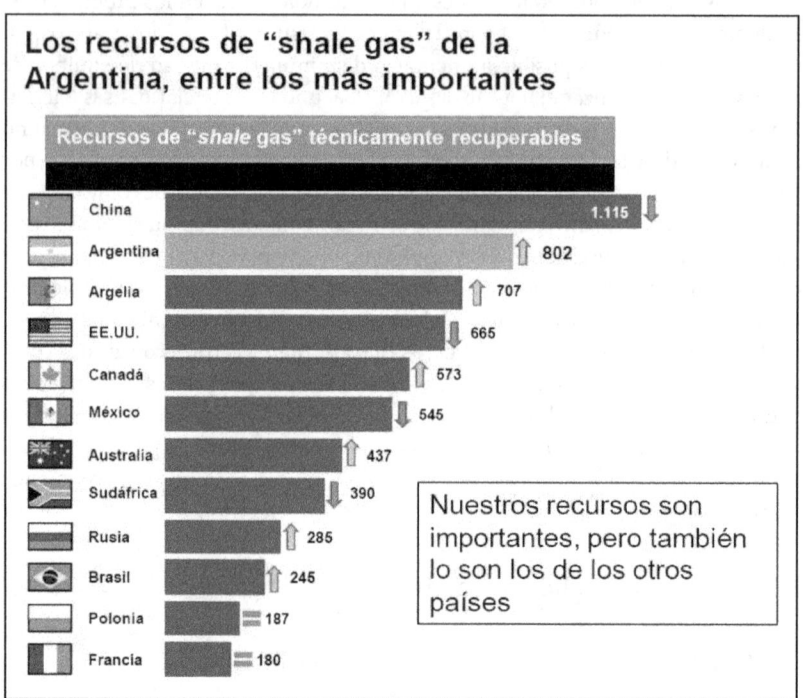

Gráfico 42

Veamos en el Gráfico 43 lo que significan Vaca Muerta y Los Molles (no convencionales) en comparación con nuestra vieja y querida área de Loma de la Lata (convencional). El relevante yacimiento que sostuvo el auge gasífero argentino durante cuarenta años albergaba sorpresas. La roca reservorio del mismo es Sierras Blancas, que recibió el gas que migró desde la roca originaria Los Molles, mientras la roca trampa, debido a su baja permeabilidad, es Vaca Muerta. Ni siquiera el más audaz de los petroleros imaginó durante el siglo pasado que esta última, la que había sido atravesada miles de veces para arribar a la zona rica, se trastocaría de simple elemento estructural en el futuro "cuenco" de la abundancia:

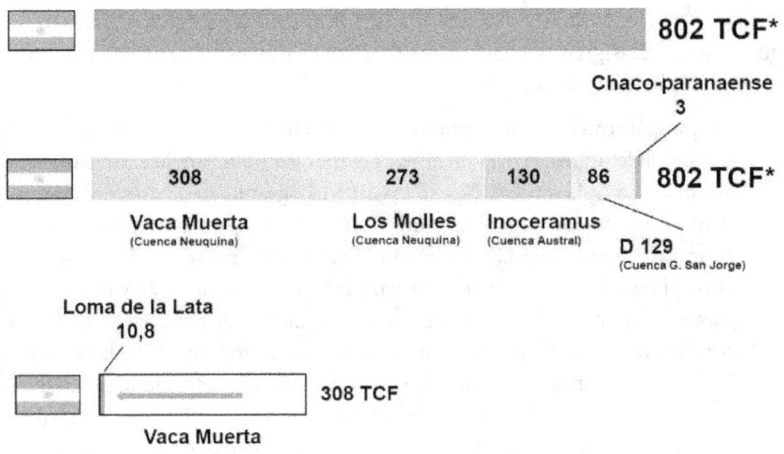

Gráfico 43
Compendio de gráficos sobre shale gas, *tomados de* IAPG, *2014*

Como se observa, la Cuenca Neuquina acapara 580 de los 802 *Tcf* (*trillion cubic feet*) calculados para la Argentina. En la última barra se contrastan las reservas P3 de Vaca Muerta con las P2 de Loma de la Lata. Vemos que aquella equivale a ¡30 veces la segunda!

¿Todos esos datos oficialmente homologados son impactantes? Sin dudas. Sin embargo, falta bastante: *todavía no se han medido* con metodologías semejantes otros recursos tangibles. A saber:

– Hay otras tres formaciones de esquistos no censadas que también se revelaron valiosas en la Cuenca Neuquina: Puesto Kauffman, Río Agrio Superior y Río Agrio Inferior.

– La prestigiosa EIA tampoco dice nada sobre *shale oil*, *tight oil* y *tight gas*, riquezas que siempre van asociadas a los sistemas petroleros que poseen *shale gas*, el único recurso calculado en la oportunidad.

En otras palabras, los valiosos datos de la EIA están por debajo de las verdaderas potencialidades de la Cuenca Neuquina.

ii. *Comparación geológica: Vaca Muerta vs.* shales *norteamericanos*

No se trata solo de una cuestión de tamaño; también la Cuenca Neuquina tiene ventajas geológicas respecto de otros *plays* conocidos en todo el mundo, incluyendo los reservorios más desarrollados de EE. UU. Se han clasificado distintas cuencas comparando cualidades de índole geológica y de aspectos contextuales. El siguiente texto y el Cuadro 5 corresponden al interesante trabajo de Askenazi y otros (2013):

> Se compararon diferentes parámetros de importancia a la hora de evaluar la calidad de un reservorio no convencional, como lo son la extensión areal, profundidad de la unidad, espesor, porosidad, gradiente de presión, madurez térmica, contenido orgánico total, tipo de querógeno y mineralogía. Esto permitió advertir que la Formación Vaca Muerta presenta, con respecto a otros *plays* de EE. UU., una mayor variación en los rangos de valores de los parámetros analizados, que estaría relacionado a la heterogeneidad tanto vertical como lateral que presenta dicha unidad a lo largo de toda la cuenca. [...] no existe entre los *shales* de EE. UU., un análogo (propiamente dicho) a la Fm. Vaca Muerta. En algunos casos, se advierten similitudes con respecto a algunos parámetros importantes, como sucede con Eagle Ford que presenta una madurez térmica y mineralogía similares, o como sucede con Haynesville que muestra gradientes de presión tan altos como los de Vaca Muerta. Tal vez, la principal diferencia radica en el gran espesor útil que presenta el *play* Vaca Muerta. Los *shales* de EE. UU., con espesores útiles menores, necesitan de pozos horizontales para lograr un mayor volumen de roca estimulable y de esta manera obtener producciones comerciales. En cambio en Vaca Muerta, la delineación de este *play* se basó en pozos verticales debido a las buenas producciones obtenidas.

Shale Play	Barnett	Marcellus	Fayetteville	Haynesville	Woodford	Lewis	Eagle Ford	Vaca Muerta
Edad (Ma)	320	410	330	150	370	85	95	140
Extensión Areal (km2)	13.000	250.000	23.000	23.000	28.900	26.000	5.000	30.000
Profundidad (km)	2,0 - 2,6	1,2 - 2,6	0,3 - 2,1	3,2 - 4,2	1,8 - 3,4	0,9 - 1,8	1,2 - 4,2	2,0 - 3,5
Gradiente de Presión (psi/ft)	0,43 - 0,44	0,15 - 0,40		> 0,9		0,2 - 0,25	0,6	0,6 - 1,1
Porosidad (%)	4,0 - 5,0	10,0 - 11,0	2,0 - 8,0	8,0 - 9,0	3,0 - 9,0	3,0 - 6,0	4,0 - 15	4,0 - 12,0
Espesor (metros)	60 - 90	30 - 120	30 - 210	60 - 90	90 - 300	150 - 580	20 - 150	30 - 550
Espesor Útil (metros)	15 - 60	15 - 60	15 - 60	61	35 - 67	61 - 92	25 - 100	50 - 350
Tipo Kerogeno	II	II - III	II - III	III	II	II - III	II	II
Madurez Térmica (% Ro)	0,5 - 1,5	0,5 - 2,0	1,0 - 3,0	0,94 - 2,62	0,5 - 3,0	1,7 - 1,9	0,5 - 2,2	0,5 - 2,6
COT (%)	3,0 - 6,0	3,0 - 12	4,0 - 9,8	4,0 - 10	0,6 - 1,0	0,45 - 2,5	4,5 - 5,5	2,0 - 12,0

Cuadro 5

Esos números ratifican el bajo riesgo geológico que presenta nuestra formación estrella, lo que justifica el interés de los inversores. Se advierte que la vaca parece un mamut al lado de los *shales* norteamericanos, ya que sus *facies* útiles tienen hasta 350 m, cuando *Barnett*, *Eagle Ford* y *Marcellus* poseen 120 m o menos. Cabe destacar que semejante ancho ha llevado a YPF a realizar en Loma Campana operaciones de fractura de manera vertical, durante 2013 y 2014, consiguiendo de esa forma menos costos por pozo en comparación con las estimulaciones horizontales. Pero a partir de 2015 las operaciones se han concentrado en estas últimas.

También los sensibles parámetros de carbono total, gradiente de presión, porosidad, madurez térmica y tipo de kerógeno de Vaca Muerta se muestran altos, y esta solo es superada, en cuanto a extensión superficial, por Marcellus, cuenca que en ese aspecto luce como un dinosaurio.

iii. El informe Accenture: las bondades de contexto argentino

Si los atributos de Vaca Muerta en el subsuelo son excelentes, también sobre la superficie las condiciones de contexto muestran ventajas comparativas. Así fue ratificado por el informe de la firma consultora internacional *Accenture*, firmado por Stark y otros (2014), en el que se afirma: "The Neuquén basin promises the greatest unconventional resources potential outside US and Canada" (La Cuenca Neuquina promete la mayor potencialidad no convencional fuera de EE. UU. y Canadá). ¿Cómo llegaron a esa conclusión? Frente a los logros de esos países norteamericanos respecto de *shale* y *tight* gas y petróleo, los analistas de *Accenture* se preguntaron: "if, were and how fast?" (Si [el shale pudiera ser desarrollado con igual éxito en otros países], ¿dónde y con qué rapidez?). Así, investigaron las siguientes localizaciones donde existen exploraciones no convencionales: Cuenca Neuquina; Sichuan Basin, de China; Cooper Basin, de Australia; Baltic Basin, de Polonia; West Siberian Basin; Cuenca Burgos, de México; Karoo Basin, de Sudáfrica y South Ghawar Basin, de Arabia Saudita. Sobre cada una de ellas se estudiaron ocho "factores críticos", a saber:

a) Magnitud de los recursos detectados; es decir, reservas P3, aquellas posibles de ser explotadas con las tecnologías presentes, pero cuya probabilidad de comercialidad (esto es, de efectiva comprobación de existencia de reservas listas para ser explotadas) aún es baja. Recordemos que las mismas incluyen todas las reservas cuya probabilidad es superior al 10 %, es decir, comprende las reservas P1 (90 %) y P2 (50 %).

b) Regímenes legales y fiscales con mayor o menor aptitud para promover y facilitar las actividades.

c) Comprensión de la geología, aspecto en el que se analizó la disponibilidad de información científica de los reservorios y de calidad de las rocas, así como la habilidad de los actores para acceder y adaptar las tecnologías existentes a las particularidades locales.

d) Acceso a las concesiones y operabilidad. Entre varias temáticas no tecnológicas que influyen sobre las actividades, este ítem incluyó cuestiones tan diversas como el régimen de otorgamiento de permisos de exploración y explotación, alcance y estado de caminos y ferrocarriles, disponibilidad de agua para fracturas, densidad poblacional sobre las áreas afectadas y actividades de ONG y movimientos sociales.

e) Existencia o carencia de empresas de servicios tecnológicos con habilidades para operar perforaciones horizontales, estimulaciones hidráulicas y terminaciones de pozos.

f) Disponibilidad de redes de gasoductos, oleoductos e instalaciones para acceder a los mercados de consumo.

g) Posible competencia de otras ofertas energéticas que podrían comprometer la comercialización del *shale* y el *tight*. Por una parte, se consideran las ofertas de petróleo y gas de reservorios convencionales, incluyendo los de costa afuera (*off shore*); por otra, las de diversas fuentes no convencionales, tales como metano de estratos de carbón, energías eólica, solar y todas aquellas que pudieran disponer de financiación y recursos humanos capacitados.

h) Disponibilidad o insuficiencia de trabajadores y profesionales (*workforce*) con experiencias y conocimientos idóneos para el desarrollo no convencional.

El Gráfico 44 resume los resultados de dichas indagaciones. Se utilizó el color verde para señalar los factores que se encontraron satisfactorios en cada caso, el amarillo para señalar cuestiones que presentan falencias, pero que se encuentran en proceso de mejoramiento; y el rojo para denotar dificultades de difícil superación. Argentina, con su proyección en Vaca Muerta, aparece como la más pareja en esas valoraciones, por lo que es ubicada en primer lugar.

También se señala, con un círculo negro, el factor que, en cada cuenca, es considerado crítico para su evolución, la temática que *Accenture* considera obstaculizaría el éxito productivo y económico si no se resolviera positivamente. Como se observa, para Argentina la consultora se enfoca en un régimen fiscal favorable, concepto que implica no solo las normas im-

ENTENDER VACA MUERTA

positivas, sino también el sistema de exportación e importación de bienes y servicios, incluyendo el sensible ítem de las divisas. Ciertamente, con elegancia, los analistas internacionales envían un mensaje: en la Argentina se requiere mayor facilidad para mover los capitales, en particular, las ganancias.

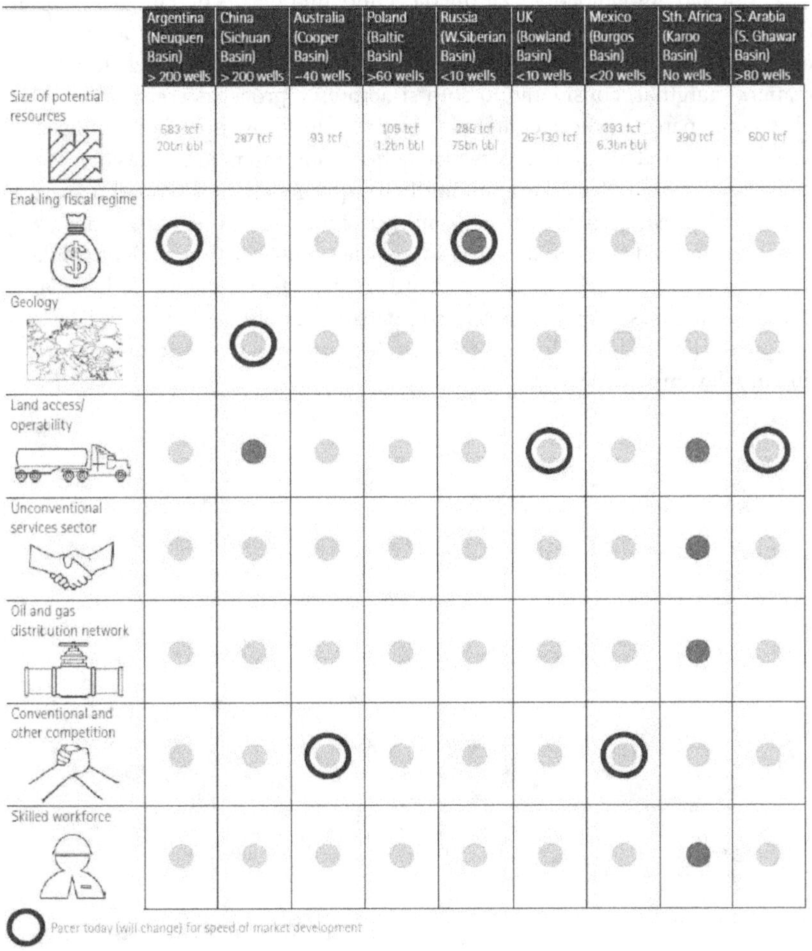

	Argentina (Neuquen Basin) > 200 wells	China (Sichuan Basin) > 200 wells	Australia (Cooper Basin) ~40 wells	Poland (Baltic Basin) >60 wells	Russia (W.Siberian Basin) <10 wells	UK (Bowland Basin) <10 wells	Mexico (Burgos Basin) <20 wells	Sth. Africa (Karoo Basin) No wells	S. Arabia (S. Ghawar Basin) >80 wells
Size of potential resources	583 tcf 20bn bbl	297 tcf	93 tcf	105 tcf 1.2bn bbl	285 tcf 75bn bbl	26-130 tcf	393 tcf 6.3bn bbl	390 tcf	600 tcf
Enabling fiscal regime	◯	•	•	◯	⊙	•	•	•	•
Geology	•	◯	•	•	•	•	•	•	•
Land access/operatility	•	●	•	•	•	◯	•	●	◯
Unconventional services sector	•	•	•	•	•	•	•	●	•
Oil and gas distribution network	•	•	•	•	•	•	•	●	•
Conventional and other competition	•	•	◯	•	•	•	◯	•	•
Skilled workforce	•	•	•	•	•	•	•	●	•

◯ Pacer today (will change) for speed of market development

Gráfico 44

El Gráfico 45 –ruego su atenta lectura– desarrolla con más detalle el caso de Argentina. Manteniendo el formato, traduje los textos para comodidad de los lectores.

Un comentario: la mencionada investigación, de manera más elaborada, mantiene el enfoque empresario que ya estudiamos (recordar el Gráfico 38), en el que la complejidad social queda semioculta detrás de eufemismos que dan lugar a confusiones y que no permiten completar la descripción de los escenarios. Si *Accenture* se interesó en algunas cuestiones sociales, lo hizo de manera marginal, considerando solo si actores y procesos constituyen o no obstáculos para la producción. Los objetivos utilitaristas de la investigación no se corresponden con una perspectiva que ponga atención en las demandas de las poblaciones afectadas y los conflictos que genera la actividad petrolera. Aun así, el informe tiene la virtud de otorgar seguridad a quienes participan y se ilusionan con el desarrollo de Vaca Muerta y la Cuenca Neuquina. Una fundada autoestima que no debe fomentar actitudes pasivas, esperando la llegada de futuras riquezas, sino que debe ser acompañada de políticas bien planificadas y acciones articuladas con los actores estatales, privados y sociales involucrados en tan relevante proceso.

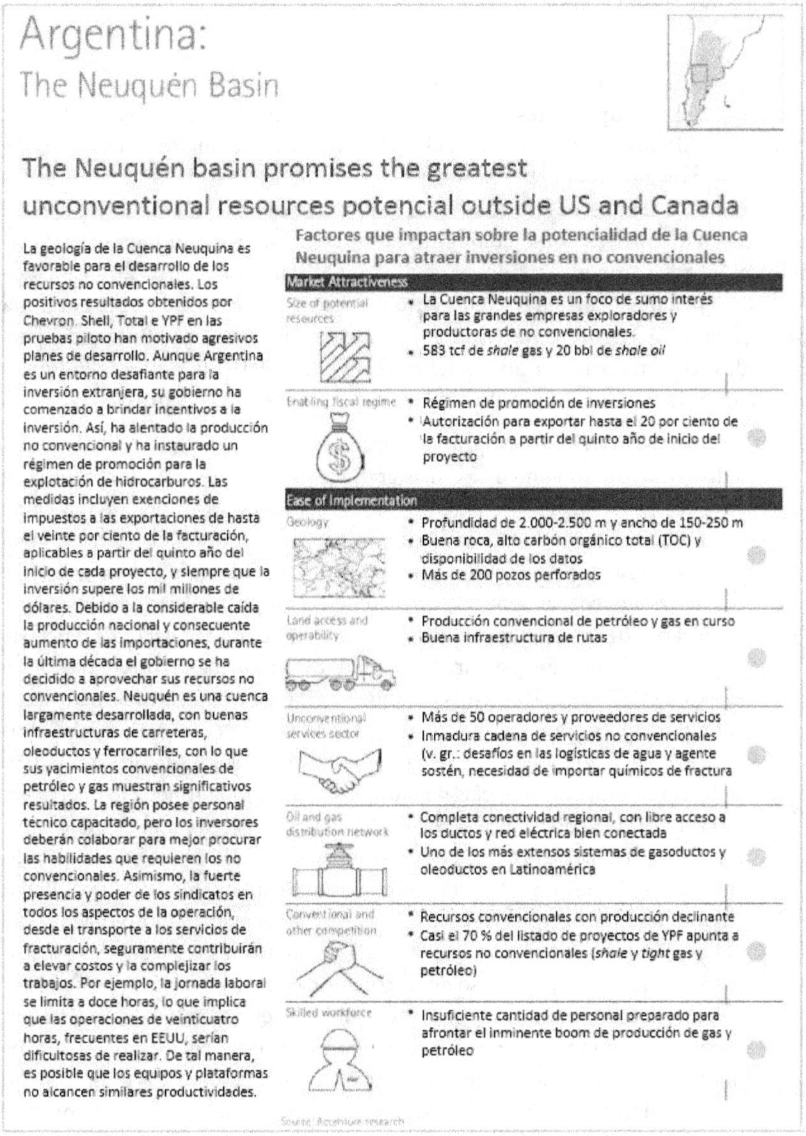

Argentina: The Neuquén Basin

The Neuquén basin promises the greatest unconventional resources potencial outside US and Canada

La geología de la Cuenca Neuquina es favorable para el desarrollo de los recursos no convencionales. Los positivos resultados obtenidos por Chevron, Shell, Total e YPF en las pruebas piloto han motivado agresivos planes de desarrollo. Aunque Argentina es un entorno desafiante para la inversión extranjera, su gobierno ha comenzado a brindar incentivos a la inversión. Así, ha alentado la producción no convencional y ha instaurado un régimen de promoción para la explotación de hidrocarburos. Las medidas incluyen exenciones de impuestos a las exportaciones de hasta el veinte por ciento de la facturación, aplicables a partir del quinto año del inicio de cada proyecto, y siempre que la inversión supere los mil millones de dólares. Debido a la considerable caída la producción nacional y consecuente aumento de las importaciones, durante la última década el gobierno se ha decidido a aprovechar sus recursos no convencionales. Neuquén es una cuenca largamente desarrollada, con buenas infraestructuras de carreteras, oleoductos y ferrocarriles, con lo que sus yacimientos convencionales de petróleo y gas muestran significativos resultados. La región posee personal técnico capacitado, pero los inversores deberán colaborar para mejor procurar las habilidades que requieren los no convencionales. Asimismo, la fuerte presencia y poder de los sindicatos en todos los aspectos de la operación, desde el transporte a los servicios de fracturación, seguramente contribuirán a elevar costos y la complejizar los trabajos. Por ejemplo, la jornada laboral se limita a doce horas, lo que implica que las operaciones de veinticuatro horas, frecuentes en EEUU, serían dificultosas de realizar. De tal manera, es posible que los equipos y plataformas no alcancen similares productividades.

Factores que impactan sobre la potencialidad de la Cuenca Neuquina para atraer inversiones en no convencionales

Market Attractiveness

Size of potential resources
- La Cuenca Neuquina es un foco de sumo interés para las grandes empresas exploradores y productoras de no convencionales.
- 583 tcf de *shale* gas y 20 bbl de *shale oil*

Enabling fiscal regime
- Régimen de promoción de inversiones
- Autorización para exportar hasta el 20 por ciento de la facturación a partir del quinto año de inicio del proyecto

Ease of Implementation

Geology
- Profundidad de 2.000-2.500 m y ancho de 150-250 m
- Buena roca, alto carbón orgánico total (TOC) y disponibilidad de los datos
- Más de 200 pozos perforados

Land access and operability
- Producción convencional de petróleo y gas en curso
- Buena infraestructura de rutas

Unconventional services sector
- Más de 50 operadores y proveedores de servicios
- Inmadura cadena de servicios no convencionales (v. gr.: desafíos en las logísticas de agua y agente sostén, necesidad de importar químicos de fractura

Oil and gas distribution network
- Completa conectividad regional, con libre acceso a los ductos y red eléctrica bien conectada
- Uno de los más extensos sistemas de gasoductos y oleoductos en Latinoamérica

Conventional and other competition
- Recursos convencionales con producción declinante
- Casi el 70 % del listado de proyectos de YPF apunta a recursos no convencionales (*shale* y *tight* gas y petróleo)

Skilled workforce
- Insuficiente cantidad de personal preparado para afrontar el inminente boom de producción de gas y petróleo

Source: Accenture research

Gráfico 45

iv. ¿El desarrollo de Vaca Muerta sufrirá por la baja de precios del petróleo?

A partir de la baja de precios internacionales del petróleo, durante 2015 han surgido preocupaciones por la factibilidad del desarrollo en Vaca Muerta, Agrio, Los Molles y otros *shales* en el resto del país. Sin embargo, hay razones fundadas para mantener el optimismo, seguramente no de un *boom* de las características explosivas de EE. UU. en la primera década del siglo, pero sí de un consistente proceso de crecimiento en nuestra cuenca. Para analizar tal situación, es relevante el artículo ya citado de Guillermo Ferraro (2015), "Vaca Muerta: ¿joya de la corona o yacimiento de incertidumbre?", que proporciona pistas, a partir del proceso norteamericano, sobre las reacciones de la industria. Reproduzco gran parte del texto, del cual el Gráfico 41 forma parte, en honor a su claridad no exenta de profundidad (las cursivas son nuestras):

> Con la misma ciclotimia que los argentinos analizamos lo que nos sucede día a día, Vaca Muerta, uno de los más grandes yacimientos mundiales de gas y petróleo proveniente de esquistos, pasó a ser de las joyas de la reina a una oscura fuente de dudas e incertidumbres [...]. Como se sabe, la tecnología de extraer gas y petróleo de los esquistos (conocido como *shale* gas-*shale* oil) no es novedosa, se viene desarrollando en el hemisferio norte desde hace varias décadas, pero adquirió relevancia económica hace poco más de ocho años cuando los principales operadores norteamericanos dedicados a la extracción de gas de esquistos aplicaron la misma técnica al petróleo y generaron un proceso de producción creciente, que provocó un cambio dramático en la matriz energética estadounidense. La magnitud de este cambio y el peso significativo del país del norte en el mercado mundial del petróleo, impactó sobre la oferta y la demanda global, y, en consecuencia, en los precios del barril de crudo, lo cual se vio reflejado con la caída, en los últimos seis meses, de casi un 60 % del precio a aproximadamente USD 45 el *Brent*. Ahora bien, la pregunta que nos deberíamos hacer para la evaluación del desarrollo de Vaca Muerta, es cómo se comportaron los inversores norteamericanos durante el proceso de crecimiento en la perforación y producción de *shale* (nuestra cuenca se encuentra dando los primeros pasos concentrándose las inversiones en la prospectiva de las áreas, la perforación de pozos pilotos y exploratorios). En el año 2006 el barril de petróleo (WTI[62] o *Brent* eran similares) estaba en aproximadamente USD 60; un año después, a

---

[62] Wikipedia: "El *West Texas Intermediate* (WTI) es una corriente de crudo producido en Texas y el sur de Oklahoma, que sirve como referencia para fijar el precio de otras corrientes de crudo".

principios del 2007, cayó a alrededor de USD 54 y a fines del 2008 e inicios del 2009 tocó los USD 41, valores aún más bajos que los actuales (luego de subir los años anteriores hasta los USD 140 el barril). *O sea que durante el período donde se sentaron las bases y se realizaron las inversiones exploratorias más agresivas en el sector del* shale *norteamericano, que permitieron alcanzar los valores actuales de producción de casi cuatro millones de barriles diarios, el escenario de precios internacionales no impidió que las inversiones se realizaran y que* EE. UU. *llegase al autoabastecimiento y se esté por convertir en exportador.* Está claro que un precio cercano a los USD 100 el barril acelera y alienta las inversiones en producción, y un precio como el actual hace no competitivos a muchos jugadores que tendrán que eliminar sus ineficiencias y reducir los gastos operativos, o dejar de participar en este mercado; pero la experiencia norteamericana indica que en la etapa actual de Vaca Muerta, la incidencia de los mismos es relativa, los presupuestos de inversión son "estratégicos"; no están atados al rendimiento, sino a la efectividad exploratoria y a la búsqueda de la mejor tecnología, la determinación de las capacidades de producción y su ecuación económica, esto último a la luz de que el 70 % de la potencialidad del yacimiento está en el *shale* gas, cuyo precio se maneja con parámetros locales que lo hacen mucho más competitivo.

Pero el escenario de la caída del año 2008 es distinto al de 2015, pues la época de los fuertes incentivos estadounidenses, vía subsidios estatales, fue declinando hasta desaparecer en 2013. Pese a que esa situación ha puesto a la industria petrolera en una franja crítica de rentabilidad interna, hay una dimensión positiva para el resto de la economía, pues los menores costos energéticos han impulsado incrementos sustanciales de la productividad y las inversiones. A mediados de 2015, cuando se escribían estas líneas, la cantidad de torres de perforación en actividad había descendido notablemente, en respuesta a la baja de los precios. Sin embargo, las producciones de *shale oil* y *gas* siguieron creciendo al ritmo de la fuerte demanda, a la par que el país del norte se disponía a comenzar algo impensable hace poco tiempo: la exportación de gas. Por ello, los pronósticos anticipaban una estabilización de los valores futuros, con un probable piso de USD 70 por barril.

Ante este contexto pensemos cómo puede ser el comportamiento de los inversores y empresas operadoras en Neuquén y el resto de la cuenca. Como expresa Ferraro, es obvio que altos niveles de precios globales estimularían el crecimiento local de la actividad, pero esa no es la única variable determinante en Argentina. Para comenzar, en nuestro país los precios son controlados de tal manera que, actualmente, a mediados de 2015, el petróleo se sostiene entre USD 77 y USD 80 por barril, mientras que el gas extraído de *shales* y *tights* implica ingresos de USD 7,5 por millón de btu[63] para las empresas, un valor mayor al doble del vigente en EE. UU. A esa relativa independencia respecto de los mercados globales se suma el hecho de que el proceso norteamericano de continua mejora tecnológica, buscando disminuciones de costos e incremento de las productividades, será heredado por los actores locales. Así me lo aseguró el confiado presidente de una emergente operadora argentina, quien, con bastante aproximación, expresó lo siguiente (los agregados entre corchetes son aclaraciones propias):

> Es difícil que las empresas operadoras se acobarden por la baja; quizás algún inversor se escape, pero no vamos a parar quienes tenemos concesiones y estamos "hasta las manos" [comprometidos] en exploración y explotación. Y somos muchos: desde las operadoras chicas nacionales hasta los grandes *players*: Exxon, EOG, Shell, Total, y mucho menos YPF, nadie se va a bajar del lomo de la vaca. Vos sabés que las variaciones de precios son cíclicas, y que el ciclo de vida de los yacimientos nunca es menor a 30 años… Fijate si no vamos a tener la paciencia de esperar, aunque en el corto plazo por ahí estamos debajo del *break even* [el precio mínimo que permite el retorno del capital invertido]. Lo que tenemos que hacer es apuntar a las innovaciones; novedades que aparecen todos los días y te cambian en un instante el panorama. Estamos buscando producir acá la arena de soporte, estamos mejorando la toma de datos, metiendo *software*, trayendo herramientas nuevas; cada día sabemos más de la geología y sobre los yacimientos. Por ahí va la cosa.

Respecto del gas, producto que Argentina debe importar en grandes cantidades, hay que señalar que no es posible arbitrar precios globales, dados los altos costos de transporte del gas natural licuado (GNL). Para este caso no existen valores de referencia como el *Brent* y el WTI, sino que los precios de cada nación son sensibles a los costos de importación. En Argentina los parámetros de referencia son dos:
- El gas importado de Bolivia, que oscila en una franja de 8 a 10 USD por millón de btu (Mbtu).
- El GNL, trasportado por los "buques metaneros" y regasificado en los puertos argentinos. Proveniente de puntos tan alejados como Rusia, Inglaterra, Trinidad-Tobago, Noruega, Angola y Nigeria, sus precios no bajan de 15 a 17 USD/Mbtu, pese al impacto de la última gran baja del petróleo.

---

[63] Btu: *British Thermal Unit*, unidad de medida calórica, utilizada para medir cantidades de gas.

Cualquier valor del gas por debajo de esos parámetros es conveniente para la Argentina, pues deja de pagar las diferencias entre ese precio y los de importación, aun cuando los costos de producción locales sean bastante más altos que en EE. UU., lo que constituye un poderoso aliciente para desarrollar el gas proveniente de formaciones *shale* y *tight*.

Según estos razonamientos, en nuestro país no se presenta un problema de gravedad derivado de los precios internacionales del petróleo que pudiera impedir el incipiente proceso de desarrollo de los no convencionales. La capacidad financiera nacional, canalizada principalmente a través de YPF, se mantendrá enfocada tras el objetivo del autoabastecimiento, pues la brecha de precios del gas en relación con los costos de importación es alta. Respecto de las empresas extranjeras que ya iniciaron exploraciones, si bien los inversores foráneos naturalmente retraen sus inversiones en el petróleo cuando los precios internacionales bajan, no es de esperar la paralización de los trabajos, pues los resultados son buenos y en esta industria nadie abandona las posiciones prometedoras. En todo caso, es de imaginar un prudente e incremental flujo de inversiones, condicionado por el mantenimiento de una estabilidad política y fiscal interna que garantice reglas de juego estables, junto a un razonable piso de precios regulados.

4- ¿Es necesario el desarrollo de los no convencionales en Argentina?

i. Demandas mundiales y nacionales de energía

Vistas las fortalezas y debilidades del proyecto de Vaca Muerta, corresponde ubicarlo en el escenario del sistema energético nacional, para colegir el papel que pueden jugar los no convencionales en la Cuenca Neuquina.

En el Gráfico 46 (IAPG 2014, con datos del informe *World Energy Outlook 2013* de la EIA y la Secretaría de Energía de la Nación) se consigna la proyección hacia 2035 de las demandas energéticas mundiales. Se observa que la humanidad seguirá consumiendo gas, petróleo y carbón: los dos primeros sumarán el 50 % de la demanda y, junto con el carbón, los combustibles de origen fósil superarán el 75 %. Pese a los grandes esfuerzos que están haciendo los países industriales para desarrollar fuentes renovables, el cambio de la matriz de demanda de combustibles será lento. Aunque el deseo generalizado es ir hacia formas que generen menos dióxido de carbono (CO_2) y otros gases de efecto invernadero, se manifiesta una inercia tecnológica y económica que impide el rápido reemplazo. Para bien o para mal, no quedan dudas de que durante la mayor parte de este siglo los hidrocarburos seguirán siendo preponderantes.

Sin embargo, la Argentina no responde a dicha tendencia global. En el mismo gráfico, vemos que nuestro país es altamente dependiente de la provisión de hidrocarburos, pero con gran presencia del gas. Más de la mitad de las provisiones son de dicho combustible y casi el 87 % de los hogares, oficinas e industrias consumen algún tipo de hidrocarburos. Contrariamente a la realidad mundial, el carbón se utiliza muy poco, un escaso 3 % frente al 25 % de todos los países. La generación nuclear, con un 3 %, se encuentra en crecimiento. Mientras, las fuentes renovables cubren el 9 %, valor muy bajo respecto del casi 18 % que alcanzó la humanidad. Si se considera que la generación hidráulica acapara el 6 % de dicho porcentaje, se comprueba que se halla muy atrasado el desarrollo de las demás energías renovables (solar, eólica, biocombustibles, mareomotriz y otras).

El hecho de que Argentina posea una matriz energética con muy altas proporciones de gas y petróleo conlleva aspectos positivos: mayor facilidad de abastecimientos, más calidad en la satisfacción de las demandas calóricas y menores costos. Pero a la par, implica debilidades: crítica dependencia de los hidrocarburos para el logro del autoabastecimiento nacional y desestímulo para el aprovechamiento de las fuentes renovables, cuyos precios aún no alcanzan a competir con el gas. Respecto de la preocupación medioambiental, esta preeminencia argentina del gas dibuja una situación intermedia entre la de los países más contaminantes, que consumen básicamente carbón y petróleo, y un escenario ideal de una matriz totalmente renovable. Ello porque, entre los combustibles fósiles, los componentes gaseosos son los que generan menos CO_2 al ser quemados.

Demanda mundial de energía (2035)

Más del 75% va a corresponder a combustibles fósiles. Gas y petróleo, más del 50%.

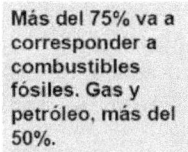

AÑO	Mtoe*
2011	13.070
2035	17.387

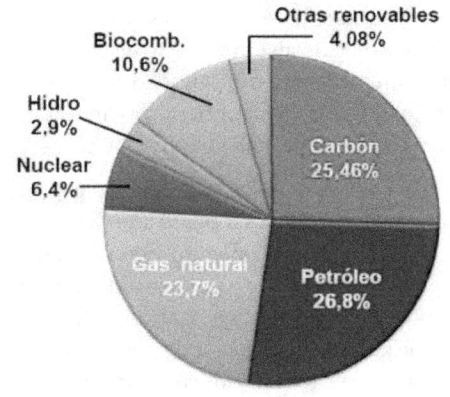

- Otras renovables 4,08%
- Biocomb. 10,6%
- Hidro 2,9%
- Nuclear 6,4%
- Carbón 25,46%
- Gas natural 23,7%
- Petróleo 26,8%

Fuente: World Energy Outlook 2013. Agencia Internacional de Energía (datos de 2011)

*Millones de Tn. equivalentes de petróleo

Demanda de energía (Argentina)

Un 86% de la matriz energética del país corresponde a los hidrocarburos

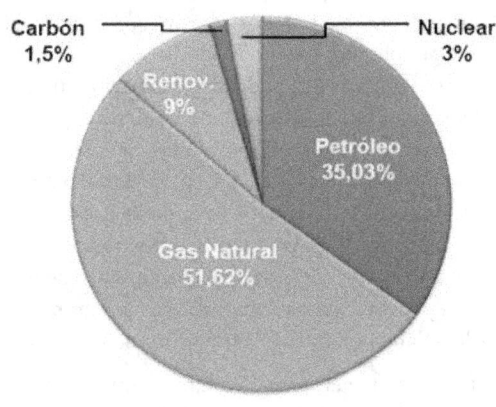

- Carbón 1,5%
- Nuclear 3%
- Renov. 9%
- Petróleo 35,03%
- Gas Natural 51,62%

Fuente: Secretaría de Energía de la Nación (2009)

Gráfico 46

ii. *La declinación de la producción argentina*

En nuestro país había un añejo aforismo que rezaba: "Argentina es un país con petróleo, pero no un país petrolero". De esa manera se expresaba que sus recursos alcanzaban para abastecer las propias necesidades, mas no para exportar hidrocarburos en cantidades suficientes como para aportar divisas de manera significativa. Un economista e investigador universitario me transmitió, a principios de 2014, una visión particular sobre dicha afirmación:

–Es cierto que, históricamente... digamos, desde mediados del siglo pasado hasta hace solo tres o cuatro años, la Argentina se autoabasteció de petróleo y gas. Más correctamente debería decir que todos los años se importaba algo y se exportaba algo, pero los saldos no eran ni muy negativos ni demasiado positivos. Eso es lo que quiere decir "país con petróleo". Pero la verdad es que no hubo vocación de dar un salto adelante. Los recursos siempre estuvieron... y me refiero a los convencionales, no al *shale*. Pero no hubo voluntad de pasar a industrializar y a exportar. La estrategia era la de exportar nada más que [productos de la] agricultura. A alguien no le interesaba desarrollar el petróleo fuera de lo estrictamente necesario. Al país agroexportador no le interesaba dedicar parte de su renta para explorar y para financiar otras industrias y tampoco querían el desabastecimiento, porque si no, había que poner divisas para importar. Por eso los que manejaban la cosa no querían ser "petroleros".

–O sea –dije yo– que podíamos exportar pero no queríamos. Y ahora tenemos déficit, queremos el autoabastecimiento, pero no podemos.

–Sí. En los últimos años se fomentó el crecimiento [del producto nacional] vía consumo y gasto estatal, pero no se planificó como debía el acompañamiento de la energía. Como no se estimuló la inversión en exploración y producción de gas y petróleo, los números se dieron vuelta: llegamos a tener un buen superávit [en la balanza de pagos energética] hace unos pocos años y luego caímos en un déficit muy grande; ¡más de cinco mil millones [de dólares] en 2013! Ahora no somos ni "petroleros", ni "con petróleo".

Veamos los números que avalan tal afirmación: en el Gráfico 47 (IAPG, con datos de la Secretaría de Energía de la Nación) aparecen los valores declinantes a través del tiempo de la producción de gas y petróleo en el país y en Neuquén. En el Gráfico 48 (Caldarelli, 2013, con datos del INDEC) se reflejan las consecuencias económicas de tan graves bajas productivas: partiendo de un superávit de 6.000 millones de dólares en 2006, en 2013 la balanza comercial energética arrojó un saldo de la misma cantidad, pero negativo; un oneroso derrumbe de 12.000 millones en solo siete años.

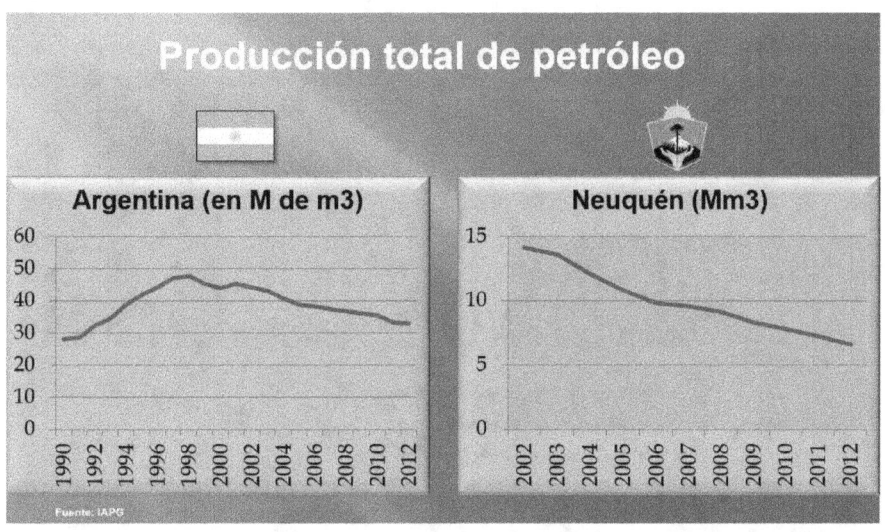
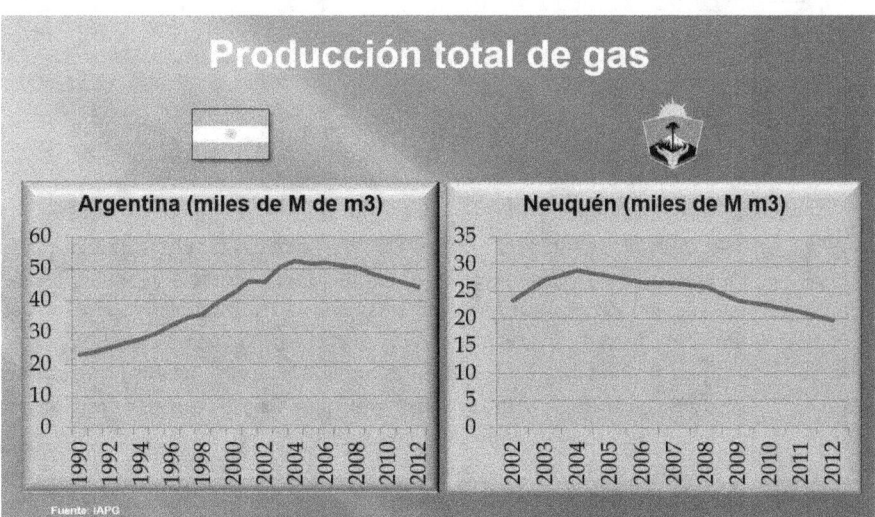

Gráfico 47

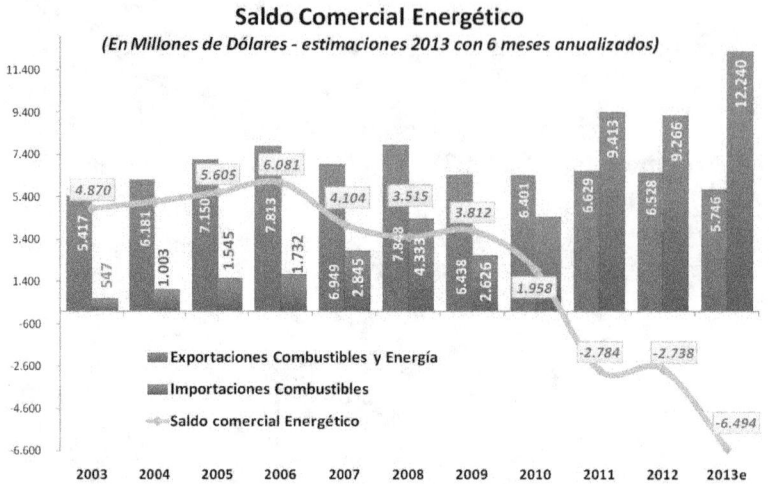

Gráfico 48

iii. Inviabilidad de una matriz totalmente renovable

Siguen las reflexiones del economista antes citado:
–Es necesario que el país crezca económicamente, porque si no, no se puede distribuir, no se puede derramar. Hay que acompañar el crecimiento con planificación de los factores. El primer factor es la energía; también los alimentos, pero en eso no hay problemas en la Argentina. Ahora tenemos el problema de que con la estructura heredada de producción, basada en el gas y el petróleo, no alcanza. Importar es imposible a largo plazo; la carga sobre las divisas sería muy grande, insostenible para un país que tiene escasez de divisas. No queda otra que hacer crecer el *shale*…
–Pensemos en las alternativas posibles –sugerí–: se puede desarrollar la [generación] nuclear y la hidroeléctrica, que necesitan altos niveles de inversión por mega instalado, pero al menos son rentables en el largo plazo. Mientras que las energías verdes exigen también mucha inversión, pero son antieconómicas. No quiero decir que no deberíamos aprovechar al máximo esas alternativas, pero creo que solas no alcanzan.

En ese momento dábamos por sentadas las afirmaciones, pero al transcribirlas me surgió la necesidad de justificar los dichos. Lo intento mediante un ejercicio numérico para simular futuros tan imaginarios como significativos: uno en el cual no se invierte *nada* en no renovables y otros donde, en treinta y cinco años, se reemplazan *parte* o *todas* las usinas nucleares y térmicas (gas, gasoil, carbón, etcétera) por otras que utilicen insumos renovables. Se adopta dicho plazo a fin de dar lugar a hipotéticos programas de reemplazo de los equipos, en la medida que su vida útil se vaya agotando. Aclaremos: no se trata de proponer verdaderos planes de inversión, sino de formular planteos conceptuales que permitan evaluar la mayor o menor viabilidad de las muchas alternativas de cambio de la matriz energética.

Tampoco es un análisis de todos los costos incluidos en la producción de energía, ya que nos concentraremos en el esfuerzo necesario en inversiones en equipos e instalaciones de generación. Los gastos incluyen muchos ítems más, tales como requerimientos de combustibles, operación, mantenimiento, impuestos, tasas, costos de emisión y más. Nos limitamos a estimar los posibles montos de inversión, pues los estudios que abogan por el reemplazo de equipos que consumen combustibles no renovables suelen esquivar o relativizar el esfuerzo financiero que ello implica. Véase, por ejemplo, el informe de la ONG *Plataforma de Escenarios Energéticos Argentinos 2030* (2012), un análisis de costos de generación y de posibles escenarios para modificar la matriz energética. Detallado como es, el documento carece de un análisis financiero, ejercicio sin el cual no es posible verificar la viabilidad de cualquier programa de cambio de las fuentes productivas. En lo que sigue, vamos a ensayar una aproximación al problema.

La Argentina posee, en 2015, aproximadamente 34.000 MW (megavatios, igual a un millón de vatios o 1.000 kW) de potencia instalada,[64] de la que aproximadamente el 90 % (30.400 MW) corresponde a generación por gas, petróleo y nuclear,[65] y el resto a hidráulica y otras renovables, como eólica y

---

[64] La *potencia* de las usinas instaladas se mide en kW o MW. La *energía* está dada por el tiempo en que determinada potencia es entregada para el consumo, y se mide en kWh (kW por hora) o Mwh.

[65] La energía nuclear es objetivamente no renovable, ya que los combustibles que utilizan se consumen sin posibilidad de reposición. No obstante, la cantidad disponible de materiales nucleares fusibles y fisibles es tan grande que, en la práctica, se lo puede considerar como renovable. El problema del peligro de contaminación que conllevan las centrales atómicas es otra cuestión: no siempre "renovable" significa "amable" con el medio ambiente. De cualquier manera, aquí la incluiremos, junto a las formas fósiles de producción de energía, entre las candidatas a ser reemplazadas en una posible política de modificación de la matriz energética.

solar. Supongamos un plan ideal para que estas últimas sustituyan totalmente a aquellas, el que podría tener las siguientes características:

– Se trataría de llegar, en treinta y cinco años, a *sustituir toda* la generación actual no renovable por renovable. Si empezáramos hoy, se necesitarían varios años, digamos cuatro, para preparar los proyectos, conseguir la financiación, organizar la logística y comenzar, en el quinto año, las inversiones.

– Supondría un crecimiento de la capacidad instalada del 2 % anual, muy moderado, dado que la demanda de consumo energético crece, desde hace varias décadas, a un promedio del 4 %.

– Supondría que cualquier programa energético futuro incluiría fuertes campañas de incremento de la eficiencia energética, y la demanda no crecería al mismo ritmo que durante la historia reciente. El referido estudio de *Plataforma...* (2012) estima un crecimiento anual, con campaña de eficiencia incluida, del 1,9 %.

– Además del crecimiento esperado, para alcanzar la sustitución se requeriría una corriente suplementaria de inversiones para financiar 1.104 MW más por año.

– Para estimar las inversiones en generación no renovable, se asumiría USD 900.000 por MW instalado, valor de una central típica de 400 MW, con generación por ciclo combinado de turbinas de gas (CCTG). Se incorporaría un 10 % de inversión anual para cubrir la renovación de los equipos.

– Los valores de inversión por MW de equipos que consumen combustibles renovables son muy variados. Aquí se adoptarían valores que tiendan a favorecer a los renovables. Para hidroeléctrica, no bajarían de dos y medio millones de dólares por MW y podrían llegar a cuatro millones para centrales pequeñas. Una instalación eólica de alta potencia requiere dos millones de dólares por MW, pero puede bajar en el futuro, mientras que la geotérmica y la solar superan los tres y medio millones de dólares. Para nuestro modelo tomaríamos el menor valor, es decir: dos millones de dólares por MW instalado, basado en el optimista supuesto de que las tecnologías mejorarán y bajarán los costos.

Año	Potencia Instalada	Crecimiento Anual	Potencia No Renovable	Sustitución en 30 años	Crecimiento + Sustitución	Inversión Renovable	Inversión No Renovable
					MW		USD
0	34.000		30.600				
1	34.680	680	31.212	0	680	0	673.200.000
2	35.374	694	31.836	0	694	0	686.664.000
3	36.081	707	32.473	0	707	0	700.397.280
4	36.803	722	33.122	0	722	0	714.405.226
5	37.539	736	32.018	1.104	1.840	3.680.269.344	728.693.330
6	38.290	751	30.914	1.104	1.855	3.709.711.499	743.267.197
7	39.055	766	29.810	1.104	1.870	3.739.742.497	758.132.541
8	39.836	781	28.706	1.104	1.885	3.770.374.114	773.295.191
9	40.633	797	27.602	1.104	1.901	3.801.618.365	788.761.095
--							--
--							--
26	56.896	1.116	8.833	1.104	2.220	4.439.385.759	1.104.455.955
27	58.034	1.138	7.729	1.104	2.242	4.484.010.242	1.126.545.075
28	59.195	1.161	6.624	1.104	2.265	4.529.527.215	1.149.075.976
29	60.379	1.184	5.520	1.104	2.288	4.575.954.527	1.172.057.496
30	61.586	1.208	4.416	1.104	2.312	4.623.310.385	1.195.498.646
31	62.818	1.232	3.312	1.104	2.336	4.671.613.361	1.219.408.618
32	64.074	1.256	2.208	1.104	2.360	4.720.882.396	1.243.796.791
33	65.356	1.281	1.104	1.104	2.386	4.771.136.812	1.268.672.727
34	66.663	1.307	0	1.104	2.411	4.822.396.316	1.294.046.181
					Totales	125.965.431.489	32.336.355.238

Cuadro 6

Con esos supuestos, surgen las cifras del Cuadro 6, que pasamos a analizar:
– No obstante la presunción de un lento crecimiento anual de la potencia instalada, en treinta y cinco años la capacidad de generación se duplicaría, hasta llegar a casi 70.000 MW, debido a que la tasa se aplica acumulativamente. Si se tiene en cuenta que, a la par, se plantea reemplazar los equipos que entran en

obsolescencia, estos números nos dan una idea del esfuerzo que debe hacer un país para disponer de suficiente energía para su crecimiento.

– La columna "Potencia no renovable" parte del 90 % de la capacidad instalada que, al inicio, suman los equipos que consumen combustibles fósiles en la Argentina.

– La columna "Crecimiento + sustitución" cuantifica la cantidad de MW que deberían instalarse para lograr los cometidos del plan, cubriendo el aumento de la demanda más la sustitución de los generadores por otros que consumirían combustibles o insumos renovables.

– La anteúltima columna representa la hipótesis de lograr el reemplazo total, lo cual implica comenzar con casi 4.000 millones de dólares de inversión por año, para alcanzar casi 5.000 millones en el momento del logro de la totalidad del parque de generación con insumos renovables. Semejante hazaña significaría invertir 126.000 millones de dólares en treinta años.

– La última columna representa la situación opuesta, aquella por la que no se sustituye la potencia no renovable, sino que se continúa cubriendo con ella la totalidad de la demanda. Se requerirían poco más de 32.000 millones de dólares. Una cifra ciertamente grande, pero apenas un cuarto del monto que requeriría una completa sustitución.

La restricción financiera es un grave problema derivado de los altos niveles de inversión inicial que requieren las fuentes renovables. Dado que el país no posee todas las tecnologías necesarias para las grandes instalaciones eólicas, solares, geotérmicas y mareomotrices, es necesario recurrir a firmas extranjeras y, por ende, a financiación en divisas, lo cual aumenta exponencialmente las restricciones. Si en las últimos tiempos el país tuvo problemas para financiar principalmente con generación térmica el crecimiento anual necesario (es decir, con costos menores a un millón de dólares por MW), es de imaginar lo problemático que sería conseguir fondos varias veces mayores respecto de ese estándar. Lo mismo se puede afirmar respecto de la necesidad de atraer firmas e inversores capaces de asumir tales riesgos.

Con el modelo ideal presentado, se puede hacer un análisis de la sensibilidad a los cambios en los parámetros. He aquí algunos resultados:

– Si se toma una tasa de crecimiento del parque del 3 % anual, estimación quizás con más probabilidad de acercarse a la realidad, los costos de inversión no renovable suben a 58.000 millones de dólares, mientras que los correspondientes a renovables alcanzan a 178.000 millones de dólares. Si así fueran las cosas, la financiación de semejante esfuerzo sería una hazaña difícilmente alcanzable.

– Si continuamos con el supuesto del 2 % de crecimiento, pero tomamos un costo promedio de instalación energética renovable de dos millones y medio de dólares por kW (en vez de dos millones de dólares por kW con los que se construyó la tabla), lo que todavía es una presunción muy favorable el valor de inversión total se eleva a 157.000 millones de dólares. La cifra correspondiente al supuesto de que toda la inversión se hiciera con turbinas de gas, obviamente, permanece en los 32.000 millones. O sea, cinco veces menos.

Como se deduce fácilmente, el futuro de las formas renovables en la Argentina es complejo: cualquiera de estas dos alternativas hace más oneroso el cambio.

Plataforma… (2012) destaca el menor costo que erogan las producciones energéticas renovables, en particular eólica y solar, cuyos "combustibles" son gratis. Con ello, los planes de negocio de las energías "verdes" se muestran más favorables. Pero esto no invalida la restricción financiera severa que representan las altas inversiones iniciales requeridas. Aunque los supuestos de nuestro modelo tienden a favorecer económicamente las posibilidades del cambio de la matriz energética, ya que se adoptaron precios bajos para las instalaciones renovables y una muy escasa tasa de crecimiento, se evidencia una clara dificultad de las formas no renovables de producción energética para erigirse en el eje del crecimiento de la potencia instalada. Nuestros cálculos confirman que cualquier programa de sustitución de la matriz energética es altamente sensible a los precios de instalación de los equipos, lo que perjudica en gran medida a las tecnologías no renovables y favorece a la generación por gas, la más barata de todas las existentes hasta el momento.

No obstante, y para complicar más las cosas, la reciente baja de los precios del petróleo ha disminuido dramáticamente la competitividad de todas las formas de generación no fósil. En resumen, solo mediante fuertes intervenciones estatales en los mercados eléctrico y energético, imponiendo desgravaciones impositivas, prioridades de ingreso al sistema de distribución, precios sostén, grandes facilidades financieras y otros subsidios, podría hacerse posible su aumento en la participación de la matriz productiva.

¿Y si se optara por una camino intermedio? Introducimos en el modelo una tasa menor de sustitución, digamos: la mitad de lo hasta aquí calculado. Con ese supuesto, nuevamente el costo de los no renovables se mantendría en 32.000 millones, pues no modificamos la tasa de crecimiento del parque, mientras que la inversión en renovables bajaría a 93.000 millones de dólares. Siendo aún una cifra alta, parece más razonable. Con lo cual concluimos que una política que apunte no a un reemplazo total de los equipos no renovables por renovables, sino a una sustitución parcial a largo plazo, parece más atinada.

iv. Más dificultades tecnológicas para los renovables

No solo se trata de que los costos de un plan de ese tipo implicarían volúmenes de inversión casi cuatro veces mayores respecto de un plan basado solo en no renovables. A esa dificultad esencial se agregan otros grandes inconvenientes. Veamos.

Hay cuestiones técnicas que ponen límites al crecimiento de los renovables. La demanda eléctrica no es constante durante la jornada laboral, pues desde el mediodía hasta la medianoche se verifican mayores consumos, los que bajan abruptamente hasta la madrugada del día siguiente, cuando vuelven a crecer. En verano, el pico de consumo se amplía por el uso intenso de acondicionadores de aire. Dicho comportamiento presenta un nivel mínimo, conformado por los consumos más básicos de energía, tales como iluminación de hogares y oficinas, hospitales, frío para conservación de alimentos, industria, comercio y otros. Esa cota fundamental se denomina *base del ciclo* de demanda eléctrica, la cual debe ser garantizada con mucha seguridad por el sistema eléctrico para que la sociedad funcione normalmente. En el conjunto de las energías renovables, la hidráulica es la única con suficiente volumen y confiabilidad para sostener la generación de base. Por el contrario, las capacidades de generación a corto plazo de la eólica y la solar son imposibles de predecir, pues dependen de condiciones climáticas volátiles. En particular, la solar no puede generar durante la noche, cuando más crítica es la necesidad soportar la base del ciclo cotidiano de demanda. Por ello, países como Alemania, Francia y Japón, pese a los enormes esfuerzos tecnológicos y financieros que realizan para desarrollar fuentes renovables, descansan principalmente en la energía nuclear para garantizar la base. En la Argentina, la confiabilidad está dada por las centrales de gas, hidráulicas y nucleares, en ese mismo orden de magnitudes.

Si pensáramos en un hipotético futuro más verde, en el que las fuentes eólicas y solares pudieran asumir la base del ciclo, habría que disponer de grandes instalaciones de acumulación, de manera que la energía, esporádicamente producida, quedara a la espera de su utilización en los momentos oportunos. Pero ello haría subir notablemente los montos en inversiones iniciales, lo cual tornaría aún más inviable la hipótesis. La poca flexibilidad operativa de esas fuentes motiva que, al no poder acopiar, usualmente deban entregar la energía generada en la medida en que es captada desde el viento y la luz natural.

Estas limitaciones marcan un destino para las fuentes renovables: hacer presencia casi exclusivamente en los picos de demanda. En la fase de mayor consumo de cada jornada, las instalaciones eólicas y solares tienen la oportunidad de prestar un buen servicio a las comunidades. Por ello, los planificadores de los sistemas nacionales interconectados de todo el mundo se apoyan en la seguridad que dan las instalaciones nucleares, hidráulicas y térmicas de carbón y de gas. Acotemos que las únicas fuentes capaces de aportar tanto a la base como al pico de las demandas son las térmicas.

También hay que decir que el tiempo de construcción de una central de ciclo combinado con turbina de gas de buen tamaño, digamos 400 MW, es de veintidós meses, mientras que cualquier proyecto de gran escala nuclear, hidráulico, geotérmico, eólico u solar, requiere de cinco a diez años para su puesta en marcha.

En definitiva, más allá de que es deseable que crezcan las alternativas renovables, siempre será menester contar, en toda matriz de generación, con un adecuado porcentaje de potencia no renovable.

v. *La invalidez de la dicotomía renovable-no renovable*

El debate planteado más arriba se presenta como una confrontación entre las posibilidades de las fuentes renovables y no renovables: aparentemente lo que ganarían unas lo perderían las otras. Si bien las comparaciones fueron necesarias a los efectos del análisis, en realidad no hay tal desavenencia: ambas se necesitan mutuamente y no existe un límite preciso que las separe.

En primer lugar recordemos que "renovable" no implica necesariamente "beneficioso para el medio ambiente", así como "no renovable" no es automáticamente contaminante.

Ejemplos de renovables contaminantes:
- Las palas de las turbinas eólicas generan mortandad masiva de aves y la contaminación sonora es altísima.
- Las grandes instalaciones de placas de silicio para captar energía solar inhabilitan centenares y miles de hectáreas para cualquier uso agropecuario.
- Las usinas geotérmicas tiene alta probabilidad de contaminar aguas subterráneas, emiten grandes cantidades de gases tóxicos y arrastran sustancias NORM (*naturally occurring radioactive materials*).
- Las instalaciones mareomotrices dañan severamente la fauna ictícola.

Inversamente, ejemplos de energías no renovables, pero relativamente menos contaminantes:
- El gas genera muchísimo menos CO_2 que el carbón. Por dicho motivo, el aumento de consumo de gas en EE. UU., paralelo a la disminución del uso del carbón, ha motivado una notable baja en las emisiones de efecto invernadero.
- La energía atómica es prácticamente inocua, salvo accidentes.

No vamos a desarrollar *in extenso* estas temáticas, solo nos interesa señalar que estamos frente a una primera dimensión que revela la dificultad para discriminar, respecto de la potencialidad de impactar el medio ambiente, entre ambas formas de generación.

En cuanto a la dependencia de los renovables en relación con los no renovables, es relevante señalar que la mayoría de las actividades del primer tipo para producir electricidad o calor requieren de materiales derivados de recursos fósiles. Así, las palas de los grandes generadores por viento se fabrican con fibras epoxi, plásticos derivados del petróleo, y las celdas solares usan como materia prima el silicio.

Otro ejemplo interesante: las pilas y usinas de hidrógeno, muy reputadas porque su funcionamiento no genera ninguna emisión dañina, solo vapor, requieren de grandes plantas productoras de dicho elemento a partir del agua, puesto que el hidrógeno no existe libre en la naturaleza. Es necesario utilizar grandes represas o plantas nucleares o turbinas de gas y de carbón para poder separar ese elemento del oxígeno. El hidrógeno como combustible no impacta los espacios donde es utilizado, pero arrastra el costo de haber alterado otros espacios. ¿Podríamos postular que su uso implica zonas de sacrificio para que la gente de las ciudades mantenga su conciencia tranquila por no contaminar la propia atmósfera?

Esa realidad motiva que la tasa de retorno energético (TRE) de la generación con hidrógeno sea muy negativa y el proceso resulte en una contradicción, ya que se deben consumir muchos kWh de alguna energía para fabricar el hidrógeno necesario para producir menos kWh. En menos palabras: el ciclo completo de la generación de energía vía hidrógeno no es ni será renovable.

También se valoran los biocombustibles por basarse en la agricultura, actividad renovable si las hay. Pero su ciclo productivo requiere de importantes consumos de carburantes en tractores, cosechadoras y equipos de procesamiento industrial para convertir el aceite de las plantas en combustibles, al punto de que sus TRE son menores o muy próximas a la unidad. Para empeorar, las plantas industriales de aceite se abastecen de materias primas provistas por miles de hectáreas de terrenos cultivables, con lo cual suelen competir en la producción y la disponibilidad de alimentos.

En concreto: las formas renovables de producción de energía dependen fuertemente de tecnologías e insumos desarrollados a partir de las no renovables. Pero también es cierto que aquellas son un estimulante desafío para la humanidad. Los esfuerzos en investigación científica y tecnológica van por buen camino, pues las eficiencias de las energías verdes vienen bajando sin cesar, acercándose a su factibilidad económica. Ante la eventualidad de que en el futuro las TRE de los hidrocarburos tornaran a negativas, es imprescindible desarrollar alternativas a la comodidad hidrocarburífera de la que actualmente gozamos. Aun ante la posibilidad cierta de que no disminuyan las reservas de combustibles fósiles en los próximos siglos (queda mucho *shale* y aún no se comenzaron a explotar los hidratos de metano), la diversificación de la matriz energética es beneficiosa por diversas causas. La movilización de recursos humanos, materiales y financieros involucrados en esa saludable aventura genera amplios efectos multiplicadores en la economía y el empleo. Regiones enteras que en el presente dependen de provisiones energéticas externas, en el futuro podrían lograr el autoabastecimiento si poseyeran vientos constantes, luminosidad solar, corrientes superficiales de aguas, costas marítimas con buenas mareas, o zonas áridas no dedicadas a la producción de alimentos o a la conversión de suelos para cultivos, a fin de destinarlas a la producción de combustibles.

Frente a la preeminencia actual de las fuentes fósiles y los obstáculos a superar para hacer factibles las renovables, sin dudas lo más sensato es la continuación de los esfuerzos para desarrollar estas últimas necesariamente a partir de las bases tecnológicas y económicas fundadas por las primeras.

vi. *El autoabastecimiento energético argentino no es posible sin el* shale *y el* tight

Enfoquemos en la Argentina los conceptos recientemente desarrollados:
- Depende estructuralmente de los combustibles fósiles (gas, petróleo y nucleares), los que cubren el 90 % de su matriz energética.
- Ha perdido el autoabastecimiento energético por falta de planificación en el desarrollo de sus recursos renovables y no renovables.
- Posee capacidad instalada suficiente para satisfacer la demanda actual, pero debe importar combustibles (mayormente gas y gasoil) para abastecer las usinas.
- Frente al continuo y exponencial crecimiento de la demanda en hogares, empresas y oficinas, se presenta un exigente panorama de futuras inversiones para no quedar atrás en capacidad instalada y en abastecimiento de combustibles.
- Las formas renovables de producción presentan desventajas para responder a ese desafío, ya que exigen mayores esfuerzos financieros por sus altos costos iniciales y mayor tiempo para la puesta en marcha.
- Por las mismas razones, la posibilidad de que las mencionadas fuentes puedan reemplazar a las que usan combustibles fósiles es lejana y prácticamente inalcanzable.

- A ello se suman las dificultades para acceder a los equipos y las tecnologías eólicas, solares, mareomotrices y geotérmicas, que actualmente son, en su mayor parte, solo accesibles a través de las firmas multinacionales que los producen y los operan.
- Las restricciones financieras externas se manifiestan en los puntos anteriores como obstáculo para financiar el crecimiento de la oferta energética.
- No se trata de abandonar el cometido de desarrollar dichas fuentes, pues a largo plazo pueden aumentar su eficiencia y rentabilidad, a la par que constituyen espacios de innovación con amplios efectos multiplicadores en distintas áreas de conocimiento científico y tecnológico.
- Frente a los mencionados condicionamientos sistémicos, la opción es continuar basándose en la generación de energía a partir de fuentes hidrocarburíferas, hidráulicas y nucleares, en ese orden de magnitudes, pues los actores dominan las tecnologías y existe un parque de empresas operadoras aptas, muchas de las cuales, como YPF e INVAP,[66] son estatales.
- Frente a la declinación por madurez de los yacimientos convencionales de hidrocarburos, la oportunidad no convencional llega en el momento adecuado. De no haber comenzado la curva de aprendizaje a tiempo, la Argentina hubiera quedado condenada al déficit crónico de su balanza energética.

Lo que se ha conseguido hasta aquí con el *shale* y el *tight* de la Cuenca Neuquina es la certeza de poder alcanzar el logro del autoabastecimiento, con la sola condición de trabajar adecuadamente en el desarrollo de los ricos reservorios ya suficientemente conocidos, se ha salido de la depresión generada por el súbito impacto del déficit y construido una esperanza cierta. Por supuesto, aún resta trabajar mucho para recuperar la independencia energética, la condición necesaria para el desarrollo autónomo.

5. Los actores tecnológicos de Vaca Muerta

i. *Los adelantados neuquinos*

Habiendo comprobado la necesidad ineludible de aprovechar los no convencionales en nuestro país, corresponde describir los protagonistas tecnológicos y las acciones que desarrollan para hacer realidad esa promesa.

---

[66] Investigaciones Aplicadas S.E., con sede central en Bariloche, es referente mundial en ingeniería nuclear y otras áreas de tecnologías de punta, como radares, satélites, TICS y energías alternativas.

Si bien la estimulación hidráulica se ha practicado desde la década de 1970 en la Cuenca Neuquina, ello aconteció como parte de actividades de terminación y mejoramiento de la extracción en pozos convencionales. Recién a partir de 2003, YPF, entonces subsidiaria de la empresa española Repsol, en su concesión de Loma de la Lata[67] comenzó a investigar en dos direcciones: el *shale* de Vaca Muerta y los *tight* de las formaciones Sierras Blancas y Lajas. Esos ensayos fueron dando buenos resultados hasta que en 2006 las operaciones con fractura se hicieron más frecuentes, incorporadas ya como actividades de mejoramiento productivo o EOR (*Enhanced oil recovery*). Recordemos el pozo LLL-302h realizado en 2008 por YPF sobre Sierras Blancas, cuando en la Argentina no se hablaba ni remotamente de *fracking*, con el cual describimos una operación de fracturas múltiples o *stage frac*. Como vimos, hasta 2011, momento en que repentinamente se reveló el molesto déficit en la balanza energética, la producción nacional abastecía con creces la demanda, razón por la cual el Gobierno central no tenía estímulo alguno para interesarse en los no convencionales. En cambio Neuquén estaba en problemas, porque su economía dependía (y depende) centralmente de las regalías hidrocarburíferas. Es así que la información proveniente de EE. UU., con su éxito en la producción no convencional, y de Loma de la Lata, con sus ensayos de fracturas múltiples, indujo al Gobierno provincial a poner en acción una política que resultó efectiva. Así lo relataba un alto funcionario del área energética, en 2014:

–Cuando asumimos el gobierno [en 2007] sabíamos que estábamos en problemas. En los últimos cuarenta años la provincia creció gracias a un presupuesto financiado por las regalías petroleras,[68] que históricamente cubrían el 50 % de los ingresos; pero con el declino [declive] de Loma de la

[67] Las áreas de concesiones petroleras son fracciones de territorio que el Estado delimita para la exploración y explotación por parte de las empresas privadas o públicas. Pueden abarcar de decenas a miles de km^2, dependiendo de la geología y de cuestiones administrativas específicas. Generalmente, aparecen varias áreas para un mismo yacimiento o sistema petrolero. Al observar los azarosos mapas de tales superficies en todo el país, solo se puede pensar en irracionalidad, caprichos burocráticos u otras motivaciones que no vamos a investigar. El mapa de las concesiones neuquinas se puede consultar en www.energianeuquen.gov.ar. Una excelente historia de cómo nacieron y evolucionaron tales permisos en la Argentina se encuentra en Gadano (2006).

[68] Las regalías hidrocarburíferas fueron instituidas por la Ley de Hidrocarburos N° 17.319, sancionada en 1967. Se trata de un porcentaje de dinero de hasta el 12 % del valor del petróleo y el gas en boca de pozo (excluye costos de trasporte y procesamiento), pagadero a los Estados provinciales por el uso de recursos no renovables. Dicha tasa se mantiene hasta el presente, pese a varias reformas a dicha ley, la cual puede disminuir hasta el 5 % o aumentar hasta el 18 % en determinadas situaciones establecidas en dichas reformas. Las regalías no se consideran un impuesto y es la forma básica, aunque no excluyente, de toma de renta petrolera por parte de las provincias.

Lata[69] en poco tiempo ese porcentaje cayó al 30 %. Para peor, recibimos un gobierno muy endeudado. De continuar la tendencia, tarde o temprano, la provincia iba a una quiebra presupuestaria, con todo lo que eso podía significar social y políticamente. Pero teníamos información fehaciente de que Molles y Vaca Muerta podían ser un gran tesoro. Viajamos a Estados Unidos y nos asesoramos. Y por suerte, justo [Néstor] Kirchner había sancionado la Ley Corta,[70] que nos salvó; nos permitió zafar con un programa que nos llevó tres o cuatro años para empezar a dar resultados, porque nosotros empezamos a adjudicar los yacimientos y dar prórrogas, lo que nos permitió generar ingresos que antes no teníamos.

–Esa situación cambió la cadena de valor –repuse– porque hasta entonces las áreas las adjudicaba Nación, justo cuando empezaba el *shale*. Aquello fue sorprendente porque, a la vez que la provincia se convertía en el actor central que manejaba las concesiones, habían aparecido los no convencionales. ¡Las áreas marginales, que antes no tenían valor de repente eran muy valiosas y las decisiones las tomaba Neuquén!

–Así es. YPF las consideraba "marginales" porque cuando fueron exploradas no había encontrado petróleo convencional. También hubo épocas en que si encontraba solo gas, directamente tapaba los pozos. Pero ahora esas áreas, que las ubicás hacia el oeste, en la medida que te alejás del centro de la cuenca y te acercás a la cordillera, ahora son áreas de no convencional, de gas húmedo y de gas seco, y valen fortunas. Entonces qué hicimos: creamos Gas y Petróleo de Neuquén Sociedad Anónima [GyP], la primera empresa estatal provincial, con una estructura muy chiquita, entonces apenas diez personas. Y lo más importante: el Gobierno le cedió en concesión todas las áreas marginales; unas 60 áreas que ahora valen mucho.

–Pero ahora GyP tiene más gente…

---

[69] En 2002 Loma de la Lata produjo un máximo de 36 millones de m^3 por día, año a partir del cual los volúmenes comenzaron a descender hasta llegar, en 2012, a 12 millones de m^3 por día; es decir, un tercio de lo que aportara diez años antes. Al respecto, ver el Gráfico 48. En 2014 la curva de producción de Loma de la Lata, hasta entonces descendente, volvió a mostrar tasas de crecimiento positivas, gracias al *tight* del estrato Lajas.

[70] La Constitución Nacional reformada en 1994, en su artículo 124, establece: "Corresponde a las provincias el dominio originario de los recursos naturales existentes en su territorio". La ley N° 26.197/2007, conocida como "Ley Corta", modificó la añeja Ley de Hidrocarburos, reglamentando el mencionado derecho para el gas y el petróleo. Se creó así un marco legal para los llamados a concurso a fin de adjudicar las concesiones de exploración y explotación, así como, en caso de incumplimiento, rescindir las mismas. También para controlar el cumplimiento de las normas ambientales por parte de las operadoras.

–Sí, pero no más de veinte profesionales, entre geólogos e ingenieros. GyP en general no opera directamente; se asocia con otras operadoras con capacidad para manejar las áreas. Llama a concurso para formar UTE [Unión Transitoria de Empresas] por cada concesión. Se hicieron tres rondas de difusión en Estados Unidos y cuatro llamados a licitación. Así GyP se está capitalizando y ahora hasta opera un par de áreas. Pero lo más importante es que gracias a esa política, ya en 2012, cuando al Gobierno [nacional] le llegó el agua al cuello con el déficit energético, el país tenía más de veinte operadoras de envergadura explorando el *shale* de Neuquén. YPF pudo nacionalizarse gracias a que, para entonces, el horizonte de reservas de la Argentina ya era otro: de la declinación de los yacimientos maduros, habíamos pasado a la gran expectativa de Vaca Muerta…

La conversación había derivado de la experiencia neuquina a los problemas energéticos nacionales. Los incipientes logros provinciales motivaron cambios de fondo en las estrategias del gobierno federal.

ii. *La renacionalización de YPF, el contexto legal y las estrategias para el despegue*

Como analizaremos más adelante, en el año 2011 se produjo el colapso de la balanza de pagos energética argentina, debido al doble efecto de la poca actividad exploratoria (con la correspondiente disminución de la provisión de combustibles) y el fuerte crecimiento de la economía nacional (que por consiguiente ocasionó un significativo aumento en la demanda de dicho insumo básico), verificados en los años anteriores (ver el Gráfico 48). En particular, la performance de YPF, cuyo paquete accionario mayoritario estaba en manos de Repsol y cuyo gerenciamiento era ejercido por el grupo empresario argentino Petersen, había resultado un fracaso. Una década de gestión privada solo logró fuertes caídas en las reservas comprobadas y en la producción, a la par de abundantes flujos de ganancias hacia las arcas españolas de los dueños mayoritarios de la empresa.

La evidencia de esos despropósitos, más el impacto económico que significaba disponer de varios miles de millones de dólares para importar los combustibles faltantes, impulsaron un cambio profundo en las políticas, las que comenzaron a cristalizar en drásticas medidas. Así, se dictó la Ley de Soberanía Hidrocarburífera N° 26741, de mayo de 2012, cuyo primer artículo reza:

> Declárase de interés público nacional y como objetivo prioritario de la República Argentina el logro del autoabastecimiento de hidrocarburos, así

como la exploración, explotación, industrialización, transporte y comercialización de hidrocarburos, a fin de garantizar el desarrollo económico con equidad social, la creación de empleo, el incremento de la competitividad de los diversos sectores económicos y el crecimiento equitativo y sustentable de las provincias y regiones.

Y cuyos artículos séptimo y octavo declaran "de utilidad pública y sujeto a expropiación" el 51 % de las acciones de la empresa YPF S.A., ordenando a la vez que el 49 % de ese paquete estatizado debe transferirse a las provincias productoras de petróleo.

Desde entonces, el Estado nacional lidera el proceso de inversiones y desarrollo de Vaca Muerta, mediante las siguientes estrategias:

La ejecutora principal del programa, como no podía ser de otra manera, resultó ser YPF, poseedora del 40 % del *acreage* (la superficie concesionada) del país, a partir de entonces dotada con la voluntad de recuperar el autoabastecimiento. La YPF renacionalizada, con la conducción del ingeniero Miguel Galuccio, trazó un plan de inversiones para el período 2013-2017 de USD 38.500 millones, a lograr mediante financiación a partir de las propias ganancias, la toma de créditos en los mercados nacionales e internacionales y la asociación con corporaciones petroleras de envergadura.

Luego de un arduo debate con las provincias, que se afirmaron para no perder la potestad de otorgar las concesiones y de crear sus propias empresas operadoras, se dictó la Ley N° 27007, en octubre de 2014, para regular las formas de operar los no convencionales. Básicamente, se reglamentaron cuatro aspectos:

a) Se amplió de 25 a 35 años el plazo máximo a otorgar a las concesiones, adaptándose a los planes de explotación más largos que requiere el *shale*. También se otorgan mayores plazos para las exploraciones.

b) La ley ordenó el dictado de pautas mínimas para el cuidado del medio ambiente, otorgando a las provincias la potestad de complementar e incrementar dichos requerimientos dentro de las respectivas jurisdicciones.

c) Se otorgaron estímulos fiscales a las empresas y facilidades para la exportación de hidrocarburos.

d) Se delimitaron las potestades del Estado nacional y los Estados provinciales respecto de la apropiación de la renta petrolera y del papel que les cabe a YPF y a las empresas operadoras de los gobiernos provinciales.[71]

---

[71] Este aspecto fue el que originó un fuerte enfrentamiento entre la conducción de YPF y el Gobierno de Neuquén, a raíz de que la empresa nacional consideraba a GyP (y todas las empresas estatales provinciales) como una competencia no deseada en el acceso a los *acreages*. La controversia se desarrolló durante buena parte de 2014 y finalmente tomó caminos constructivos con la redacción de una ley que dejó conforme a las partes. Asimismo, en varias áreas de interés de YPF, en donde la empresa provincial de Neuquén

Dentro de ese marco legal, para adquirir más rápidamente las tecnologías no convencionales, disminuir los plazos de aprendizaje y conseguir la financiación que el país no puede proveer, YPF comenzó a buscar asociaciones con grandes firmas nacionales e internacionales, como Pluspetrol, Pampa Energía, Chevron, Dow Chemical, Petronas y otras de similar envergadura.

La adquisición de conocimientos científicos y de *know how* operativo fue considerada central en el intento de afianzar el despegue productivo. El desarrollo de capacidades en ciencia y tecnología comenzó a procurarse a través de varias vías:

a) Promoción de transferencias de información tecnológica, geológica y productiva de las nuevas operaciones entre YPF y las demás empresas.

b) La constitución de YPF Tecnología SA (Y-TEC), una asociación entre aquella y el Consejo Nacional de Investigaciones Científicas y Técnicas (CONICET), cuya misión es "investigar, desarrollar, producir y comercializar tecnologías, conocimientos, bienes y servicios en el área de petróleo, gas y energías alternativas, como biogás, biocombustibles o geotermia, entre otras".

c) Alentar el mutuo fortalecimiento de los esfuerzos de investigación y desarrollo entre las empresas productoras y las universidades. La creación de la Red Nacional de Universidades Petroleras de YPF, de la que forman parte todas las casas de altos estudios con carreras centradas en los hidrocarburos, constituye un avance en ese cometido.

Obviamente, el Estado nacional también procura apoyar a las demás operadoras de todo tamaño en las áreas donde no participa YPF, no solo en *tight* y *shale*, sino también en convencionales, con medidas de apoyo fiscal, financiero y de disponibilidad de divisas. Al respecto, se tiene en cuenta la situación de debilidad de las cuentas nacionales y la incapacidad del país para solventar los volúmenes de inversiones que requieren los reservorios no convencionales.

Es obvio decir que el esfuerzo en marcha para reconquistar la capacidad productiva energética encuentra fortalezas y debilidades. Las primeras ya las hemos descripto en detalle y se basan en las excelentes características geológicas y contextuales de los *shales* y *tights* de Neuquén, cualidades que describimos mediante las comparaciones entre los *plays* norteamericanos y Vaca Muerta, así como con el informe *Accenture*. La mayor debilidad, mucho más relevante que el costo de aprendizaje tecnológico, se centra en la fragilidad de la posición argentina para captar inversiones y financiamientos, debida a su historia en los mercados globales de capitales. El *default* de 2001 y la posterior refinan-

---

tenía participaciones desde la época de Repsol, estos derechos fueron canjeados por varias áreas convencionales en producción. Así, YPF siguió su camino y GyP continuó creciendo por su cuenta.

ciación forzosa con quita de los montos adeudados está todavía presente en las evaluaciones de los prestamistas. Más aún, el tropiezo de dicho proceso de desendeudamiento con el fallo de un juzgado federal de Nueva York a cargo de la causa, a mediados de 2014, ha desfavorecido las expectativas. A la par, las principales corporaciones occidentales prefieren los mercados desregulados y no ven con agrado las restricciones legales y macroeconómicas que suele imponer nuestro país, las que se evidencian en el entramado legal que más arriba hemos descripto.

Pero esa misma voluntad reguladora, frente a la caída global de los precios del petróleo, que también se verificó a partir de 2014, resultó favorable para la continuidad de los trabajos de exploración y la incipiente producción no convencional. Así lo expresaba un alto ejecutivo de una empresa extranjera:

> En América [EE. UU.] el petróleo se paga USD 60 [por barril] y el gas apenas 2,5 USD [por millón de btu]. ¡En Argentina pagan USD 80 y USD 7,5 por las mismas mercaderías! Es cierto que hay problemas de importación de equipos y que el Estado pone regulaciones que a nosotros nos parece que no sirven. Pero YPF está trabajando bien, está corriendo con el peso del aprendizaje, y eso muestra que el gobierno quiere ir adelante. Los problemas no son muy graves comparados con los que siempre tuvimos que afrontar en Asia o en África, con guerras y dictaduras religiosas. Las empresas norteamericanas y europeas no van a dejar de aprovechar el desafío de Vaca Muerta, porque en poco tiempo va a ser un buen negocio para los accionistas. Vamos, con precaución, pero, sin dudas, vamos.

Es indudable que la Cuenca Neuquina tiene potencialidades excepcionales, que se van superando los escollos y que, con mayor o menor ímpetu, el desarrollo de Vaca Muerta, Los Molles, Agrio y los numerosos yacimientos *tight* se consolidará en el mediano plazo. Y ahora llegó el momento de repasar el estado de situación, hasta la fecha de redacción de este libro, del desarrollo del espacio petrolero que nos ocupa, para lo que daremos números y referencias generales, así como particulares por áreas y por empresas.

iii. La proactividad de YPF y las precauciones de los demás

Con el liderazgo de YPF, la Argentina y, en particular, la Cuenca Neuquina, han mostrado en los últimos dos años síntomas de franca recuperación, aunque con precaución por parte de algunas operadoras extranjeras, que aún se limitan a tareas de exploración y no se deciden a encarar con decisión la explotación.

Veamos la *performance* de la empresa petrolera nacional a partir de la gestión estatal. El Gráfico 49, elaborado por YPF (2014), indica que en el primer año de la gestión Galuccio las inversiones totales crecieron más del 50 % y luego continuaron con un firme incremento del 25 %, superando en 2014 los USD 5.000 millones. EBITDA es el acrónimo de *Earnings Before Interest, Taxes, Depreciation and Amortization*, es decir, es la ganancia bruta previa al pago de gastos financieros e impositivos. Es un indicador de la salud operativa de una empresa, pues muestra la fortaleza (o debilidad) de su corriente de ganancias. Los valores positivos mostrados incluyen *upstream* (exploración y explotación) y *downstream* (transporte, refinación y comercialización de combustibles).

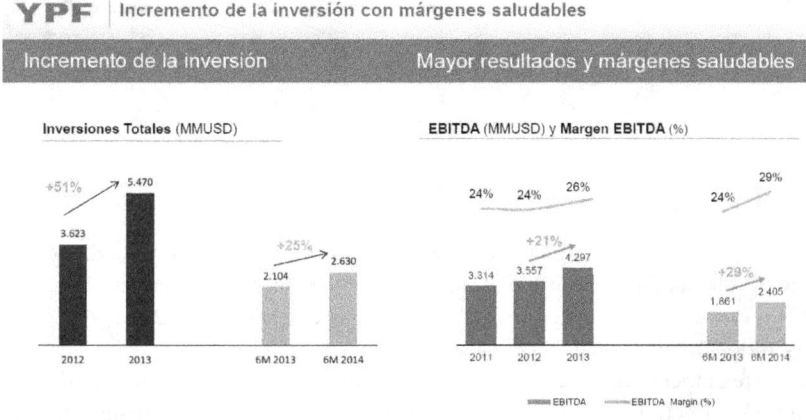

Gráfico 49

Muchos lectores recordarán el último año de la gestión de Repsol-Petersen, cuando faltaban combustibles en las estaciones de servicio, especialmente los fines de semana. Bastó que cambiara el mando de YPF para que el molesto problema desapareciera totalmente. ¿Cuáles serían las razones de aquel desabastecimiento minorista? No la falta de materias primas y capacidad de las destilerías, por cierto, ya que con los mismos insumos y equipos la nueva YPF no tuvo inconvenientes para satisfacer la demanda. Se puede pensar que la gestión anterior enviaba la mayor parte de las ganancias a España, quedando corta de recursos corrientes para financiar las actividades. En cambio, desde 2012 los beneficios se dedicaron no a pagar dividendos a los accionistas, sino a mejorar la producción. En el Gráfico 50, de la misma fuente, se comprueban fuertes aumentos de las actividades de perforación y terminación de pozos petroleros, así como de refinación.

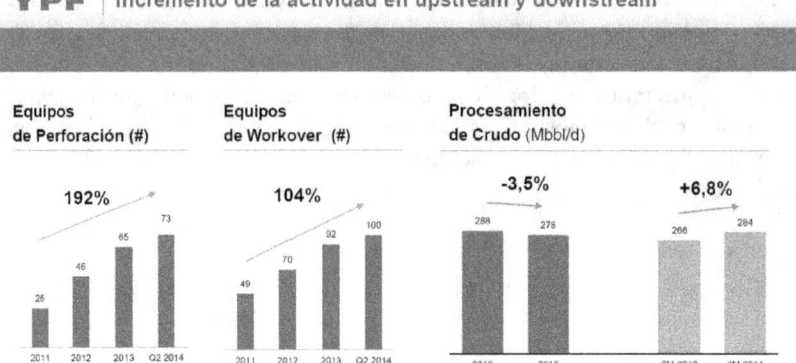

Gráfico 50

Los resultados del esfuerzo de la empresa nacional se notaron rápidamente. Según informó la Secretaría de Energía de la Nación, la producción de YPF, en 2014, creció 8,7 % en petróleo y 12,5 % en gas con respecto a 2013, siendo el segundo año de aumentos consecutivos.

Este empeño de YPF no fue acompañado de la misma manera por las demás empresas operadoras, tal como lo revela el Gráfico 51, de la misma fuente, donde se advierte que la empresa nacional, en dos años, pasó de disponer de poco más de un tercio de las torres de perforación (*rigs*) a alcanzar casi dos tercios de las mismas. Dichos datos merecen varias aclaraciones:

– Pan American Energy (de la que participan el grupo argentino Bulgheroni, British Petroleum y la firma china Cnooc) y la francesa Total pusieron algo de entusiasmo, aunque por debajo del ímpetu de YPF. Las restantes operadoras, más de quince, no agregaron equipos y varias incluso los retiraron.

– La empresa YSUR figura junto a YPF, pues está conformada por activos de la ex Apache Argentina, adquiridos por aquella en 2014. Dado que los directivos de Apache venían manifestando sus deseos de abandonar las actividades en la Argentina, es claro que si YPF no se hubiera hecho cargo de las mismas, también habrían desaparecido los correspondientes equipos de perforación.

– Respecto de Chevron, hay que decir que si bien sus operaciones en el yacimiento neuquino El Trapial vienen declinando sin pausa (lo cual explica el retiro de equipos), se ha asociado en partes iguales con YPF para desarrollar el área Loma Campana, el primer proyecto *shale* en alcanzar la etapa producción masiva fuera de EE. UU.

– En los datos del mencionado gráfico no figura GyP, que en el año 2015, por sí misma o en asociaciones, operaba cinco torres de perforación y otras tantas de terminación y reparación (*pulling*).

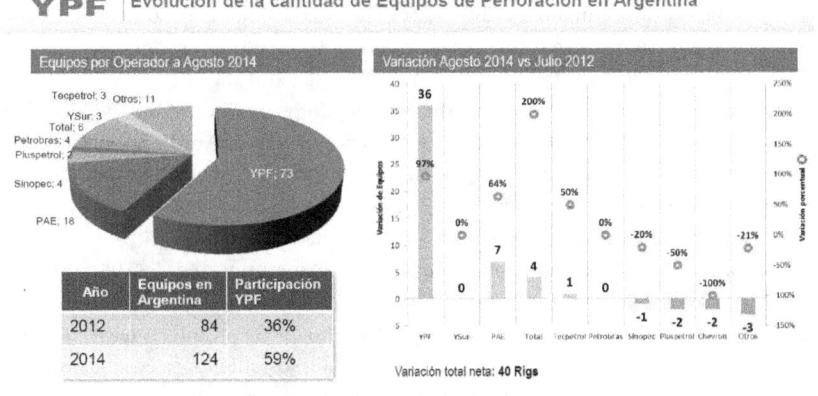

Gráfico 51

iv. *Antes y después de Loma Campana*

En lo que sigue daremos información sobre el estado, al mes de mayo de 2015, de los procesos de desarrollo tecnológico y de inversiones en equipos, infraestructuras y logística para no convencionales en la Cuenca Neuquina.

Empezando por YPF, como corresponde por ser la empresa que marca el camino, observamos en el Gráfico 52 (YPF, 2014) datos de los dos principales proyectos no convencionales ubicados en zonas ricas en petróleo, y en el Gráfico 53 (ibídem) otros dos orientados a producción de gas.

El primero de todos ellos corresponde al ya mencionado proyecto de YPF y Chevron en Loma Campana. Al momento de volcar estos párrafos, tanto los 161 pozos del programa de ensayo piloto como los 201 de producción programados para 2014, estaban satisfactoriamente ejecutados. El resto de la información muestra la magnitud del emprendimiento. La palabra *plateau* señala el valor de la producción cuando la curva alcanza estabilidad y se "ameseta" durante el lapso más productivo.

Dicho proyecto es la llave de todo el desarrollo no convencional en la Cuenca Neuquina, pues fue el primero en dejar atrás años de investigación geológica, de ingeniería de reservorios y de diseño de perforaciones, para pasar a la etapa de producción masiva.

En la documentación presentada al Estado provincial de Neuquén para la autorización del emprendimiento, la firma operadora nacional expresó lo siguiente (YPF, 2013 b):

> Este proyecto involucrará inversiones por un total de 16.506 millones de dólares estadounidenses, divididas en un plan Piloto a ejecutarse en el 1er año con inversiones comprometidas por 1.146 millones de dólares, seguido de un Desarrollo Integral que inicia a partir del 2do año, cuyo diseño se verá ajustado en función de los resultados del piloto, con inversiones adicionales que se desarrollan hasta el año 15, estimadas en 15.360 millones de dólares. Se prevé perforar un total de 1.677 pozos con actividad continua de perforación durante un plazo de 15 años. Se estima que esta actividad traerá aparejada la creación de más de 1.500 empleos directos.
> La producción asociada al proyecto se estima en un total de 794 millones de barriles de petróleo equivalente.
> A partir del 5to año del proyecto, está previsto que la producción ascenderá a 75.000 barriles/día de petróleo de alta calidad, sosteniéndose en estos valores por más de 9 años, lo que implicará un aporte en términos comparativos un equivalente al ~74 % de la producción diaria de petróleo total actual de la Provincia del Neuquén.
> La relevancia de las magnitudes de este proyecto en términos de inversión, producción y actividad generada hacen que el mismo sea central para el cumplimiento del plan estratégico de YPF, el cual a su vez, tiene un rol protagónico en lograr el autoabastecimiento energético de la Argentina.

Respecto a los resultados alcanzados, la empresa norteamericana asociada a YPF en dicho proyecto ha expresado lo siguiente en un comunicado de prensa (Chevron, 2015):[72]

> El proyecto Loma Campana, operado por nuestro socio YPF, ha logrado impresionantes progresos [...] duplicando la producción desde enero de 2014, con lo que ha alcanzado el segundo lugar entre los yacimientos de mayor producción en la Argentina. [...]. Dicha operación produce petróleo de primera calidad para las refinerías argentinas y aporta al objetivo de Chevron de alcanzar en 2017 la meta de 3,1 millones de barriles de petróleo equivalente.

---

[72] Traducción nuestra.

Como vemos, Chevron valora los logros de YPF pues impactan positivamente en sus planes globales de mediano plazo. Ello ayuda a disipar las dudas sobre el futuro de la producción no convencional, debidas a la última baja de precios del petróleo. Se entiende que una asociación estratégica de semejante envergadura no puede vacilar ante una reducción de precios estimada como temporal, como tampoco podrá dejar de innovar y de buscar mejoras en la productividad cuando los precios suban. En el mismo Gráfico 52 se exponen los números del *clúster* (conjunto articulado de infraestructuras, ductos y perforaciones) de La Amarga Chica, proyecto lanzado a mediados de 2015, también con orientación mayoritariamente petrolera. En el mismo, con similar estructura societaria y estrategia productiva que Loma Campana, YPF y la corporación estatal malaya *Petroliam Nasional Berhad*, más conocida como Petronas, se comprometieron a invertir 9.000 millones de dólares para desarrollar más de mil pozos.

En el Gráfico 53 (IBÍDEM) se exponen las ubicaciones, superficies y el desarrollo previsto de cuatro clústeres o proyectos de extracción de *shale oil* hasta 2027. Además de los ya vistos, los *plays* #3 y #4 corresponden a las áreas denominadas Bandurria y Bajada de Añelo. Como se observa en el mapa a la izquierda, estas dos últimas se localizan en la franja de gas húmedo, es decir, de gas metano que contienen hidrocarburos con mayor número de moléculas de carbono en disolución.

La perspectiva de producción de los cuatro proyectos para el año 2027 es de 300.000 barriles de petróleo por día (300 Mbbl/d). Teniendo en cuenta que en 2014 el promedio diario de producción en Argentina de YPF fue de 246 Mbbl/d, y el de todas las empresas de aproximadamente 550 Mbbl/d, se puede entender la magnitud de estos emprendimientos: si se cumple lo programado, la producción de la empresa se duplicaría y la de todo el país aumentaría en un 50 %.

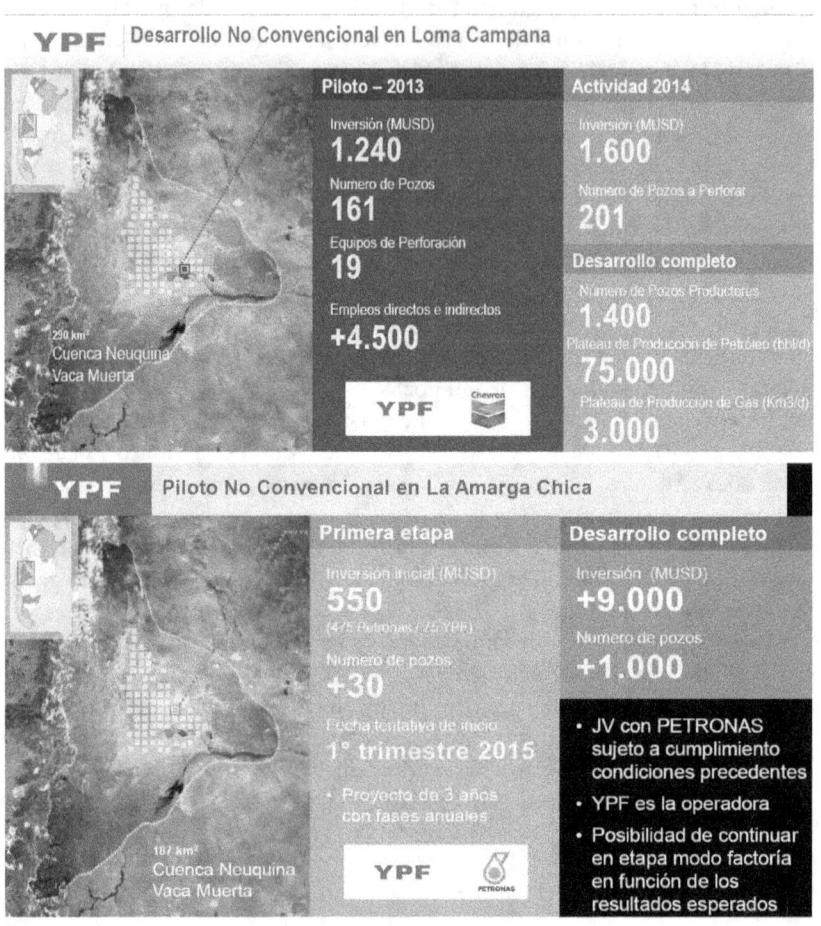

Gráfico 52

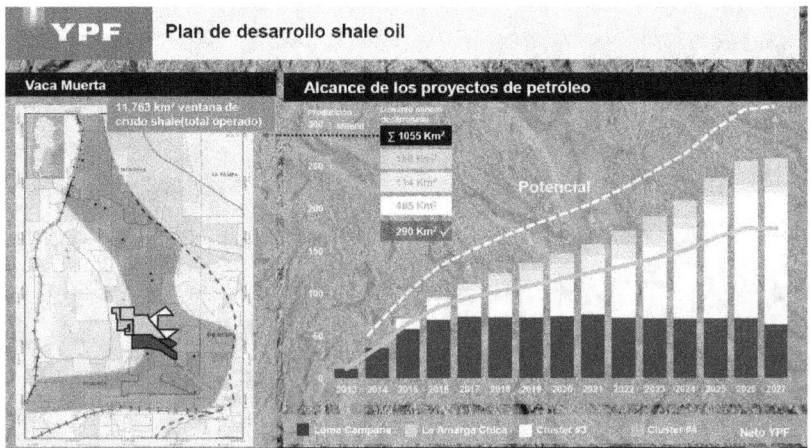

Gráfico 53

YPF también se apresta a comenzar otros dos proyectos de envergadura, El Orejano y Rincón del Mangrullo, en la ventana de gas de Vaca Muerta, los que se describen en el Gráfico 54 (*ibídem*). Para ello, la empresa nacional, siempre como operadora, se ha asociado con la corporación petroquímica Dow Chemical y con Pampa Energía, respectivamente. Esta última compañía pertenece al grupo argentino Mindlin, dedicado a la generación y distribución de energía eléctrica.

El Gráfico 55 describe los planes de YPF para la explotación de gas no convencional. Además de los dos proyectos mencionados, resulta notable el tamaño de lo que allí se identifica como clúster #3: casi 1.400 km² sobre un total de ocho clústeres programados. Es que dicha localización es –sí, señores– Loma de la Lata, solo que aquí no se apunta a la formación Sierras Blancas, la que viene surtiendo de gas a la Argentina desde hace cuatro décadas, sino a la formación Lajas, que contiene grandes reservas de *tight* gas. Además hay que destacar que, mientras los clústeres aludidos de *shale* gas estaban saliendo de la etapa de exploración cuando se difundieron esos datos, los *tights* de Loma de la Lata y Rincón del Mangrullo ya estaban funcionando a pleno, habiéndose ejecutado hasta abril de 2015 más de cincuenta pozos con estimulación hidráulica.

Cuando esos proyectos alcancen su *plateau*, YPF duplicaría la producción de gas de la cuenca en 2014, que resultó de 45 millones de metros cúbicos por día (MMm³/d), con lo que estaría aportando un 40 % más a la producción nacional de ese año, que sumó 113 MMm³/d.

Gráfico 54

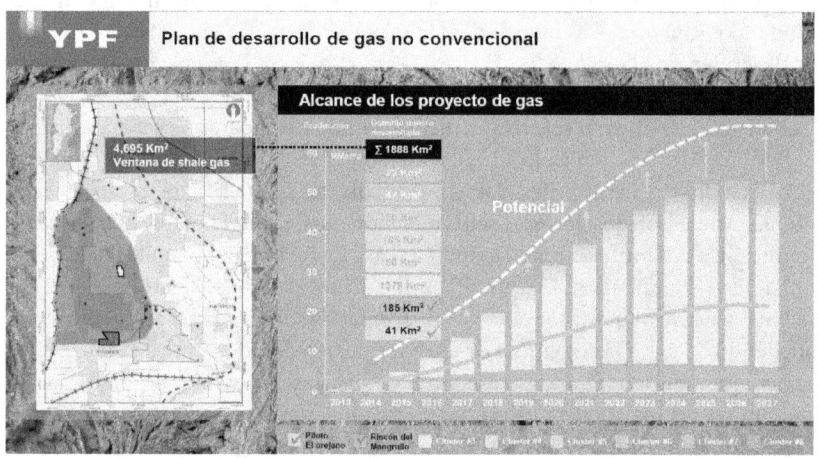

Gráfico 55

v. *Gas y Petróleo de Neuquén* SA *(GyP) y la estrategia del* carry out

Como se consignó, el Estado provincial, conforme a las atribuciones otorgadas por la "Ley Corta" de hidrocarburos, en 2008 adjudicó a la empresa estatal provincial la totalidad de las áreas que antes de la sanción de dicha ley no tenían concesiones otorgadas por el Estado nacional. Se trata de unas setenta fracciones que tuvieron algún tipo de exploración, la mayoría con perforaciones, pero que no dieron resultados alentadores en el marco de las tecnologías convencionales. La lucidez del Gobierno neuquino radicó en crear GyP, otorgarle los *acreages* vacantes y darle la atribución de convocar, licitación mediante, a socios operadores. A través de cuatro rondas de convocatorias, entre 2007 y 2014, logró conformar sesenta y dos uniones transitorias de empresas (UTE) con veinticuatro operadoras distintas.[73] Los contratos entonces formalizados se denominan, en la jerga petrolera, *carry out*, o *carry* (a secas), o "acarreo". Reciben ese nombre pues el socio con capacidad técnica y financiera carga con las principales obligaciones del contrato. Por ejemplo, si GyP se reservara un acarreo del 10 %, ello implicaría que el operador financiaría las inversiones en exploración por ese porcentaje. Si el proyecto fracasara, GyP quedaría liberado de devolver lo invertido; es decir: el *carry* implica que la empresa propietaria del área no corre con el riesgo exploratorio. Si el proyecto resultara rentable y se iniciara la etapa de desarrollo productivo, entonces GyP deberá dedicar parte de sus ganancias para amortizar los créditos otorgados por el operador. Se trata de una modalidad usual en el mundo petrolero, con la que GyP procura capitalizarse y paulatinamente comenzar a operar por sí misma. A fines de 2014 ya gerenciaba una UTE con ENARSA (Energía Argentina S.A., empresa del Estado nacional) en las seis áreas convencionales que recibió de YPF, donde no tiene socios.

A continuación, reseñamos los más importantes de esos proyectos.

GyP y Enarsa

Aguada del Chañar es el área no convencional donde GyP ejerce como operador, asociado con un 50 % a ENARSA. El sector se encuentra en producción desde principios de 2014, con un gasoducto propio que aporta al sistema nacional.

GyP y Wintershall

En otra parcela relevante, Aguada Federal, la empresa neuquina se coligó, también al 50 %, con Wintershall Energía, una subsidiaria de BASF, que se ha convertido en las últimas décadas en la mayor empresa petrolera global alemana. En Aguada Federal la exploración corrió por parte de GyP, y a principios de

[73] El modelo de asociación UTE es el preferido en la industria petrolera, puesto que permite a las empresas mantener su individualidad institucional, pero limitando la responsabilidad a los recursos comprometidos exclusivamente en cada operación.

2014 Wintershall se hizo cargo y comenzó un plan piloto con dieciséis pozos, en los que se destinarán USD 100 millones. Si, como se espera, los trabajos dan resultado, se invertirán USD 3.300 millones en 320 pozos horizontales y verticales de desarrollo. Se trata del primer proyecto en marcha de envergadura en el que no interviene YPF.

GyP y Exxon

Exxon Mobil Operation Argentina posee, desde septiembre de 2010, el 85 % de los derechos y obligaciones de las concesiones de las áreas Bajo del Choique y La Invernada. El 15 % restante es mantenido por GyP, con las condiciones de *carry* ya explicadas. También aquella firma adquirió la mitad del 85 % de la concesión del área Parva Negra, que poseía la empresa estatal brasileña Petrobras. La gran empresa norteamericana se ha limitado a tareas de exploración y aún no ha manifestado voluntad de acometer un plan piloto. De todas maneras, los resultados de las perforaciones exploratorias resultaron alentadores. Por ejemplo, un muy publicitado pozo denominado "Bajo del Choique X-2", en sus primeras pruebas arrojó 770 barriles de petróleo por día. El presidente de exploraciones de la empresa, Stephen Greenlee, en un artículo del *Wall Street Journal*,[74] expresó: "No todos los *shales* son buenos, pero nuestro primer descubrimiento en el *play* de Vaca Muerta es muy positivo; un claro signo de que en esa localización hay un *shale* muy prometedor"[75]. Con similar optimismo, el vicepresidente de Exxon, Mark Albers, en visita protocolar al gobernador de Neuquén, prometió perforar diez pozos de exploración durante 2015.[76]

GyP, Shell y Total

Las corporaciones europeas también ponen fichas en la mesa de apuestas de Vaca Muerta, y parecen más decididas que algunos de sus colegas norteamericanos. La firma anglo-holandesa Shell, con su filial argentina O&G Developments, y la francesa Total ganaron en partes iguales el 85 % de las concesiones de las áreas Rincón de las Cenizas y La Escalonada. GyP mantiene el 15 % restante, también mediante el procedimiento de *carry*. En noviembre de 2014, cuando ya se había producido la baja de los precios internacionales del petróleo, dicha

---

[74] Exxon Mobil in Argentina Oil Find" (Wall Street Journal, 21 de mayo de 2014). Disponible en: http://www.wsj.com/articles [Acceso 5 de mayo de 2015].
[75] Traducción propia.
76 Exxon Mobil 'vino para quedarse', dijo Sapag" (8 de octubre de 2014). Disponible en: diariamenteneuquen.com.ar [Acceso: 9 de octubre de 2014].

UTE informó la puesta en marcha de un plan piloto con una inversión de USD 300 millones, previéndose perforar unos 15 pozos, cantidad que puede variar según marchen los resultados.

GyP e YPF

La relación de YPF con GyP es compleja y poco productiva. Tienen firmadas nada menos que dieciséis UTE en las áreas Aguada de Castro, Bajada de Añelo, Bajo del Toro y otras. A ellas se suman cinco localizaciones más con YSUR, la empresa que formó la empresa nacional con los activos comprados a Apache. Todos esos contratos se firmaron antes de la renacionalización, cuando la empresa nacional era manejada por Repsol y el grupo Petersen. Las actuales autoridades de YPF no desean avanzar con esas asociaciones. Sus directivos y algunas autoridades del Gobierno nacional manifestaron que el sistema de acarreo pone en riesgo la rentabilidad de los negocios. Como ya expresamos, la discusión sobre la última reforma de la Ley de Hidrocarburos giró en gran parte alrededor de la relación entre las provincias petroleras y el Estado nacional. El tema más álgido al respecto fue la existencia de las nuevas empresas provinciales, a las que YPF considera, además de una competencia, culpables de generar costos financieros innecesarios. Se llegó a un acuerdo mediante el cual la nueva legislación admite el acarreo, pero solo en la etapa de exploración. Con ello, las empresas provinciales, si los proyectos en que participan alcanzan la comercialidad, deberán poner fondos propios para el desarrollo de las operaciones. No obstante, quedan admitidas otras formas de toma de renta, tales como participación en las ganancias e incrementos de regalías.

Paralelamente, el acuerdo también llevó a que YPF y GyP acordaran el retiro de esta última de dos áreas estratégicas para aquella, las ya mencionadas Amarga Chica y Bajada de Añelo, puesto que originalmente existían sendas UTE con un 10 % de *carry* a favor de la firma neuquina. A cambio de ello, GyP recibió seis áreas gasíferas y petroleras cercanas a Plaza Huincul, todas maduras, pero con producción convencional estabilizada y con buenas perspectivas de crecimiento mediante técnicas de explotación secundaria y terciaria.

De tal manera, ganaron ambas partes, pues YPF sigue adelante con su modelo de asociación con grandes operadores tecnológicos y financieros extranjeros, sin la "molestia" de GyP, mientras esta mantiene el resto de las UTE y además entra en el negocio tradicional, menos exigente económicamente, lo que le habilita un flujo de ingresos que le permite seguir operando y capitalizándose.

GyP y el resto

La empresa neuquina está actuando bajo la figura de UTE, además de su participación en las sociedades mencionadas, con las empresas Energy Operations Argentina, Medanito, EOG Resources, Rovella Energía, Roch, Apco Oil & Gas, Madalena Austral, Americas Petrogas, Argenta Energía, Petrolera Pampa, Energicon, Ingeniería Sima, Kilwer S.A., Ketsal S.A., Enarcana, Petrobras Argentina, Tecpetrol y Pan American Energy, todas ellas operando en tareas de exploración, en las correspondientes áreas.

Como vimos, de los más de sesenta proyectos en marcha, solo unos pocos alcanzaron las etapas operativas de piloto o desarrollo masivo. Las que lo hicieron están obteniendo buenos resultados y solo es cuestión de tiempo para que se agreguen otras empresas.

6- Análisis de las reservas, la producción y el impacto económico del *shale* y el *tight*

i. *Performance de Vaca Muerta versus* shales *norteamericanos*

Pasando a números los resultados de los proyectos antes listados, el Cuadro 7 muestra los datos oficiales de la Dirección General de Hidrocarburos y Minería de Neuquén, respecto de la cantidad de pozos no convencionales perforados hasta marzo de 2015. Hay que destacar que, de la cifra total de 672 perforaciones, aproximadamente 400 fueron ejecutados por YPF. Ese dato adquiere mayor significación al considerar que no menos de 300 de ellos son pozos de producción, mientras que la mayoría de los realizados por las demás empresas, como ya se resaltó, son aún de exploración.

	2006	2007	2008	2009	2010	2011	2012	2013	2014	Enero 2015	Total
Tight	6	6	24	24	25	18	29	39	89	9	269
Shale	2	1	1	0	2	23	47	115	191	21	403
Total	8	7	25	24	27	41	76	154	280	30	672

Cuadro 7

¿Qué significan esos casi 700 pozos en el ciclo de desarrollo no convencional de la formación Vaca Muerta?, ¿en qué fase se encuentra el proyecto?, ¿se trata de un neonato, o ya es un adolescente con bríos y que encara el futuro con optimismo? Para contestar los interrogantes lo mejor es recurrir al método comparativo, en este caso ayudados por el Gráfico 56 (Giliberti, 2014, con datos de Chevron) en el que se coteja la realidad de Vaca Muerta y el desarrollo de YPF-Chevron en Loma Campana con los yacimientos de Wolfcamp e Eagle Ford. El primero es una formación *shale* del centro oeste de Texas, de reciente evolución, y el segundo, como ya vimos, es uno de los desarrollos más importantes, ya recorriendo su *plateau* productivo.

Aclaramos algunos términos y acrónimos aún no vistos:

Stress state: parámetro geomecánico, indicativo de las tensiones dentro de la formación.

Thickness: espesor de las *facies* productoras.

Completion strategy: estrategias de terminación de pozos, incluyendo las fracturas hidráulicas.

GOR (*gas/oil ratio*): sigla que alude a la relación entre los contenidos de gas y petróleo de un reservorio.

El esquema muestra que la formación neuquina, en su generalidad, ha superado la primera fase de exploración, ha arrojado datos geológicos satisfactorios, y se encuentra en un segundo período de diseño y de testeo de las perforaciones. En particular, los trabajos de YPF en Loma Campana se ubican en la tercera etapa, tramo en el que se busca ajustar las estrategias y características de las fracturas. Aunque los trabajos se encuentran bien encaminados, aún a mediados de 2015 faltaba bastante para alcanzar la producción masiva que posee Eagle Ford, donde el ritmo de perforaciones supera los 4.000 pozos por año. Esas conclusiones se ratifican con el ingenioso e interesante Gráfico 57, aportado por la misma fuente que el anterior, en el cual otra vez se comparan, aunque de otra manera, las actividades de Vaca Muerta con Eagle Ford, junto a otros *shales* semejantes: Marcellus (Illinois) y Haynesville (Arkansas). Para homologar el cotejo, se determinaron los valores de tres variables significativas en los respectivos momentos en que dichos yacimientos produjeron 24.000 barriles por día de petróleo equivalente. Así se comprobó que:

- Vaca Muerta necesitó perforar menos pozos que Marcellus, pero más que los otros dos reservorios. Aunque el gráfico reza "similar cantidad de pozos", se nota que Haynesville requirió la mitad que en nuestro *shale*.
- Aún mejor resulta la comparación de la cantidad de equipos de perforación, habiendo utilizado menos que Marcellus y mucho menos que Eagle Ford y Haynesville.
- Los gastos en capitales (CAPEX: *capital expenditures*), un indicador clave para evaluar la eficiencia económica de las operaciones, resultan similares a los dos últimos yacimientos nombrados y bastantes más altos que el

primero de ellos, mostrando por dónde deben pasar los esfuerzos para mejorar la rentabilidad de la explotación de nuestra vaca.

El mismo documento especifica que los datos económicos van por buena senda, ya que en 2011 la perforación y terminación de un pozo con estimulación hidráulica costaba USD 11 millones, mientras que en 2014 había disminuido a USD 7,4 millones. En los mismos tiempos, los tiempos de perforación por pozo habían bajado de 43 a 24 días.

Sin embargo tenemos que reiterar que, a mediados de 2015, cuando se escribían estas líneas, existía un amplio consenso entre los operadores del *shale* y los funcionarios gubernamentales sobre el largo camino aún por recorrer para lograr niveles de rentabilidad sustentables. Los costos por pozo aún no alcanzaron el nivel de rentabilidad mínimo para recuperar los capitales invertidos, debido a que el aprendizaje laboral y la eficiencia logística aún tienen mucho para mejorar. Un alto ejecutivo de Chevron (empresa autora del Gráfico 56) lo expresaba así, en junio de 2015:

> El *shale* de Neuquén es un bebé de un año. Todavía usa pañales y toma del pecho de la mamá. En Estados Unidos tenemos una persona fuerte de treinta años, recibido en la universidad y con plena capacidad de trabajo. Neuquén hizo setecientos pozos *shale*, Estados Unidos más de cien mil. Pero el bebé está muy sano, bien cuidado y alimentado. Y crece rápido. Muchos quieren que Vaca Muerta produzca ya como Eagle Ford, que tiene muchos años de trabajo y miles de pozos. Imposible. Pero como van las cosas logrará producir tanto o más. Hay que tener paciencia y persistencia.

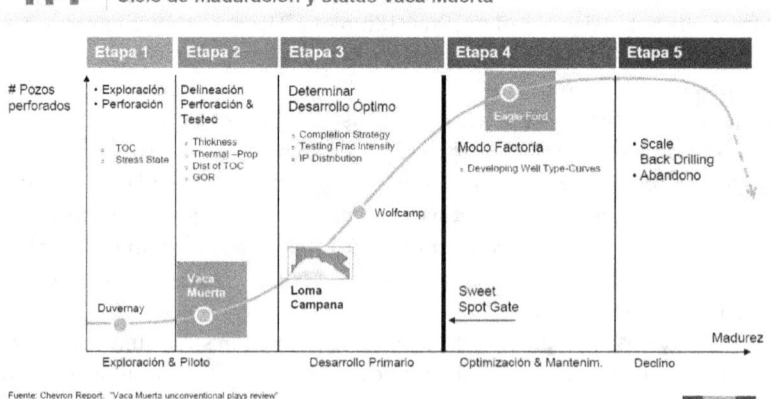

Gráfico 56

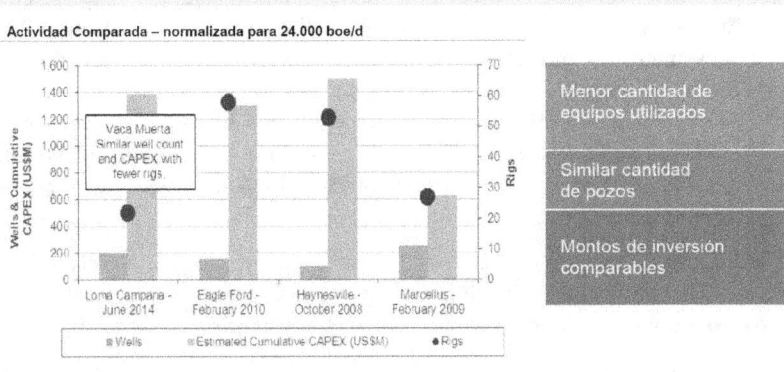

Gráfico 57

ii. La situación de las reservas P2 y P3 en Argentina

Ya vimos que el capital hidrocarburífero más importante que pueden tener países y empresas es constituido por las reservas comprobadas. Analicemos cómo está influyendo el incipiente proceso de Vaca Muerta en ese sentido. Los siguientes párrafos fueron extractados de un detallado informe publicado por el Instituto Argentino de la Energía (IAE) "General Mosconi" (2014), basado en datos de la Secretaría de Energía de la Nación:

> Las reservas comprobadas totales (petróleo + gas natural) eran, al 31 de diciembre de 2013, de aproximadamente 614 millones de TEP [toneladas equivalentes de Petróleo] (4,4 mil millones de bep). Las mismas se incrementaron 1,3 % entre 2012 y 2013, interrumpiendo la tendencia que se mantuvo durante el período 2000-2012, en el que acumuló una caída del 45 %. Al computar la producción, se obtiene una relación reservas/producción de 9,4 años. En 2002, este indicador arrojaba 12,3 años.
>
> Cabe destacar que, por su definición, el carácter de "comprobadas" asignado a las reservas está relacionado no solo con la factibilidad técnica de su producción, sino también con su *comercialidad*, es decir, con la viabilidad económica de la misma. Por esto, las variaciones en los precios de los hidrocarburos tendrán en muchos casos (y en particular en el caso de la producción no convencional y en el *off shore*) influencia directa sobre los volúmenes de reservas comprobadas, probables y posibles.

En cuanto al esfuerzo exploratorio, medido en cantidad de pozos de exploración terminados, de acuerdo a datos publicados por la Secretaría de Energía, se observa una recuperación en el último trienio respecto a los años anteriores, mostrando un incremento del 47 % respecto a la década comprendida entre 2000 y 2009. Sin embargo, el promedio anual de pozos de exploración terminados entre 2010 y 2013 es aún 29 % menor que el promedio de la década del 80 y 16 % menor que en la década del 90. En 2013 se terminaron 83 pozos de exploración, 15 % menos que los 98 pozos terminados en 2012.

El Cuadro 8 resume la gran cantidad de información que contiene el aludido informe. En cuanto a la evaluación del mismo, el siguiente artículo del diario *Río Negro*, publicado el 7 de enero de 2015, es elocuente:

Por Vaca Muerta, crecieron las reservas del país. Por primera vez en ocho años subieron 1,3 % en el 2013. YPF encabeza el podio gracias al trabajo en Loma Campana.

NEUQUÉN (AN). Las reservas nacionales de petróleo y gas se incrementaron un 1,3 % en 2013 y protagonizaron así la primera suba desde el 2006. La explicación de ese incremento tiene nombre y apellido: Vaca Muerta. La formación shale neuquina fue clave para el crecimiento del stock de hidrocarburos del país, un hecho clave para conseguir el mentando autoabastecimiento.

Con un año de retraso y de forma errática, la Secretaría de Energía publicó los datos de reservas correspondientes a 2013. Los datos fueron analizados por el Instituto Mosconi que preside Jorge Lapeña […]. En el trabajo, se destaca que las reservas comprobadas (es decir aquellas que son factibles de ser extraídas tanto en términos técnicos como económicos) alcanzarían para 9,4 años al ritmo de producción actual. Pese a la pequeña suba, aún se está lejos del indicador del año 2000, que era de más de 17.

Si bien en su conjunto el número muestra una suba, es el gas el que sostuvo los números positivos: al 31 de diciembre de 2013 (última fecha relevada) las reservas fueron un 4 % superiores al 2012. De todos modos, el país está aún lejos de recuperar el terreno perdido: desde 2002, se perdió un 51 % de ese stock, lo que explica en buena parte el déficit energético. En el caso del petróleo las reservas de 2013 registran una muy leve caída, apenas por del punto porcentual.

	2002	2012	2013	Variación 2002-2013 [%]	Variación 2012-2013 [%]
Reservas Comprobadas de gas natural [MMm³]	663.550	315.508	328.260	-51%	4,04%
Reservas Comprobadas de petróleo [Mm³]	448.476	374.289	370.374	-17%	-1,05%
Total [MMTEP]	1.075	607	615	-43%	1,28%

Cuadro 8

iii. Las poblaciones cercanas y el multiplicador petrolero

Según lo descripto hasta aquí, en algún tiempo la Argentina va a tener, con trabajo y planificación, gas y petróleo en abundancia, lo cual solucionaría el problema del desabastecimiento energético. De ser así, obviamente se favorecería todo el país; pero cabe preguntarse sobre las incidencias económicas en las comunidades directamente afectadas por las intensas actividades extractivas de los no convencionales, tanto las que están directamente vinculadas a la industria como las que se ven implicadas por la cercanía territorial.

Una aproximación pertinente es aportada por un estudio del Instituto Argentino del Petróleo y el Gas (2014), el que se basa en la Matriz de Insumos y Productos de Neuquén del año 2004 (Estadísticas y Censos, 2005), elaboración estadística y matemática que permite predecir las repercusiones de las inversiones en determinado sector productivo sobre el resto de la economía. Si bien el modelo fue realizado en 2005 con datos de 2004, las estructuras socioeconómicas provinciales y nacionales, en lo sustancial, se han mantenido, lo cual habilita a hacer inferencias. Los investigadores aplicaron la herramienta a un escenario con 1.000 pozos en Vaca Muerta, ejecutados por 124 equipos de perforación. Si miramos nuevamente el Gráfico 51, vemos que, coincidentemente, esa era la cifra de *rigs* que operaban a mediados de 2014 en todo el país. A principios de 2015, YPF tenía aproximadamente treinta equipos en tareas no convencionales en la Cuenca Neuquina, mientras que las demás empresas sumaban otros veinte. Asimismo, y como también vimos, para la misma época se habían ejecutado casi 700 pozos con estimulación hidráulica, pero solo la mitad eran de producción, el resto era de exploración. En resumen, el escenario ensayado por el estudio del IAPG implica llegar al triple de los esfuerzos de explotación alcanzados hasta mediados de 2015, lo que se puede estimar ocurriría antes de 2020.

El Gráfico 58 exhibe los parámetros con los que se operó el modelo, simulando durante un año distintas variables de las economías neuquina y argentina. Para lograr los mil pozos, los analistas plantearon una inversión de

13.000 millones de dólares. Cabe señalar que, en la realidad de Loma Campana, los costos de ejecución de los pozos de YPF habían alcanzado, en 2015, cifras similares a dicha estimación.

Aclaramos algunos conceptos utilizados en el esquema:

– Los *impactos económicos directos* son aquellos generados inmediatamente por las actividades de explotación no convencional. Los *indirectos* corresponden a la provisión de insumos y servicios a aquellas, mientras que los *inducidos* consisten en el "derrame" o multiplicación de los ingresos que los anteriores flujos producen en el resto de la economía.

– El *valor agregado* corresponde a la facturación neta (restada) de los insumos requeridos para lograr el *valor bruto* de dicha producción.

– También se muestran los incrementos que los 1.000 pozos provocarían en la recaudación impositiva provincial y en el empleo.

El Gráfico 59 expone los resultados luego de aplicar los parámetros señalados a la matriz de insumos y productos:

– La inversión de USD 13.000 millones generaría USD 17.000 millones de ingresos *por año*. No se dice por cuánto tiempo, pero sabemos que la vida útil de un pozo productivo no convencional puede llegar a veinte años.

– La demanda laboral generaría casi 60.000 puestos directos, indirectos e inducidos. Si se tiene en cuenta que en 2013 en Neuquén había aproximadamente 99.000 puestos de trabajo, se puede mensurar la magnitud del impacto en el empleo de la industria extractiva petrolera.

El mismo gráfico muestra que, por cada peso invertido en el sector, el giro económico multiplicaría por 1,4 el ingreso total de la población, mientras que en EE. UU. lo hace por 2,2. A la par, por cada puesto directo se crearían otros cuatro, factor similar al del país del norte.

El Gráfico 60 está construido en base al método comparativo, contrastando la realidad de Neuquén de 2013 con las estimaciones del estudio respecto del Producto Bruto, el empleo, la recaudación y los ingresos salariales. Los porcentajes se refieren a los posibles valores mínimos y máximos, mientras que los valores numéricos son un punto medio entre dichas presunciones.

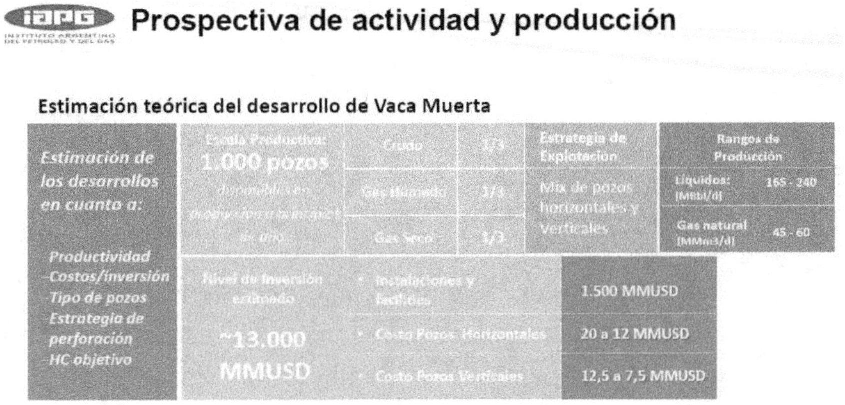

Prospectiva de actividad y producción

Estimación teórica del desarrollo de Vaca Muerta

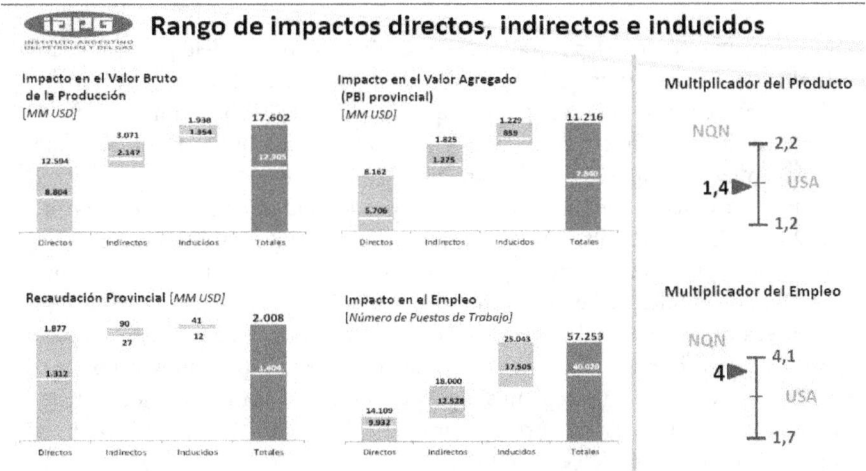

Gráfico 58

Rango de impactos directos, indirectos e inducidos

Gráfico 59

Gráfico 60

Comprobamos que los 1.000 pozos de la hipótesis del modelo prácticamente duplicarían la economía de Neuquén, pronóstico ciertamente muy optimista. Sin embargo, mi opinión es que dicha predicción está sobrevalorada, basándome en dos guarismos, verificados en la realidad, que muestran otro ritmo de crecimiento. Veamos:

El INDEC detectó, en 2013, 98.028 empleados en la provincia, mientras que en 2014 registró 106.969. Es decir, aproximadamente 9.000 personas más ocupadas. Cabe decir que no es poco: todo lo contrario, fue el incremento más alto, en porcentajes, del empleo en todo el país. Pero, a los efectos de evaluar la certeza del modelo del IAPG, se evidencia que la multiplicación del empleo resultó menor que la calculada por el mismo. Si para 1.000 nuevos pozos el salto sería de 57.000 puestos, un simple cálculo nos dice que 300 pozos deberían crear 17.000 puestos. O sea, los investigadores de IAPG sobrevaloraron el multiplicador del empleo en un 90 %.

Por su parte, según los presupuestos 2014 y 2015 del Estado provincial, la recaudación impositiva (deflacionada) creció en aproximadamente el 10 %. El pronóstico de IAPG de aumento de la recaudación para 1.000 pozos es del 55 %; dado que en 2014 se hicieron 300 pozos, la regla de tres simple nos dice que la percepción tendría que haber crecido un 16 %. Otra vez advertimos desviaciones por exceso, en este caso, del 60 %.

Si bien el modelo de IAPG necesita una corrección, la evidencia empírica de lo sucedido con el empleo y la recaudación provincial en los últimos dos años muestra que los impactos económicos de la explotación de Vaca Muerta son elevados.

Todos estos datos nos dan sosiego en cuanto al futuro de las economías argentina y neuquina: dadas las excelentes condiciones geológicas, el contexto sociotécnico, los avances en la captación de conocimientos y en la curva de aprendizajes, así como el creciente interés de inversores y empresas operadoras, surge con claridad que el proceso de desarrollo de Vaca Muerta es irreversible y, quizás no tan rápidamente como en EE. UU., paulatinamente tomará dimensiones nunca vistas en nuestro país.

Sin embargo, quedan por esclarecer las consecuencias sociales y ambientales del incipiente auge, las que serán tratadas a continuación.

V- No convencionales y medio ambiente:

¿Puede convivir el *fracking* con las formas productivas sustentables?

> *[...] afirmamos que la relación entre sismicidad y* fracking *está lejos de ser una hipótesis o una aseveración infundada.*
> *[...] en el norte de Texas, en la zona de explotación del Barnett Shale. Esta área geológicamente estable, está siendo sacudida ahora por terremotos.*
>
> (Maristella Svampa y Enrique Viale,
> *Diario Río Negro*, 09/10/2013

> *Afortunadamente, no hay registros históricos de grandes [...] terremotos inducidos en Texas. Allí existen miles de pozos inyectores, la vasta mayoría de los cuales no han producido sismicidad que haya sido registrada ni percibida. En los casos que fue detectada, no se produjeron daños serios.*
>
> Frohlich y otros, Universidad de Texas, 2011

1. Impacto y contaminación, ¿son sinónimos?

i. Evolución tecnológica, la fuente de todos las conmociones

A los efectos de poder brindar elementos a los lectores para evaluar las consecuencias ambientales y sociales del desarrollo de los no convencionales, haremos una introducción general sobre las formas en que la academia y las instituciones analizan y gestionan los impactos y contaminaciones causadas por las actividades productivas de los seres humanos. La literatura al respecto es enorme y al alcance de todo el mundo, por lo que aquí haremos una síntesis sin mencionar autores. La misma será breve, pero suficiente para poder canalizar los temas ambientales de este libro.

Tengo la convicción de que, para dar respuesta positiva a la controvertida hipótesis de que es posible el buen uso de las técnicas no convencionales de producción petrolera, al igual que todas las industrias desarrolladas por los hombres, no hay otro camino que el método científico. El mismo consiste, sucintamente, en plantear problemas o interrogantes acerca de un sistema o parte de un sistema material o social concreto, recolectar toda la información disponible sobre el mismo, disponer de un marco teórico para concebir los componentes y sus relaciones, efectuar hipótesis sobre su funcionamiento y sus impactos, y, finalmente, realizar los ensayos y pruebas empíricas para probar o refutar dichas conjeturas. Es en base a esos conocimientos que los agentes productivos y las autoridades de planificación y control pueden gestionar el cuidado del medio ambiente.

La Ecología es la ciencia que estudia el medio ambiente y los ecosistemas, proporcionando conocimientos aplicables a las prácticas y normativas para su cuidado y preservación. Su creciente importancia se debe al rápido crecimiento demográfico de la humanidad y al irrefrenable dispendio de artefactos y servicios cuyas materias primas proceden de la naturaleza. El aumento de la presión sobre el suelo, el subsuelo y la atmósfera no solo se debe a la explosión demográfica, pues también el consumo de productos artificiales por persona y por familia viene creciendo en consonancia con el mejoramiento de los estándares de vida en todo el mundo.

Como ya dijimos, el "ser" de los seres humanos es tecnológico. Por ello la Humanidad pudo capturar las energías y las potencialidades de las diversidades minerales y biológicas de la Tierra. Los impactos que causa son inherentes a la existencia misma de la especie, toda vez que al "apropiarse" de la naturaleza la transforman profundamente. No hay retorno para ello; el único camino viable hacia el futuro es mitigar los efectos gravosos de tales impactos, puesto que estos no se pueden evitar, para que sean lo menos perjudiciales posible, evitando la progresión de las contaminaciones y logrando que, a largo plazo, los recursos naturales no se agoten y no se deterioren nuestros ecosistemas.

Conviene definir algunos conceptos clave, empezando por precisar los contenidos de las nociones utilizadas, entre ellas las de medio ambiente, impacto, contaminación y sustentabilidad. El *medio ambiente* está conformado por *ecosistemas*, conjuntos articulados de elementos y procesos naturales y artificiales en donde se desarrolla la vida humana, animal y vegetal sobre la tierra. Por ejemplo, la Norpatagonia o la cuenca del río Amazonas. Los *impactos ambientales* constituyen las secuelas y los producidos de los sistemas medioambientales, provocados por la acción antrópica, siempre social y tecnológica. Toda tecnología genera distintos tipos de impactos, tanto positivos como negativos. Cuando la horda originaria logró domesticar animales y plantas, provocó las primeras alteraciones ambientales a gran escala. A la larga, los impactos de la agricultura y la ganadería cambiaron la faz de la tierra; hoy prácticamente no quedan zonas fértiles que no hayan sido transformadas por cultivos y monocultivos artificiales. Asimismo, caballos, vacunos, caprinos, gatos, perros y todos los animales domesticados no son los mismos hoy que cuando comenzamos a regimentarlos sesenta siglos atrás, porque nosotros, los dueños de sus vidas, seleccionamos y modificamos biológicamente las variedades que más nos convenían. Desde las prácticas y productos medicinales, pasando por las formas de producir energía y de transporte, las viviendas, las comunicaciones y hasta las maneras de hacer la guerra, hemos creado innovaciones que alteraron profundamente las formas de vida, los paisajes y los sistemas ecológicos. Quizás el "invento" que más ha incidido sobre la naturaleza es la ciudad y sus extensiones de carreteras, vías ferroviarias, represas hidroeléctricas y usinas atómicas. Las concentraciones urbanas, con la ocupación masiva del territorio, generan cambios sin retorno; también producen detritos, efluentes y contaminantes atmosféricos en volúmenes enormes. Los humanos somos predadores en gran escala y *no podremos dejar de serlo* si es que queremos seguir viviendo. Por ello la Ecología estudia cómo conseguir que nuestras industrias y formas de consumo alcancen dos cualidades difíciles de lograr: impactos no contaminantes y usos sustentables de la naturaleza.

Dicho lo cual necesitamos definir "contaminación" y "sustentabilidad". Ya sabemos que los procesos antrópicos no pueden ser inocuos, pues al ser tecnológicos necesariamente afectan a los recursos naturales. A todo lo que podemos aspirar con nuestras actividades es a *impactar lo menos posible* nuestro medio natural. Al no poder evitar las huellas sobre los ecosistemas, es necesario manejar los procesos productivos planificadamente, analizando en detalle los cambios que producirán y sus posibles efectos.

Podemos decir que la *contaminación* es el conjunto de impactos de los procesos antrópicos artificiales que no se corresponden con las estimaciones previstas, generando daños de forma accidental, por impericia, por negligencia o por falta de previsión. Ejemplos: descarga, en aguas superficiales, de residuos tóxicos sin tratar; implantación de monocultivos sin planificación de las consecuencias ambientales y sociales; construcción de grandes edificios e instalaciones productivas sin analizar los suministros de servicios y el tratamiento de los sólidos y líquidos de desperdicio; explotaciones mineras y petroleras sin estudios de impactos y compromisos de remediación, entre infinidad de situaciones bien conocidas. También se considera contaminación el uso excesivo de un recurso, al punto de perjudicar otros procesos vitales, tal como el agotamiento de fuentes de agua para uso minero o industrial en regiones de producción agrícola y ganadera.

En contraste, los impactos de los procesos sociotecnológicos programados, calculados y controlados (siempre que no se refieran a utilización de armas de destrucción masiva) *no constituyen contaminación*, pues son el resultado de la vida, de los procesos antrópicos y de las ansias de mejoramiento de los seres humanos. Las investigaciones científicas, basadas en conocimientos fundados y en las experiencias de miles y hasta millones de ocurrencias de los procesos estudiados, son capaces de determinar las probabilidades de los sucesos deseados y los no deseados. Veamos algunos ejemplos relevantes en otras temáticas conocidas:

– Los estudios de laboratorio, para determinar el estado de salud de una persona, se basan en estadísticas largamente verificadas. Así, cuando el valor del indicador de colesterol del paciente se ubica por encima de cierto rango, se sabe que existe alta probabilidad de que en el futuro sufra isquemia asociada a arteriosclerosis, la formación de placas en las venas que disminuyen el flujo sanguíneo, generado peligro de infartos.

– La electricidad y el gas domiciliarios son suministrados por instalaciones que poseen riesgos ciertos de fallas. Cada tanto se leen noticias sobre accidentes en los que dichos fluidos generaron situaciones lamentables, que van desde la intoxicación de personas hasta el derrumbe de edificios. Sin embargo, la experiencia tecnológica ha encontrado los adecuados procedimientos de fabricación, instalación y control para que las probabilidades de accidentes desciendan hasta una ínfima fracción, la que nunca es igual a cero. En el presente, la confiabilidad de dichas instalaciones es alta y la población no duda en utilizarlas. No existen casos de familias que se nieguen a utilizar esos adelantos de la civilización porque el peligro de accidentes no sea estrictamente nulo.

– En cambio, la posibilidad de accidentes viales con automotores es mucho más alta. Científicos y tecnólogos estudian métodos e innovaciones, tales como señalizaciones, semáforos, sensores, etcétera, para disminuir dicha probabilidad. Sin embargo, la misma sigue siendo alta, lo cual no obsta para que todo el mundo siga utilizando autos y camiones.

Ergo: impactos y contaminaciones o accidentes *no son sinónimos*, aunque las últimas son un subconjunto no deseado de las primeras, las que tienen mayor o menor riesgo probabilístico de ocurrencia, según los casos y las tecnologías. Corolario obvio: la humanidad busca, a través de la mejora continua de conocimientos y experiencias, aquellos impactos que le sean beneficiosos.

Por eso explota los hidrocarburos, la minería y la agricultura extensiva, pues impactan positivamente en el suministro de energía y de alimentos, a la par que trata de hacerlo sin contaminar, disminuyendo la probabilidad de fallas, aunque muchas veces no lo logre.

Es decir, hay impactos contaminantes y no contaminantes, o positivos y negativos, o controlados y descontrolados, o deseables e indeseables.

De ello se deriva que expresar, como suele hacerse, que "la extracción petrolera es indeseable porque impacta sobre el medio ambiente", es capcioso o, por lo menos, parcial, pues toda actividad humana tiene una repercusión significativa sobre el medio, en mayor o menor medida. En todo caso, se puede afirmar que esa industria tiene determinada probabilidad de contaminar, es decir, de generar impactos que excedan lo esperado y programado.

Además hay otra clasificación que hace a la producción y mantenimiento de las condiciones de existencia humana: los procesos sustentables y no sustentables. La *sustentabilidad* o sostenibilidad[77] de un sistema biológico, tecnológico o sociológico es la cualidad por la que este puede mantenerse o crecer en el tiempo sin deteriorar, contaminar o agotar los elementos y procesos internos que lo hacen funcionar, así como los externos que lo alimentan y que reciben sus producidos.

En general, se busca que las industrias extractivas y productivas sean sustentables. Una consigna sostenida por todos los credos políticos e ideológicos es "el desarrollo sustentable"; lo cual es correcto, pero hay que tener en cuenta que "sustentable" no es necesariamente igual a "no contaminante". Por ejemplo, la cría de animales productores de carnes, en especial los vacunos, es sostenible; sin embargo, su digestión genera emisiones de gases de efecto invernadero en gran escala, al punto que mueve la aguja del cambio climático. De manera parecida, la energía solar es claramente estable, puesto que su insumo es lo más perenne que pueda imaginarse a escala humana; pero para instalar potencias suficientes de manera de satisfacer las altas demandas de consumo eléctrico actuales, es necesario cubrir cientos y hasta miles de hectáreas, implicando una de las formas extremas de regiones sacrificadas por contaminación.

Pensando en los riesgos del *fracking*, nos interesa refutar la afirmación de que la explotación de los no convencionales lleva automática y fatalmente a

---

[77] Hay una discusión semántica sobre si "sostenible" es lo mismo que "sustentable". Me quedo con la opinión de que son sinónimos, ya que la Real Academia Española dice: "*Sustentable*.1. adj. Que se puede *sustentar* o defender con razones". A su vez: "*Sustentar*: [...]; 3. tr. *Sostener* algo para que no se caiga o se tuerza. [...] 4. Tr. Defender o *sostener* determinada opinión"; "*Sostenible*: 1. adj. Dicho de un proceso: Que puede mantenerse por sí mismo, como lo hace, p. ej., un desarrollo económico sin ayuda exterior ni merma de los recursos existentes" (las cursivas son nuestras).

la polución descontrolada. O, dicho de manera positiva, demostrar que si la multiplicidad tecnológica del *shale* y el *tight* fuera correctamente ejecutada, sin duda habrá impactos ambientales y sociales, pero nada que se parezca a contaminación generalizada e irremediable, y mucho menos a regiones inmoladas en honor de la renta petrolera. Inversamente, corroborar que se puede practicar apropiadamente el *fracking* no implica, a la vez, que no pueda hacerse mal, tanto desaprensivamente por parte de las operadoras como sin controles adecuados por parte de los auditores externos, en cuyos casos, con toda probabilidad, surgirán consecuencias lamentables.

ii. La gestión del desarrollo sustentable

El desarrollo socioeconómico con sustentabilidad social y ambiental es una problemática multidisciplinaria de gran trascendencia y complejidad, que no corresponde tratar aquí. La teoría y la práctica de la política son las encargadas de resolver (o no) esa cuestión central para el futuro de países y comunidades. Cualesquiera sean las estrategias que adopten las naciones, y, en particular, la nuestra, no hay dudas de que en las próximas décadas y, casi con seguridad, centurias, los hidrocarburos, los materiales nucleares y el carbón seguirán siendo los principales insumos energéticos, con predominio indudable del gas, dada su mayor disponibilidad, menores costos de extracción por unidad energética y menor tasa de impacto ambiental respecto de las demás formas fósiles. Los problemas radican, claro está, en los efectos ambientales y en la no sostenibilidad a largo plazo del petróleo y el gas. Hay un amplio consenso global, que incluye tanto a la mayoría de los países como a las concepciones teóricas y políticas más difundidas (las que van desde el libre mercado sin intervención del Estado hasta el socialismo más estatista), respecto a que las formas no sustentables de energía *deberían viabilizar y financiar* en el mediano plazo el desarrollo a largo plazo de las formas sustentables. Si la humanidad se encaminara en una estrategia global hacia esa visión, los tiempos que transcurren con el uso preponderante de combustibles fósiles deberían constituir el lapso preparatorio de un futuro más sustentable y menos contaminante. Los Protocolos de Kyoto, de la Convención Marco Sobre Cambio Climático de la ONU, son un intento en ese sentido, aunque insuficiente, no solo porque no ha sido adoptado por todos los países, sino porque muchos de los que dicen cumplirlo realmente no lo hacen.

Mientras esperamos que el mundo, y nuestro país, se encamine decididamente en esas direcciones, es un imperativo social y moral tratar de que el uso intensivo de los recursos de nuestras cuencas sedimentarias sea lo menos impactante posible. Ello requiere políticas estatales claramente expuestas y firmemente ejecutadas respecto de la detección y prevención de los peligros de las actividades extractivas, dentro de estrategias que abarquen a las empresas y a las comunidades involucradas.

La mencionada Ley Nº 27007, que modifica la normativa para la explotación de los hidrocarburos, contiene los criterios básicos para proteger el medio ambiente de los impactos de las explotaciones no convencionales. Por su parte, la provincia del Neuquén se encuentra en un proceso de incorporación de leyes y reglamentaciones cada vez más detalladas, en función de los antecedentes legales de EE. UU. y Europa, así como de la propia experiencia. A la par de la descripción de los procesos generadores de impactos por parte de los no convencionales, comentaremos los principales aspectos de esas normas provinciales y nacionales.

Al igual que todo proyecto industrial, de extracción minera o de construcción de infraestructuras y edificios, los concesionarios deben efectuar obligatoriamente un *estudio de impactos ambientales* por cada pozo e instalaciones que se propongan realizar. De dicha evaluación debe surgir una *declaración de impactos ambientales* que incluya los efectos sobre el aire, los acuíferos, el terreno, la flora, la fauna, las personas y las comunidades, así como las medidas de prevención y mitigación. Todo ello en función de exigencias y protocolos claramente establecidos. Tales antecedentes deben ser evaluados (y aprobados o rechazados) por la autoridad competente, que en el caso de Neuquén es la Secretaría de Medio Ambiente, la que también tendrá que verificar, durante todo el desarrollo del proyecto, el cumplimiento de las actividades preventivas y correctivas.

Un hito primordial en los estudios medioambientales es la determinación de la *línea de base* de los espacios impactados. Se trata de la determinación y descripción de las principales características del área de influencia de cada nueva actividad, *antes* del comienzo de la misma. Dado que las explotaciones modificarán dichas condiciones, los datos de la línea de base permitirán planificar las acciones para evitar secuelas no deseables, así como programar las remediaciones, compensaciones y mejoramientos ambientales de las consecuencias inevitables. Para ello es necesario incluir, como mínimo, la caracterización del clima, la geología, los suelos, los cursos y espejos de agua. También los niveles de ruido, la luminosidad, los campos electromagnéticos, la actividad sísmica natural, la calidad del aire, las características del paisaje y todo elemento de la naturaleza presente en el funcionamiento del ecosistema. Obviamente, la línea de base ambiental deberá determinar cuidadosamente la biota, es decir, la biodiversidad de plantas, animales y organismos presentes en el área de influencia de los futuros impactos.

En los estudios ambientales es sustancial la *línea de base ambiental del medio humano*, entendiendo por tal todo lo relacionado a datos demográficos, antropológicos, sociológicos y de patrimonios culturales, arqueológicos y económicos. También el equipamiento social, obras de infraestructura, industrias y todo dato sobre el funcionamiento de las comunidades cercanas.

La profusa y articulada información de las líneas de base permite a los planificadores, ejecutores y controladores de las actividades impactantes llevar adelante los procesos extractivos y productivos con el menor daño y el mayor beneficio posibles. No se trata solo de evitar contaminaciones y de remediar daños, sino que la responsabilidad debe, además, incluir la incorporación de nuevos valores ambientales a partir de las actividades bajo inspección. De tal manera, la planificación medioambiental debería cubrir tres etapas:

– *Mitigación de los impactos* imposibles de evitar (v. gr., superficies afectadas por las locaciones petroleras, emisiones de gases, uso de agua fresca) y *prevención* de aquellos que pudieran ocurrir por accidentes (v. gr., derrames petroleros, emisiones fuera de control, explosiones).

– *Remediación* de los daños causados (v. gr., reposición de la vegetación luego de los retiros de los equipos en las locaciones petroleras) o *compensación* o *sustitución* por las pérdidas de valores ambientales cuando no es posible reconstruir la situación anterior (v. gr., obras de interés público en resarcimiento por explotaciones mineras a cielo abierto, forestaciones en localizaciones distintas, provisión de infraestructuras a comunidades afectadas).

– Superación del *balance ambiental cero*, es decir, del cumplimiento de la mínima responsabilidad social que significaría satisfacer los puntos anteriores. Es deseable que la industria extractiva colabore con *aportes que incrementen el capital natural del área donde operen*, dejando beneficios ambientales positivos en la región alterada. Por ejemplo: forestaciones, obras de riego o infraestructuras. Dicho balance ambiental positivo no es actualmente obligatorio, según la normativa vigente, pero bien puede ser introducido en las especificaciones de las licitaciones y concesiones.

Todo pozo, gasoducto, instalación de separación y tratamiento de hidrocarburos obrará de distinta manera sobre el medio ambiente, dadas las particulares condiciones sociales y ambientales de cada caso. Sin embargo, se pueden clasificar las temáticas comunes a la generalidad de los proyectos no convencionales, las que constituyen las preocupaciones que se debaten en los foros ambientales, las legislaturas y los medios de comunicación. Pasamos a explorar esas densidades ecológicas y conceptuales.

2. Impactos no convencionales

i. Los peligros del fracking *(1): contaminación de acuíferos por gases y químicos*

En su página web, la Fundación Ecosur (2013) informa:

Aguas superficiales y subterráneas: la extracción de gas *shale* genera cantidades de residuos líquidos durante la perforación y fractura, que contienen químicos disueltos y otros productos de la disolución de la roca que requieren importantes tratamientos antes de su desecho. No hay garantía de que esos líquidos permanezcan confinados y no se comuniquen con el agua de consumo (lo que ha pasado en Estados Unidos, donde se contaminaron napas).

Por su parte, el IAPG (2013) describe de manera distinta:

¿La estimulación hidráulica puede contaminar los acuíferos de agua potable?
Toda vez que se perfora un pozo [...], se atraviesan, si los hubiera, los acuíferos cercanos a la superficie, que son los que generalmente se utilizan para obtener agua potable. Esta agua subterránea se protege durante la perforación por medio de una combinación de un encamisado de acero protector y cemento, lo cual constituye una práctica muy consolidada. Una vez terminado el encamisado y fraguado el cemento, se corren por dentro de la tubería unos perfiles[78] que permiten visualizar si hay alguna falla de hermeticidad en el pozo. De haberla, es reparada. Solo una vez que se ha comprobado fehacientemente la hermeticidad de la cañería (encamisado) se procede a realizar el resto de los trabajos en el pozo, entre ellos la continuación de la perforación a las profundidades en las que se encuentran los hidrocarburos. Una vez alcanzada dicha profundidad, se vuelve a entubar y cementar el pozo. Finalizado el entubamiento y nuevamente comprobada la hermeticidad del pozo respecto de sus paredes, se procede a inyectar agua y arena a presión; es decir, a la estimulación hidráulica. Las muy raras excepciones en las que el agua subterránea se vio afectada fueron debido a instalaciones defectuosas del encamisado protector, no a las fisuras en la roca generadora producidas por la estimulación hidráulica. Estas situaciones se resolvieron de inmediato, sin ningún impacto significativo.

[...] ¿Son perjudiciales para el medio ambiente las aguas residuales que se generan por la explotación de recursos no convencionales?

---

[78] "Correr un perfil" se refiere a las operaciones para tomar la información de los sensores que se introducen en los pozos mediante *wire lines*, cables para trasmitir los datos.

Al finalizar la operación, la porción del fluido de estimulación hidráulica que retorna a la superficie es tratada. Luego, es posible utilizar el agua en recuperación secundaria de hidrocarburos convencionales, en nuevas estimulaciones hidráulicas o puede ser inyectada en pozos sumideros, a las profundidades necesarias para asegurar su confinamiento, y siempre según las regulaciones vigentes. Por lo tanto, no existe daño para el medio ambiente.

El Gráfico 61 (IAPG, 2014) ilustra lo dicho en relación con el *casing*.

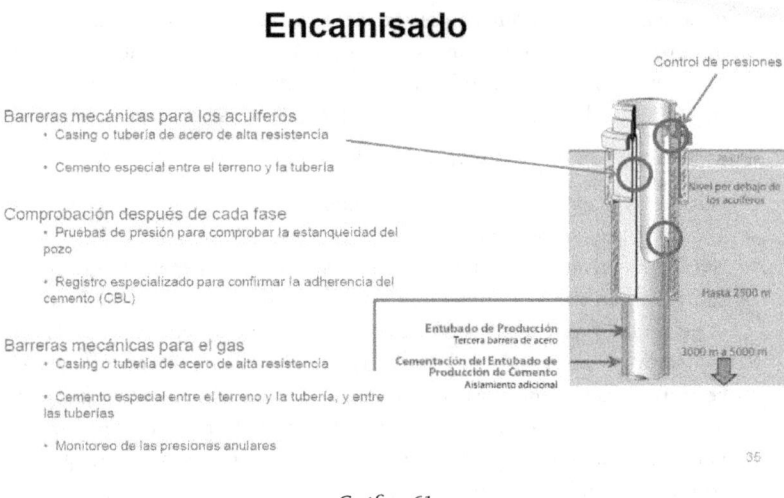

Gráfico 61

Respecto de los químicos, ya anticipamos información sobre los mismos cuando describimos las operaciones de *fracking*. Agregamos un comentario de IAPG (2013) para completar la información:

> Los fluidos de estimulación hidráulica, por lo general, están compuestos por un 99,5 % de agua y arena, y un 0,5 % de productos químicos. Es habitual que cualquier rama de la industria requiera de la utilización de químicos específicos, para distintas funciones. En el caso de la estimulación hidráulica para extraer hidrocarburos de reservorios no convencionales, el fluido contiene entre 3 y 12 aditivos, dependiendo de las características del agua y de la formación que se fractura. Se trata de inhibidores de crecimiento bacteriano (que impiden que proliferen las bacterias dentro del pozo); gelificantes (permiten que el fluido adquiera consistencia de gel); y reductores de fricción (para que el fluido fluya más eficientemente por dentro del pozo), entre otros.

La mayoría de dichos aditivos está presente en aplicaciones comerciales y hogareñas, en general, en concentraciones varias veces más elevadas que en los fluidos de estimulación. Algunos de ellos pueden resultar tóxicos utilizados en altas concentraciones o ante exposiciones prolongadas. Es por eso que en ninguna fase del proceso el fluido de estimulación hidráulica entra en contacto con el medio ambiente.

¿Quién tiene razón? ¿Ecosur y los ambientalistas *antifracking*, o IAPG y las empresas y gobiernos productivistas? Mi opinión es que con las tecnologías existentes se pueden calcular los riesgos científicos[79] de dichas actividades y, a partir de allí, limitar los impactos de gases y químicos. Esos y todos los procesos peligrosos involucrados en la explotación petrolera pueden ser controlados si se poseen los datos de las líneas de base en las áreas de explotación; es decir, de las condiciones ambientales antes de comenzar los trabajos. En la etapa preventiva, los organismos de control deben verificar que las técnicas, los equipos y los insumos químicos utilizados sean los adecuados de acuerdo al estado del arte. Y durante las operaciones, deben realizarse y regular sistemáticamente las mediciones adecuadas para constatar los posibles cambios de los parámetros sensibles en el aire, la tierra y el agua. De detectarse valores fuera de lo admitido, habrá que tomar medidas, las que pueden ir desde la reparación o cambio de los equipos hasta la cancelación de las concesiones.

Ahora bien; ¿qué está pasando con los acuíferos en la realidad de las operaciones masivas? El estudio más profundo al respecto fue encargado en 2010 por el Congreso de EE. UU. a la *Environmental Protection Agency* (EPA), ente de indubitable autoridad y credibilidad, el cual se tomó bastante tiempo para llegar a conclusiones fundamentadas. Las mismas fueron informadas, aún a nivel de borrador, en junio de 2015. Transcribimos, traducción propia mediante, parte de lo que expresa dicho informe:

[79] El riesgo, desde el abordaje de la ciencia y la tecnología, puede ser objetivado. A partir del conocimiento sobre el funcionamiento y (suficientes) datos empíricos de un sistema, los investigadores pueden calcular la *probabilidad de fallo* del mismo. La frecuencia del encendido (o no) de una lamparita eléctrica, la posibilidad de que falle un artefacto electrónico de encendido de motores a explosión, la tasa de ocurrencia de escapes de fluidos por un *casing*, la posibilidad de que las colas para la atención en los bancos superen cierto límite, la eventualidad de errores humanos en los controles de vuelo en los aeropuertos, para todo sistema sociotecnológico, con suficientes datos acumulados, es posible determinar la probabilidad de fracaso, falla o accidente. Por supuesto, el riesgo subjetivo que eventualmente pueda sentir cada persona ante esos u otros procesos es totalmente distinto y hasta opuesto: por ejemplo, la probabilidad tecnológica de falla de las usinas atómicas (bien mantenidas) es bajísima; sin embargo, la sensación de mucha gente al respecto es de alto riesgo. Inversamente, la probabilidad de adquirir enfermedades por la aspiración de tabacos es muy grande; no obstante, hay millones de fumadores que creen que no les va a suceder nada grave en el futuro.

> Evaluación de los impactos potenciales de las fracturas hidráulicas para petróleo y gas en fuentes de agua potable. Resumen Ejecutivo.
>
> Oficina de Investigación y Desarrollo. Washington D.C.
>
> **Principales hallazgos [Pág. 6].**
>
> De nuestra evaluación se concluye que, sobre y bajo la superficie, las fracturas hidráulicas generan mecanismos que tienen la potencialidad de impactar a los recursos de agua potable. Estos mecanismos incluyen:
> - Captaciones de agua en épocas o áreas de baja disponibilidad de la misma.
> - Derrames de fluidos de fracturas hidráulicas y de aguas de reflujo.
> - Fracturas directas sobre recursos subterráneos de agua potable.
> - Migración de líquidos y gases hacia el subsuelo.
> - Descarga y tratamiento inadecuado de aguas residuales.
>
> *No se encontró evidencia de que estos mecanismos se hayan generalizado, ni hayan producido impactos sistémicos* sobre los recursos de agua potable en los Estados Unidos. Hemos hallado *casos concretos de ocurrencia* de tales potenciales mecanismos aquí identificados, en los que uno o más de ellos condujeron a impactos sobre los recursos de agua potable, incluyendo la contaminación de pozos de agua potable. El número de casos identificados, sin embargo, fue pequeño (*rarity of effects*) comparado con el número de pozos ejecutados con fractura hidráulica. Esto podría reflejar la baja ocurrencia de tales peligros sobre los acuíferos, pero también podrían deberse a otro tipo de factores (EPA, 2015, cursivas nuestras).

Algunos voceros *antifracking* interpretan lo siguiente: "El largamente esperado estudio de la EPA (agencia ambiental del gobierno de EE. UU.) dice que el *fracking* contamina al agua potable".[80] La frase es una muestra de lo fácil que es sacar fuera de contexto determinados enunciados; en este caso, los que señalan la existencia de mecanismos potencialmente peligrosos y "casos concretos de ocurrencia" de los mismos. Ningún ingeniero o científico negaría la existencia de impactos y la posibilidad de contaminaciones; todo lo contrario: ellos son conscientes, por formación y convicción, de que la *única manera de evitar los peligros es reconocerlos y conocerlos*. De cualquier manera, la lectura atenta del informe no deja lugar a dudas: como toda actividad industrial, la estimulación hidráulica conlleva riesgos bien determinados científicamente; sin embargo, en esta sensible temática los mismos han sido controlados y, más allá de ocurrencias esporádicas, se mantienen en un nivel de virtual potencialidad.

[80] *Blog no oficial* (2015). "El largamente esperado estudio de la EPA (Agencia Ambiental del Gobierno de EE. UU) dice que el fracking contamina al agua potable". 6 de junio. https://blognooficial.wordpress.com/ [Acesso 15 de junio de 2015].

Dicho más brevemente: en EE. UU., donde se han efectuado cientos de miles de pozos con *fracking*, los acuíferos gozan de buena salud.

ii. *Los peligros del* fracking *(2): elevado consumo de agua fresca*

Greenpeace España (2012) afirma:

> El proceso de fractura hidráulica consume enormes cantidades de agua. Se ha calculado que se requieren entre 9.000 y 29.000 metros cúbicos de agua para las operaciones de un solo pozo. Esto podría causar problemas con la sostenibilidad de los recursos hídricos incluso en países de clima templado, y aumentar la presión del consumo de suministros en las zonas más áridas.

Podemos hacer el cálculo de los volúmenes que se consumirán de los acuíferos superficiales. En Loma Campana YPF, según información suministrada por directivos de la empresa, durante el proceso de exploración se utilizaron hasta 15.000 m^3 por pozo. Ya en producción cada pozo demanda, en promedio, 7.500 m^3, pero dado que se reutiliza toda el agua de retorno, se toman del río Neuquén 5.000 m^3 por pozo. Dicha información fue corroborada en el Ministerio de Energía y Servicios Públicos, ente que otorga los permisos de captación desde los cursos habilitados. Sin embargo, para el cálculo que sigue, adoptaremos el valor de 9.000 m^3 por pozo, que coincide con el valor mínimo suministrado por Greenpeace, ya que la mayoría de las empresas se encuentran en fase de exploración o piloto, con lo que usan más agua que YPF. Tampoco consideraremos, para mayor margen de seguridad, que los pozos *tight* consumen menos agua que los *shale*.

Según los planes que vimos, se espera que en pocos años más se efectúen no menos de 1.500 pozos por año. Ello arroja la cifra de 13,5 millones de m^3 (9.000 x 1.500) de extracción de agua fresca por año, cifra que denotamos con una *C*.

El río Neuquén posee un caudal promedio de 350 m^3/seg., lo que multiplicamos por 31,5 millones de segundos. Ello arroja que por año circulará por el cauce aproximadamente un volumen (*V*) de 11.000 millones de m^3. Es decir:

– Consumo por año de agua fresca con altos niveles de producción: *C* = 13.500.000 m^3.

– Volumen de agua que fluye por el río Neuquén en un año: *V* = 11.000.000.000 m^3.

– Dividiendo *C* sobre *V*, resulta poco más de 0,0012, que equivale al 12 %.

Es decir que el *fracking*, cuando la producción alcance el nivel necesario para recuperar el autoabastecimiento nacional, consumirá *no más del 0,12 %* del agua que circula por el río Neuquén.

En realidad, el consumo será menor porque muchos proyectos tomarán también agua desde los demás ríos regionales: Limay, Colorado y Negro. Lo cual nos lleva a afirmar que lo que requerirá la estimulación hidráulica es *menos de la décima parte del 1 % de los cauces regionales*, un valor tan bajo que es despreciable frente a los cambios en los niveles de lluvias y nieves que alimentan a los ríos. Ello no solo refuta las afirmaciones de los grupos *antifracking*, sino que pone en crisis sus métodos de razonamiento, cualesquiera estos fueran. Sería interesante escuchar de parte de ellos algún razonamiento, según su estilo, que pretendiera contradecir dichos cálculos.

Es necesario consignar que el decreto Nº 1483 del año 2012, de la provincia del Neuquén, por el que se aprobaron las "Normas y Procedimientos para Exploración y Explotación de Reservorios No Convencionales", en su artículo noveno *prohíbe* la captación para fracturas, desde fuentes subterráneas, de aguas aptas para consumo humano y para riego. Y, por otra parte, *habilita* a utilizar agua de fuentes superficiales (ríos y lagos) y subterráneas no aptas para uso humano. De tal manera se protegen napas y aguadas, las que, especialmente en zonas áridas, son esenciales para la población y la producción rurales.

Indudablemente, como expresa Greenpeace, 9.000 m^3 por pozo, multiplicados por 1.500 operaciones múltiples de fractura, es muchísima agua, pero comparada con el caudal de un río de mediano porte como el Neuquén o el Limay (el caudal promedio de este río es de 700 m^3/seg.), no mueve la aguja del medio ambiente.

Apuntemos que las demás actividades antrópicas requieren menos del 1 % del caudal del río Neuquén para consumo de familias e industrias y casi el 15 % para riego de parcelas productivas. Más aún: cuando el caudal toma su valor mínimo, 100 m^3/seg., la agricultura se lleva más del 50 % del caudal, según la fuente antes aludida. Información que echa por tierra los argumentos del imaginario ultrambientalista: si hay una forma productiva que conlleva un sacrificio de las fuentes acuíferas en la cuenca del río Neuquén, se trata de la agricultura, *no del petróleo*.

Se seguirá polemizando sobre el tema, pero estos cálculos no dejan lugar a dudas: la explotación de los hidrocarburos de la Cuenca Neuquina mediante estimulación hidráulica no pondrá en riesgo los demás usos sociales del agua.

iii. Los peligros del fracking *(3):* flowbacks *o líquidos de retorno de las fracturas*

Cuando se retira la presión de fractura, según ya describimos, gran parte del agua con la cual se ejerció la presión retorna a la superficie. Según los casos, dicho *flowback* alcanza del 10 al 50 % del volumen inicialmente introducido. Se trata de un fluido altamente contaminado (recordar el Cuadro 4) con restos de los químicos de fractura y sales, metales y, eventualmente, bacterias y sustancias NORM (*Naturaly Ocurring Radioactive Materials*).

Con el recientemente mencionado decreto N° 1483 del año 2012, la provincia del Neuquén impuso las normas que rigen el tratamiento de los líquidos de retorno. Las mismas establecen que:

– Los *flowbacks* solo pueden ser depositados, previamente a su tratamiento, en tanques metálicos especiales. De ninguna manera pueden tocar el suelo, incluso en fosas provistas con capas aislantes.

– *Todos* los fluidos producidos en boca de pozo luego de las fracturas debe ser tratados, *sin excepciones*, incluyendo los que se decidiera enviar a pozos sumideros. Estos últimos son pozos abandonados que pueden ser utilizados para inyectar y almacenar distintos fluidos de desecho.

– Los líquidos así tratados no pueden ser vertidos en ríos y lagos, aun cuando la purificación haya alcanzado los niveles de inocuidad exigidos para el agua potable.

– Tampoco pueden ser utilizados para consumo humano.

– Los usos permitidos para los *flowbacks* recuperados son los siguientes:

a) Reutilización para fracturas. Es el uso más frecuente en la práctica, dado que permite bajar costos de tratamiento y también de logística, al ahorrar la adquisición y el transporte de los volúmenes de agua fresca que reemplaza.

b) Agua para riego, solo si el tratamiento alcanzó parámetros adecuados para tal aplicación. Y esta no es una condición menor, ya que las normas establecen parámetros máximos para determinados elementos que se encuentran en las aguas de salida de las perforaciones y las fracturas, tales como sales, iones, metales, materiales orgánicos, etcétera, todos los cuales deben ser medidos antes y después del procesamiento en los purificadores, garantizando la neutralización del agua sobre los cuerpos receptores.

c) Remisión a pozos sumideros, como ya hemos explicado.

Las técnicas de tratamiento de los fluidos de marras son variadas y su aplicación depende de las características fisicoquímicas de aquellos. Invariablemente se deben combinar varios métodos para lograr los resultados deseados. Listamos algunos de ellos:

– Separadores API (*American Petroleum Institute*) de sólidos disueltos (TDS, recordar el Cuadro 4).
– Flotación de gas disuelto.
– Carbón activado.
– Oxidación y precipitación químicas.
– Distintos procesos biológicos para inhibir bacterias.
– Intercambio iónico.
– Ósmosis reversa.
– Evaporación.
– Acidificación.
– Tratamientos para materiales radiactivos NORM.

Y varios más. Para lograr aguas aptas para fracturamientos a partir del *flowback*, se requieren menos exigencias que en caso de destinarlas para riego: poco más que una separación y algún tratamiento complementario para bacterias y químicos

La Secretaría de Medio Ambiente de la provincia del Neuquén es el ente encargado de hacer cumplir las referidas normas y procedimientos. Según afirman las autoridades, dada la claridad y el rigor de las mismas, si se aplican adecuadamente los controles, no tendría que haber problemas de contaminación ambiental con los *flowbacks*. ¿Será así? Ambientalistas incrédulos de Neuquén afirman que no, que las operadoras ocultan información; que debido a que los costos de tratamiento son altos, las empresas hacen lo posible por reducirlos; que dicho ente no tiene los medios adecuados y tampoco la voluntad de controlar; que aunque se realicen algunos tratamientos, el agua quedará nunca suficientemente limpia; que los efectos contaminantes serán evidentes en el largo plazo, y por el estilo.

¿Sostenibilidad o desastre? Solo el tiempo dirá cuál de ambas profecías resultará la acertada.

iv. *Los peligros del* fracking *(4): emisión de gases de efecto invernadero*

El antes mencionado documento de Greenpeace España asevera:

> Emisiones de gases de efecto invernadero (GEI): Es crucial conocer y cuantificar las fugas de metano a la atmósfera, [pues se] cuestiona ya a la industria del *fracking* que asegura que son inferiores al 2 %. Sin embargo, un reciente estudio de la NOAA (*National Oceanic and Atmospheric Administration*) y de la Universidad de Colorado, en Boulder, determina que en el área conocida como la cuenca Denver-Julesburg (EE. UU.) las fugas son del 4 %, sin incluir las pérdidas adicionales en el sistema de tuberías y distribución. Esto es más

del doble de lo anunciado. Cabe recordar que el metano tiene una capacidad como gas de efecto invernadero 25 veces superior al dióxido de carbono.

Esa es una de muchas comunicaciones que han causado alarma a nivel global. Sin embargo, no hay consenso al respecto; veamos si no el estudio publicado por la *National Academy of Sciences* de EE. UU., realizado por Allen y otros (2013), de la Universidad de Texas, y promovido por la *Environmental Defense Fund (EDF)*.[81]

> El presente es un informe sobre las medidas de emisiones de metano realizadas directamente en 190 sitios de producción de gas natural, ubicados en territorio continental de los Estados Unidos (150 sitios de producción [con 498 pozos realizados con fractura hidráulica],[82] 27 *flowbacks* producidos durante los trabajos de terminación, 9 pozos en los que se descargaron volúmenes de agua que impedían la producción y 4 operaciones de terminación. En las operaciones de *flowbacks* y de terminación, realizadas para quitar los líquidos de los pozos fracturados y así permitir la producción de gas, el rango de emisiones fue de 0.01 Mg[83] a 17 Mg (promedio de 1,7 Mg y 95 % de confiabilidad de límites entre 0,67 y 3,3 Mg). Compárese con el promedio de 81 Mg por evento registrado en 2011, en el inventario nacional de emisiones de la EPA [*Environmental Protection Agency*].[84] Las fuentes de emisión constituidas por bombas neumáticas y controladores, así como las pérdidas en los equipos, fueron comparables o mayores que las correspondientes del inventario nacional. En conjunto, si todas las fuentes de emisión registradas fueran asumidas como representativas, para así poder proyectarlas a todo el país, las emisiones totales por dichas categorías alcanzarían 957 Gg,[85] mientras que la estimación de la EPA para tales fuentes es de aproximadamente 1.200 Gg.

---

[81] La traducción es propia y el trabajo completo puede leerse en la dirección electrónica indicada en la bibliografía

[82] Según se indica en otra parte del informe.

[83] Mg: mega gramo, equivalente a 100.000 gr o 1.000 kg o, más simplemente, a una tonelada.

[84] Es interesante señalar que el informe aclara, en un capítulo específico, las razones por las que las emisiones debidas a los *flowbacks* resultaron mucho más bajas en los pozos estudiados que en el promedio del país. En aquellos existían regulaciones más estrictas y además se enviaban los gases a los separadores y no se los venteaba. Ello muestra que, como casi siempre, la causa de la diferencia entre grandes y pequeños impactos reside en la adecuada aplicación de las normas y los procedimientos.

[85] Gg: giga gramo, equivalente a un millón de kg o mil toneladas.

El informe relata una realidad: en EE. UU. existe un eficiente control, dentro de los límites admisibles, de las emisiones de gases de la producción no convencional. ¿A quién creerle? ¿Al reporte de la Universidad de Colorado o al de Texas? Nótese que esta última investigación tomó muestras de casi 500 pozos, usó datos de la Agencia de Protección Ambiental de EE. UU.; y fue apoyada por la Academia Nacional de Ciencias de esa nación y por una reputada fundación ambientalista.

Respecto de la emisión de gases de efecto invernadero en general, leamos la siguiente información, extraída del portal www.terra.org, de la Fundación Tierra (2012):

> **La amenaza de la dieta proteica**
>
> Comer carne no es bueno ni para la salud de las personas ni para la del planeta. El consumo de carne debería recortarse en un 50 % para frenar la desforestación para cultivar forrajes y detener las crecientes emisiones de gases de efecto invernadero generadas en el sector ganadero. Estudios recientes demuestran que un 18 % de las emisiones de gases relacionados con el calentamiento global proceden del sector ganadero.
>
> El ganado ocupa una tercera parte de la superficie total del planeta, utiliza más de dos terceras partes de sus terrenos agrícolas y vive en casi todos los países. El número de reses de cuatro patas que habita la Tierra ha aumentado un 38 % desde el 1961; en este momento se contabilizan más de 4.300 millones de individuos.

Esos datos permiten una comparación similar a la que realizamos con el consumo de agua de las estimulaciones hidráulicas y de la agricultura en Neuquén. En el caso de la difusión de gases desde las explotaciones no convencionales, si bien no son pocas, se encuentran dentro de parámetros que no causan preocupación a las autoridades de control de EE. UU., como vimos. En contraste, la ganadería no solo es la actividad que ocupa y sacrifica la mayor superficie agrícola y forestal en nuestro planeta, sino que también es fuente de deterioro de la biósfera por las emisiones que produce. Ante las evidencias, parece un despropósito enfocarse solo en los peligros del *fracking* y descuidar los que ocasionan los rumiantes. Afortunadamente, no todos los ambientalistas han perdido el foco, como lo demuestra la Fundación Tierra.

v. *Los peligros del* fracking *(5): ¿sismo es igual a terremoto?*

La *sismicidad inducida* por el *fracking* es una de las preocupaciones más difundidas sobre el tema que nos ocupa. Por ejemplo, el diario *Clarín*, de Buenos Aires, publicó el 6 de enero de 2015 un artículo titulado "Confirman que el *fracking* causó un terremoto en Ohio". El mismo expresa:

[…] científicos analizaron un sismo ocurrido en marzo de 2014 en Poland, en el estado de Ohio, y llegaron a la conclusión de que su causa fue la fracturación hidráulica, informan ahora en el Boletín de la Sociedad Sismológica Americana (BSSA).

"El terremoto fue uno de los más fuertes que ha sido vinculado en Estados Unidos con el polémico método de extracción. Los sismos en la comunidad de Poland se produjeron en una capa de roca muy antigua, precámbrica, en la que ya había probablemente muchas fallas sísmicas", señala uno de los autores, Robert Skoumal, de la Universidad de Miami en Oxford (Ohio), en un texto que acompaña el artículo de la Sociedad Sismológica.

"Esta actividad de perforación no ha causado ninguna nueva falla, sino que activó una existente y hasta entonces desconocida. Por eso es importante que en el futuro la industria, los científicos y los gobiernos colaboren en las tareas de *fracking* en regiones donde pueda haber fallas desconocidas.

[…] Los sismos en Ohio fueron […] importantes y el más fuerte de ellos llegó a medir 3 en la escala de Richter, ya a un nivel que es perceptible por el ser humano, aunque normalmente no causa ningún daño. En el momento del sismo se estaba practicando fracking en la zona".

Skoumal y sus compañeros investigaron una posible relación, analizaron numerosos datos sísmicos e identificaron en el período estudiado 77 sismos de entre 1 y 3. Al comparar el ocurrido en Poland establecieron una clara coincidencia en tiempo y espacio. Cuando se interrumpió el *fracking* a causa del movimiento, inmediatamente cesó también la actividad sísmica.

La nota contiene un desliz éticamente cuestionable pues hace pasar sismos por terremotos, cuando no todo tremor terrestre constituye un desastre. La sismicidad es una propiedad de la corteza terrestre que se verifica desde niveles imperceptibles para los seres humanos hasta transformaciones violentas y de gran envergadura en la superficie. Es decir, un terremoto es un sismo destructivo de escala mayor, mientras la mayoría de los sismos no produce ningún riesgo para la vida.

En resumen, el artículo afirma que el *fracking* causa terremotos, y eso no es cierto, como tampoco fue dicho por el científico mencionado, quien solo se refirió a determinados temblores que no produjeron daños y que apenas fueron percibidos.

Lo que sí es verdad es que la estimulación hidráulica induce ciertos niveles de vibración lítica. Veamos el alcance de esa propiedad de la naturaleza y de las intervenciones humanas sobre la misma, para lo cual primero debemos presentar el método científico con el que se la mide.

La escala creada por el sismólogo estadounidense Charles Francis Richter (1900-1985) es una graduación logarítmica arbitraria que asigna números según la energía que liberan los movimientos sísmicos. Tan arbitraria es dicha convención que el valor cero no se corresponde con la absoluta falta de liberación de energía, sino con un tremor ideal, cuyo epicentro se encuentra a 100 km del aparato de medición, el sismógrafo, en cuya aguja se produce un desplazamiento de un micrón. En el Gráfico 62 (citado por www.cienciaonline.com) se observa cómo la escala progresa de manera no lineal desde valores negativos hasta cifras mayores que siete, lo que se corresponde con grandes catástrofes. Junto a la progresión de los números se dan ejemplos de terremotos medidos, el mayor de los cuales ocurrió costa afuera en Chile, en 1960, con 8,9 puntos.

Como la curva es logarítmica, un terremoto de escala siete, por ejemplo, es diez veces mayor que uno de escala seis. Y un sismo de escala tres, como el que refirió *Clarín*, es diez veces menor que el *mínimo* de los sismos considerados terremotos, aquellos que alcanzan valor cuatro. Por debajo de tres los temblores son indetectables por el ser humano.

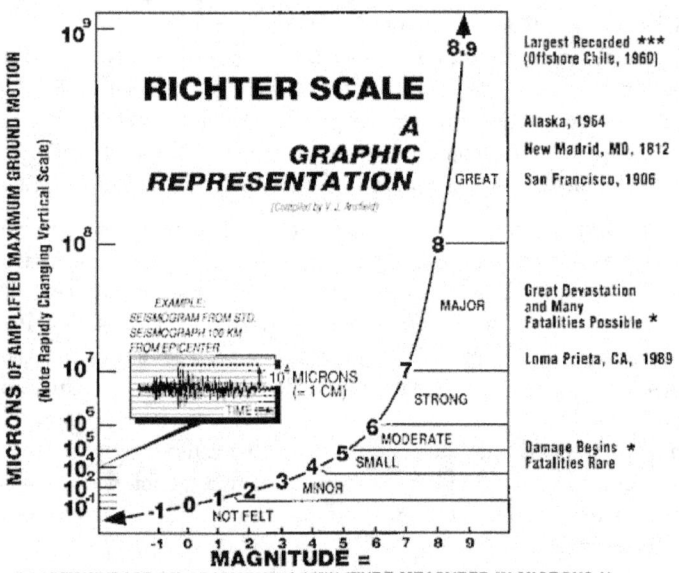

Gráfico 62

¿Cuáles son las magnitudes de las vibraciones detectadas por los sismógrafos que estudian el *fracking*? La Durham University (2013), del Reino Unido, estudió doscientos casos de sismicidad inducida en todo el mundo desde 1929. Las siguientes son algunas de las conclusiones:

¿Cuál es el tamaño de los terremotos que pueden ser causados por la fracturación hidráulica de esquistos?

La sismicidad inducida asociada con la fracturación hidráulica ha sido identificada solo en tres yacimientos de gas de esquisto, localizados en el Reino Unido, los Estados Unidos y Canadá. Como se muestra en la Figura 3 [Gráfico 63], la fracturación hidráulica en estos yacimientos ha inducido 79 eventos sísmicos con una magnitud > 1 [mayor a 1]. El mayor de estos eventos es un terremoto de magnitud 3.8 que ocurrió en la Cuenca del Horn River en la Columbia Británica en Canadá. Este terremoto fue sentido, pero no causó daños materiales. Este y otros tres ejemplos (dos en el Reino Unido y uno en Estados Unidos) son los únicos ejemplos publicados de sismicidad inducida por fracturación hidráulica que han sido percibidos por seres humanos.

¿Qué podemos concluir?

Nuestro estudio provee un contexto importante e información para el debate actual acerca de los riesgos asociados a la fracturación hidráulica de esquistos. Proponemos cuatro mecanismos principales mediante los cuales las fallas pueden ser reactivadas por los fluidos o las ondas de presión de los fluidos durante la fracturación hidráulica:

1) Directamente por la perforación del pozo.
2) A través de la estimulación de nuevas fracturas.
3) A través de fracturas [naturales] existentes.
4) Por movimiento a través de rocas permeables o a lo largo de las interfaces entre lechos de roca.

Al compararse con otras fuentes de sismicidad inducida, tal como minería y llenado de embalses, la fracturación hidráulica ha sido, hasta ahora, un mecanismo *relativamente benigno*. Esto es posiblemente porque la fracturación hidráulica utiliza comparativamente *bajos volúmenes de agua*, en el orden de dos a once piscinas olímpicas, y el bombeo es relativamente corto. Es posible que la reactivación de fallas por la fracturación hidráulica llegue a causar sismicidad inducida de mayor magnitud que lo que se ha registrado hasta ahora. Sin embargo, un mayor entendimiento de la geología de los esquistos puede mitigar este riesgo. Basado en los datos disponibles actualmente, la probabilidad de que la fracturación hidráulica cause sismicidad perceptible (M>3) *es muy pequeña, mas no puede ser descartada*.[86]

[86]Las cursivas son del autor.

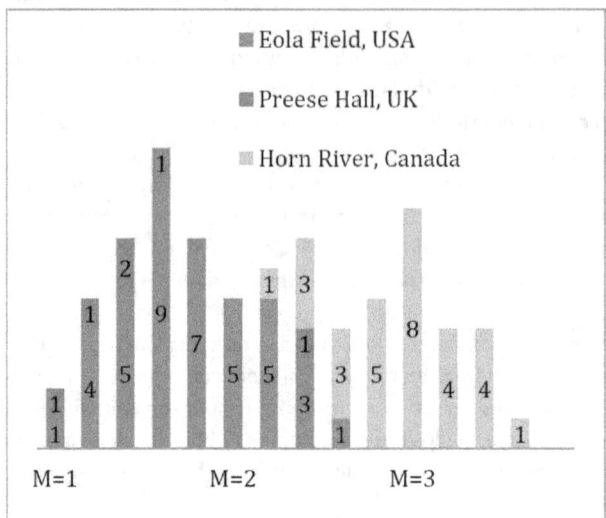

Figura 3: Los eventos sísmicos inducidos por fracturación hidráulica con magnitud > 1. En tres localidades (Eola Field, Oklahoma, Estados Unidos; Preese Hall, Lancashire, Reino Unido; y Cuenca del Horn River, Columbia Británica, Canadá), 79 eventos con magnitud > 1 han sido registrados. La magnitud más alta registrada para sismicidad inducida por fracturación hidráulica es 3.8 (Horn River, Canadá).

Gráfico 63

Si bien el informe llama "terremotos" a los sismos por fractura hidráulica detectados, al ser menores a cuatro en la escala sismográfica, no son tales, sino movimientos telúricos detectables por las personas, pero no dañinos. Nótese que el movimiento detectado en Horn River fue mayor al de Ohio, difundido por *Clarín*, que solo alcanzó grado tres. Es evidente que habrá más oportunidades para publicar títulos atemorizadores.

Hay que señalar que el procedimiento de inyectar aguas de retorno de fracturas y de recuperación secundaria en pozos sumideros, sobre lo que ya nos hemos explayado, genera mayor sismicidad inducida que el tan temido *fracking*. Ello porque el *flowback*, producto de la estimulación, surge al abrirse las válvulas de la boca de pozo, el que entonces queda expuesto a la presión atmosférica, *reduciendo la presión* de la roca casi hasta los niveles naturales. En cambio, toda inyección en un pozo sumidero implica *incrementar la presión* en los estratos cercanos a la perforación. Así, el mencionado estudio de la Durham University informa que se han detectado sismos de hasta 5,1 en la escala de

Ritcher, debidos a esas operaciones de inyección con presión incremental. Como es obvio, en los casos en los que se superan niveles de sismicidad de 2 en la escala de Ritcher, las normas establecen la inmediata detención de las mismas.

En numerosas ocasiones se han difundido publicaciones en las que se ha denunciado sismicidad inducida por *fracking*, cuando en realidad las mismas habían sido producidas por reinyecciones en pozos no productivos. Un ejemplo notable al respecto fue la detección de sismicidad inducida, generada a partir de un pozo sumidero, en las operaciones sobre el *Barnett Shale*, dentro mismo del aeropuerto de Dallas-Fort Worth, en Texas. En un artículo del diario *Río Negro* del 9 de octubre de 2013, los activistas *antifracking* Maristella Svampa y Enrique Viale escribieron:

> [...] afirmamos que la relación entre sismicidad y *fracking* está lejos de ser una hipótesis o una aseveración infundada. [...] en el norte de Texas, en la zona de explotación del *Barnett Shale*. Esta área geológicamente estable está siendo sacudida ahora por terremotos. Desde el 2008 se produjeron más de 50 temblores asociados a pozos inyectores en el área de Dallas-Fort Worth. Anteriormente no se había registrado ningún temblor. [Queda] claro que el aumento de la actividad sísmica [...] está vinculado a la inyección de fluidos resultantes de la fracturación de pozos.

La segunda y la tercera frase de la propia cita refutan a la primera: la sismicidad no fue producida por la estimulación hidráulica, sino por las inyecciones. Corresponde aclarar que la práctica de depositar en pozos improductivos los líquidos generados por las actividades petroleras es propia de toda la industria, tanto en su forma convencional, desde largo tiempo atrás, como en la más actual, con técnicos no convencionales. El Gráfico 64 pertenece a una detallada investigación del Instituto de Geofísica de la Universidad de Texas, sobre sismicidad producida por *fracking* e inyecciones en sumideros (Frohlich y otros, 2011). En él se muestran con círculos blancos las bocas de pozos no convencionales ejecutados, precisamente, en el área del aeropuerto mencionado por Svampa y Viale; con círculos rojos los puntos de fracturas; con rectángulos azules los pozos sumideros; y con triángulos amarillos los puntos donde los sismógrafos registraron novedades debidas a una falla natural en el subsuelo, la que resultó estimulada y lubricada por la sobrepresión de las inyecciones de aguas de retorno. Nótese la intensa actividad de explotación no convencional dentro de uno de los aeropuertos de mayor tráfico del mundo, en una zona densamente poblada y con gran actividad aérea. A pesar de la comprobación de sismicidad mayor a la esperada, no se detuvieron las operaciones de producción; sí se detuvo la reinyección de los *flowbacks* en dicho pozo sumidero.

Mientras se sucedían las perforaciones, las estimulaciones hidráulicas, las reinyecciones de *flowbacks* y las vibraciones líticas solo detectables mediante sismógrafos de alta sensibilidad, la normal actividad del aeropuerto siguió adelante con toda tranquilidad y las millones de personas que trabajaban y transitaban por allí no se enteraron de tan particulares sucesos. Todos esos pozos siguen produciendo gas y petróleo normalmente, y el área sigue siendo profusamente perforada y fracturada. Volveremos sobre *Barnett shale* y la región de Dallas.

Conclusión: cuando se emiten juicios sobre una cuestión controvertida y sensible a la opinión pública, conviene hacerlo con coherencia e incluyendo toda la información disponible, especialmente la proveniente de fuentes científicas.

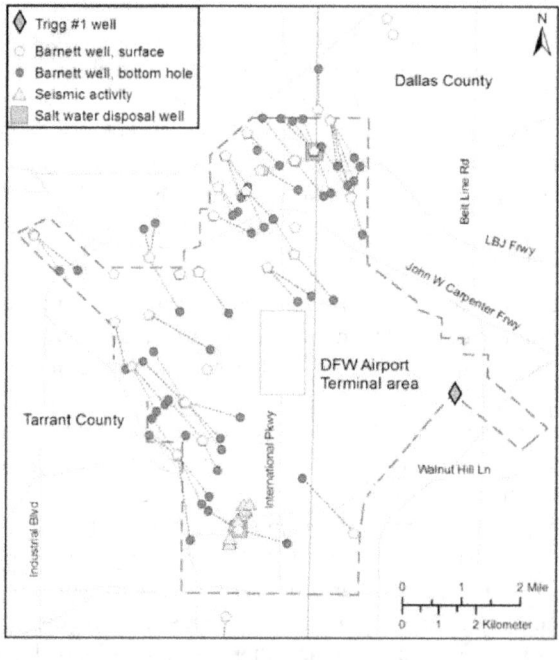

Gráfico 64

¿Qué ha sucedido en Neuquén con el *fracking* y los "terremotos"? Según información verbal de funcionarios de YPF en Loma Campana, la sismicidad se ubica en valores menores a -2 (menos dos) en la escala de Ritcher. Del -2 a 4, el mínimo valor correspondiente a un terremoto leve, hay seis unidades, lo que equivale a un millón en la escala logarítmica (diez elevado a la potencia de seis).

En menos palabras: la sismicidad de los trabajos realizados por YPF equivale a *una millonésima* del menor terremoto con intensidad suficiente para hacer daño.

Dicha información no es oficial, pero es consistente, pues no ha habido alertas sobre sismicidad en niveles de cuidado. Si alguien no la cree, podría instalar su propio sismógrafo a cien kilómetros de las operaciones de *fracking* en la zona de Añelo. Si la aguja se moviera más allá de cuatro micrones, entonces el mencionado testimonio no sería cierto.

vi. Los peligros del fracking (6): fracturas que llegan hasta la superficie

Un singular folleto *antifracking* apunta a generar alarma, como se puede ver en el Gráfico 65 (azulambientalistas.org). Las fracturas hidráulicas llegarían casi hasta la superficie y, en su demoledor camino, producirían desastres mayores, indicados en los textos del esquema que sugiero leer con atención. Los autores no mencionan las fuentes de validación científica de tan preocupantes afirmaciones.

Los representantes de la industria informan de otra manera. Al respecto, obsérvese el Gráfico 66 (IAPG, 2014). Como ya vimos, Barnett es uno de los *shales* más desarrollados de EE. UU. y además el primero en ser explotado. Mediante microsísmica se relevaron los alcances en sentido vertical de las fracturas hidráulicas, a lo largo de varios años. Las longitudes están expresadas en pies, las líneas rojas representan la expansión de las fracturas y las líneas azules la profundidad de los acuíferos. Estos últimos no pasan de 500 m (aproximadamente 1.500 pies), mientras que la mayoría de las fracturas se localizan por debajo de 1.800 m, llegando algunas a 1.300 m. Se observa también que la mayoría de las fracturas no supera los 150 m por sobre las cañerías de las perforaciones.

No solo se trata de la cantidad de metros de distancia; también hay una cuestión de calidad, ya que entre el estrato impactado y los acuíferos someros se despliegan varias capas impermeables y de mayor resistencia y plasticidad; es decir, menos propensas a fracturarse.

Respecto de la Cuenca Neuquina, es necesario informar que Vaca Muerta se ubica a más de 2.500 m de profundidad, con lo que el peligro de que el *fracking* afecte zonas cercanas al suelo es nulo.

Para finalizar este apartado doy paso a Guillermo Corona (2013), quien es tan original como concluyente sobre esta discusión:

> Para terminar con el tema de *fracking* y los acuíferos, si alguien me puede probar que puede hacer una fractura a 2.000 m de profundidad en Vaca Muerta y que llegue hasta los acuíferos superficiales, entonces me hago socio de él, vamos 50-50 y le ofrecemos esa supertécnica de fracturas a todas las

empresas petroleras y nos hacemos megamultimillonarios. Los tipos están tratando de optimizar las fracturas, gastan miles de millones en investigación en ver cómo las pueden extender un poco más (50 m) y que no se les cierre por la presión litostática, ¡para que alguien diga que una fractura puede tener 2.000 metros en la vertical!

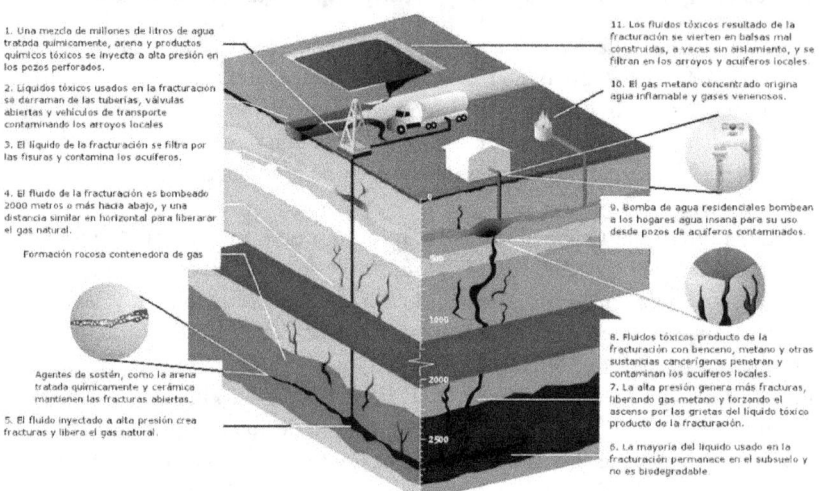

Gráfico 65

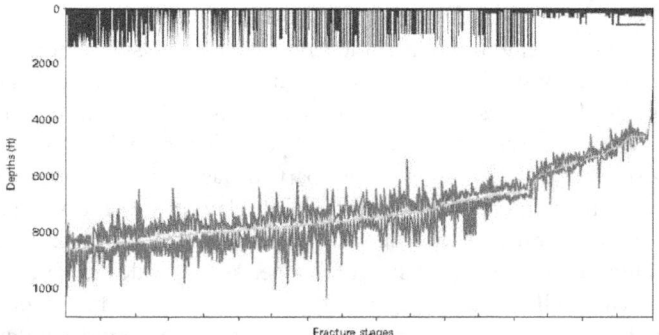

En amarillo se representa la profundidad de la zona a fracturar, las líneas quebradas en rojo representan la extensión de la fractura hacia arriba y hacia abajo, en azul oscuro se representa la profundidad del acuíferos de que abastecen a la población. Fuente M. Kevin Fisher y Norman R. Warpinski 2012

Gráfico 66

3. Afectación del territorio: "regiones de sacrificio"

i. La suma de todos los miedos

Maristella Svampa, a quien ya mencionamos, es una conocida investigadora social *antifracking* nacida en Allen, una ciudad de la provincia de Río Negro, que se encuentra dentro de la Cuenca Neuquina. Como todas las ciudades del Alto Valle de Río Negro y Neuquén, dicha población creció gracias a la producción frutícola de manzanas y peras. Ello no impidió que, en las cercanías, también prosperara la industria extractiva hidrocarburífera. El 19 de agosto de 2013 el diario *Río Negro* publicó una entrevista a Svampa, cuyo título y copete exponían:

El *fracking* en Allen es la vuelta al páramo

Como una "zona de sacrificio que solo dejará contaminación". Así, la socióloga Maristella Svampa define la zona rural de Allen donde avanza la actividad hidrocarburífera. La intelectual regresó a su ciudad y expuso antes los concejales su investigación sobre el método extractivo *fracking* (fracturación hidráulica).

"Zona de sacrificio" es un concepto acuñado para señalar aquellas localizaciones de la periferia mundial en las cuales las grandes empresas extractivas, con la permisividad y, muchas veces, complicidad de los gobiernos locales, explotaron y depredaron ciertos recursos minerales y agropecuarios, maximizando ganancias a expensas de profundos impactos ambientales y sociales. De tal manera, regiones enteras han perdido irreversiblemente sus riquezas naturales y también han visto deteriorarse su cultura y sus modos tradicionales de vida; incluso sus habitantes fueron expulsados de sus territorios de origen. No hay dudas de que la descripción es certera respecto de incontables situaciones vividas en América partir del siglo XVI por parte de las potencias colonialistas. Vale para la manera en que España, Portugal, Inglaterra y Francia ocuparon los territorios y se aprovecharon de ellos, depredando la naturaleza y diezmando a millones de personas. Esas venas abiertas coloniales fueron la base material, social y política para que, en Sudamérica y ya en la era poscolonial, también muchas firmas multinacionales, apoyadas por las grandes potencias extranjeras, continuaran saqueando los acervos locales. El *modelo extractivista y dependiente* no encontró límites para arrasar bosques, reemplazándolos por variedades agrícolas exógenas, así como para desfondar cerros y mesetas con miles de kilómetros de galerías e infinidad de hectáreas de explotaciones a cielo abierto. Agotados los ciclos de prosperidad de esos enclaves de prosapia feudal con gestión capitalista, en aquellos espacios solo quedó miseria, desolación y el recuerdo de un pasado imposible de recuperar. Ejemplos de ello hay de sobra: los cerros bolivianos vaciados por las explotaciones de oro y cobre, el caucho en el norte de Brasil, bosques enteros desplazados por monocultivos transgénicos, regiones agrícolas afectadas por explotaciones hidrocarburíferas sin control, y muchos casos más.

Es imposible negar esa evidencia. La cuestión respecto de los no convencionales es si su modo de producción *necesariamente* lleva a sacrificar las regiones donde opera. En particular, si esto *ya está ocurriendo* en la Norpatagonia.

Continuemos con los dichos de Svampa en el mismo artículo:

> Hace varios años que estoy trabajando temas ligados a la expansión de la frontera extractiva, tanto en Argentina como en América Latina. Es algo que me viene preocupando y es objeto de mi reflexión, sobre todo a partir de la expansión de la megaminería. Hace dos años advertí que había una nueva vuelta de tuerca del extractivismo, que tenía que ver con la explotación de los hidrocarburos no convencionales precisamente acá, en la cuenca del Neuquén, pero que involucraba al Alto Valle de Río Negro y de manera especial a Allen.
>
> [...] Genera mucha impotencia ver cómo en Argentina se avanza de manera ciega y descontrolada, sin abrir la discusión, ignorando todos los informes que hay, que son altamente negativos respecto de lo que ha sucedido en Estados Unidos, donde ha habido un fuerte impacto ambiental con la con-

taminación del agua, en la salud de las personas, los animales y también con la lubricación de fallas sísmicas. Y ni qué hablar de la emisión de gas metano. El panorama es contundente en términos negativos.

[...] Creo que, como la megaminería, esto [el *fracking*] es una figura extrema del extractivismo. Tiene un impacto contaminante muy fuerte y avanza de manera vertical sobre las poblaciones, sin consulta alguna. En ese sentido, es un modelo de ocupación territorial y la tendencia va hacia el desplazamiento de otras actividades. El escenario que vi en Allen, cerca de la costa del río, es el de una zona que va a ser ocupada por la industria hidrocarburífera y que el impacto que va a tener sobre la contaminación del agua y la salud de las personas va a ser a corto y mediano plazo.

[...] Después de la recorrida que hice por la zona de la costa en Allen noté que ese lugar se transformó en una zona de sacrificio.

Es otras palabras, la suma de los riesgos que analizamos en los parágrafos anteriores generaría un resultado catastrófico e inexorable: el inevitable desplazamiento de las formas tradicionales de vida y producción por un ambiente yermo e irrecuperable. La afectación absoluta e irreversible del territorio sería el colofón necesario y automático de la aplicación del *fracking*.

No se trata en este libro de poner en cuestión la tesis de la existencia de "zonas de sacrificio". Como hemos visto, estas existieron y siguen existiendo en muchos lugares del Tercer Mundo. También reconozco el papel positivo que juegan los movimientos ambientalistas en todo el mundo, que bregan y luchan contra esta y toda forma de exacción del medio ambiente. No son temas teóricos y políticos que vayan a ser controvertidos por quien esto escribe, pero considero necesario objetar la afirmación de que inexorablemente la explotación no convencional conduce a la inmolación de los territorios.

Tampoco se puede negar que si se dejara a las empresas operadoras a su libre albedrío, en muchos casos se verificarían excesos y abusos en sus prácticas, las que seguramente perturbarían mucho más el medio ambiente y el territorio si no actuaran, coordinadamente, las organizaciones sociales, los propietarios de los terrenos y los distintos niveles del Estado para planificar, dictar normas y hacerlas cumplir.

El *fracking*, como toda tecnología que conmueve profundamente el equilibrio original de la naturaleza, es peligroso si no se lo controla. Pero esa peligrosidad está mediada, necesariamente, por las sociedades que lo promueven, lo utilizan y lo aprovechan o lo malogran. Si estas no intervienen, si no toman la iniciativa para apoderarse del conocimiento y empoderarse del proceso, entonces sí, probablemente las experiencias derivarán en regiones sacrificadas en el altar de la ganancia irresponsable. Sin embargo, otros caminos son posibles.

ii. Texas, Pensilvania, Ohio, West Virginia: ¿regiones de sacrificio, o de inclusión y progreso?

La mejor forma de probar que no hay una relación necesaria y lineal entre *fracking* y devastación es fijarse en lo que ha sucedido en los espacios territoriales donde se ha desarrollado con intensidad. Como dijimos antes, la manera excluyente para comprobar o refutar cualquier hipótesis o conjetura es la evaluación científica a través de suficientes datos valederos. Si estos se repiten de manera persistente, mostrando valores a favor de las suposiciones, entonces, mientras no aparezcan datos en contrario, estas quedarán demostradas. Lo opuesto significará el rechazo de las hipótesis o el replanteo del problema. Dicho coloquialmente y en relación con nuestro tema: si en determinados y visibles lugares los no convencionales se trabajaron correctamente, con beneficios para la población y la economía, sin afectar al medio ambiente más allá de lo previsto y tolerable, entonces se puede pensar que es viable hacerlo de manera similar en otros lugares. Veamos:

Barnett es una formación *shale* productora principalmente de gas, a la cual ya hemos hecho referencia. La misma viene siendo explotada desde 1997, con masiva aplicación del *fracking* sobre perforaciones horizontales a partir del cambio de siglo.[87] En el Gráfico 67 (EIA, 2011) se puede ver la enorme progresión de la producción. Como aquí nos interesa la afectación territorial, el Gráfico 68, de la misma fuente, es altamente significativo: mientras la producción convencional se concentró inicialmente al norte del distrito Dallas-Fort Worth, la no convencional invadió densamente los suburbios y hasta se introdujo profundamente en los espacios abiertos de las zonas más urbanizadas. Recordemos lo escrito sobre los numerosos pozos con *fracking* practicados dentro del aeropuerto del mismo nombre, los que en el Gráfico 68 se muestran con menos detalle.

No hay dudas de que semejante densidad de fracturas hidráulicas en el espacio urbano y semiurbano de una de las ciudades más concentradas de Texas, donde la calidad de vida es una de las mejores del mundo, es altamente significativa. Tamaña concentración de perforaciones con fracturas, en una superficie de solo 40 millas de este a oeste y 60 millas de sur a norte, es una prueba más que suficiente para ratificar, tanto científicamente como desde el sentido común, que la explotación no convencional puede convivir con el resto de las actividades humanas, como la agricultura, e inclusive en áreas muy pobladas.

---

[87] En realidad, es la *primera formación* donde se logró explotar comercialmente el *shale*, por parte de la compañía de George Mitchell, como consignamos antes. Precisamente, la concentración de pozos verticales corresponde, en gran parte, a dicha empresa, que puso a punto el método de fracturas verticales, el que paulatinamente va perdiendo importancia frente a las horizontales.

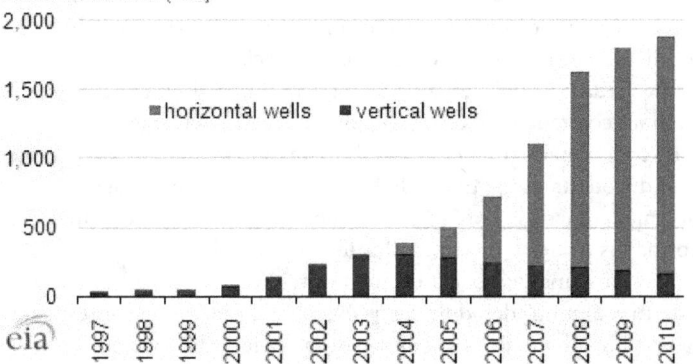

Gráfico 67

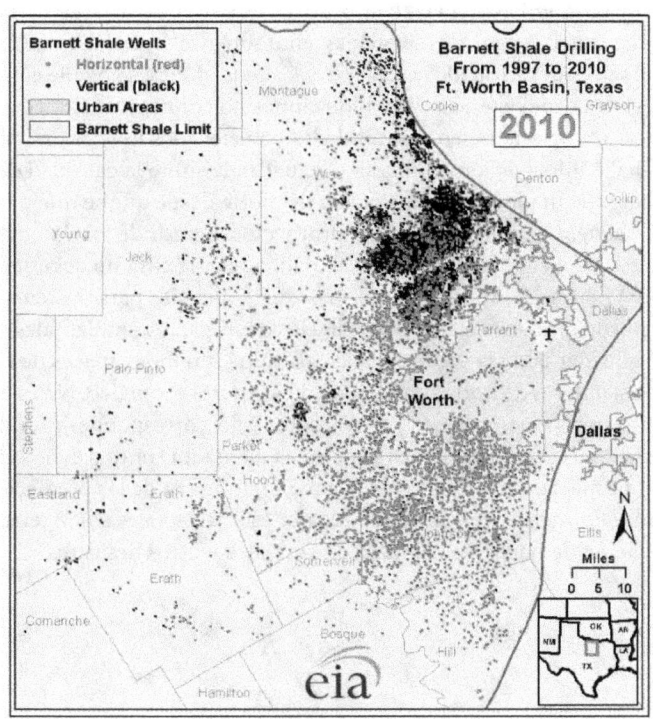

Gráfico 68

Analicemos otra "región de sacrificio". *Marcellus Shale* es una rica roca madre que viene aportado al desarrollo económico y social de los estados de Pensilvania, West Virginia y Ohio. El Gráfico 69, perteneciente a Murphy (2014), director del *Marcellus Center for Outreach and Research* (MCOR), entidad de la universidad estatal de Pensilvania, simboliza el extenso proceso de explotación no convencional en esa región. Once mil perforaciones con *fracking* conviven con los habitantes de zonas densamente pobladas y con explotaciones agrícolas de todo tamaño. El condado de la principal ciudad del primero de los distritos mencionados, Pittsburgh, se encuentra rodeado por miles de pozos, muchos de los cuales fueron practicados dentro del mismo.

No hay ninguna evidencia en toda la región acerca de sacrificios territoriales de tipo alguno, debido a las políticas gubernamentales respecto de las normas medioambientales y el control de la estricta observancia de las mismas. Paralelamente, el informe del citado autor abunda en datos sobre el aporte al empleo, la financiación del presupuesto estatal y el progreso tecnológico, educativo y económico de Pensilvania.

Hay más pruebas como las señaladas: ellas son más de una decena de *shales, tights* y *oil shales* desarrollados en EE. UU. y Canadá, donde se puede comprobar a simple vista la coexistencia de explotaciones no convencionales con formas productivas tradicionales, en comunidades con elevados niveles de calidad de vida. No hallé información completa y actualizada sobre la cantidad de pozos con *fracking* ejecutados en ambos países del norte desde que se inició el boom del *shale* y el *tight*, pero haciendo una proyección a partir de los datos disponibles de cada una de las cuencas, en la actualidad dicha cifra no debe ser menor de 150.000 perforaciones. Cantidad más que suficiente para sostener que el *fracking* puede practicarse con bajos niveles de impactos ambientales.

Puede quedar la duda sobre si en la Argentina seremos capaces de alcanzar similares estándares de normativas, cuidado y control ecológico. No es objetivo de este libro proponer políticas al respecto; solo corresponde informar que lo que está aconteciendo en Vaca Muerta es alentador, pues salvo accidentes aislados y propios de toda actividad industrial, ninguna de las predicciones de los voceros *antifracking* se han verificado por esos lares, tales como terremotos, contaminación de napas, mortandad de animales y otros desastres.

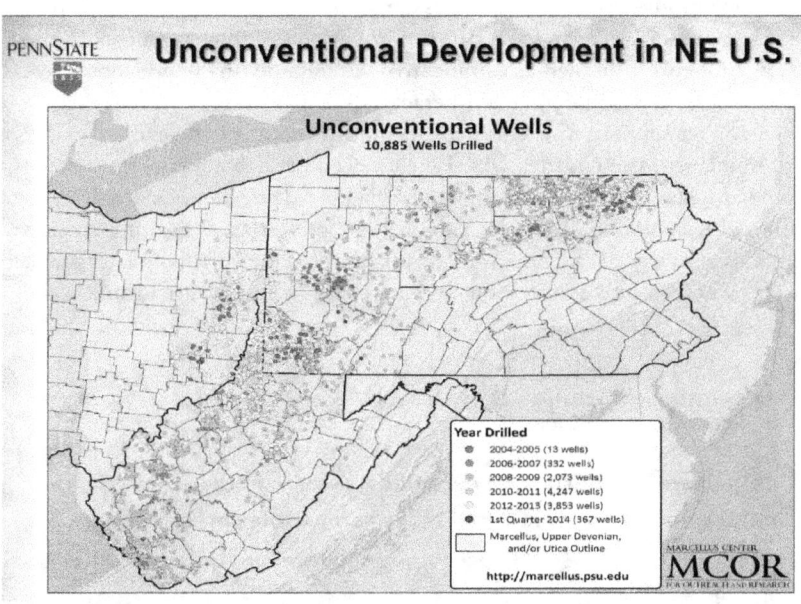

Gráfico 69

iii. Los movimientos de superficiarios de EE.UU: *sí al* fracking, *no a los abusos*

El éxito socioeconómico en los estados norteamericanos implicados por *Marcellus Shale* es motivo de estudio en todo el mundo; en particular, los sectores interesados en España han tomado como ejemplo a Pensilvania y West Virginia. Así, el Consejo Superior de Colegios de Ingenieros de Minas (2013 a), en una jornada sobre técnicas de fracturación hidráulica, organizada por el Ministerio de Agricultura y Medioambiente de ese país (MAGRAMA), difundió un documento con información de dichas jurisdicciones norteamericanas, parte de la cual podemos ver en los gráficos 70 y 71. En el primero de ellos se compara la gran afectación del territorio, producida por una explotación de gas metano originado por reservorios de carbón en Wyoming, con la cuidadosa extracción mediante *fracking* desde una locación de perforaciones múltiples en Pensilvania, en plena campiña agrícola y forestal. El contraste es elocuente y ratifica lo afirmado antes: la producción de hidrocarburos puede resultar amable o agresiva con el medio ambiente, dependiendo de las tecnologías y de las maneras en que son aplicadas, lo cual, a su vez, es consecuencia de las relaciones de poder de los actores que ocupan los territorios impactados e intervienen sobre ellos.

El Gráfico 71 también es significativo. Se trata de una operación en West Virginia, una locación donde las operaciones de perforación y fracturación se realizaron en 2008. La foto de la derecha muestra cómo quedó el espacio luego de terminadas las actividades, con el suelo y el entorno totalmente recuperados, salvo la huella territorial conformada por la pérdida de algunos árboles y una parte del terreno dedicada a las válvulas que controlan el gas que emergerá durante dos o tres décadas. Se trata de una prueba que corrobora la capacidad de las tecnologías no convencionales para convivir con la agricultura.

Gráfico 70

Lecciones aprendidas. Los riesgos- mitos
La restauración

El uso del suelo es temporal. La restauración reduce el impacto ambiental en el medio plazo

Fase de perforación de un pozo de gas no convencional en las Marcellus Shale

Fase de producción de gas no convencional en las Marcellus Shale

18 Julio 2013 — EL GAS NO CONVENCIONAL. MAGRAMA — 21

Gráfico 71

Sin embargo, a dichas presentaciones del Consejo de Minas de España (2013 b) les faltan datos. No mencionan la fuente de las fotos, que es la *West Virginia Surface Owners' Rights Organization* (WV-SORO), cuya referencia apenas se advierte en la foto de la izquierda: www.wvsoro.org. Recorriendo esta página web, se descubre una de las razones por las que la afectación territorial en los territorios del noroeste de EE. UU. es tan acotada y prolija: la existencia de activos movimientos de defensa del medio ambiente y de los derechos de los propietarios superficiarios en los estados donde se practica el *fracking* y otras formas de extractivismo, como las explotaciones de carbón y de diversos minerales. La reacción de los propietarios, apoyándose en las normas e instituciones estatales de control, ha sido una causa eficiente e imprescindible para el éxito ambiental que tan bien exponen las fotografías.

The WV Surface Owners' Rights Organization (WV-SORO) is a growing statewide membership organization whose mission is to protect landowners from abuses by oil and gas drillers. (WV-SORO es una organización que crece en todo el Estado, cuya misión es proteger a los propietarios de tierras de los abusos de los operadores de petróleo y gas).

Educating you about the rights that you have. Working to get you the rights you deserve. (Educándote sobre tus derechos. Trabajando en favor de la equidad que mereces).

De tal manera, la organización declara los motivos del activismo que implementan a través de vigorosas acciones, tales como cursos de capacitación, manuales y guías para proceder eficazmente ante la aparición de topógrafos y maquinaria pesada, grupos de abogados y mediadores listos para actuar, y actividades de lobby en las agencias y parlamentos del condado y del estado, todo enmarcado en persistentes campañas de prensa y difusión.

En las páginas que esa organización dedica a temas tecnológicos[88] se reconocen las ventajas ecológicas del modelo de producción no convencional respecto del convencional, con locaciones donde se practican hasta doce pozos en el mismo lugar, permitiendo una huella territorial soportable para la agricultura y la cultura locales.

Dado que en EE. UU. la propiedad de los recursos del subsuelo es privada, históricamente el dominio corresponde al dueño superficiario. Por ello, las prescripciones de WV-SORO y de movimientos similares en otras jurisdicciones procuran maximizar los beneficios económicos de sus asociados y protegidos. Digo "históricamente" porque era usual que muchos propietarios enajenaran el patrimonio del subsuelo muchos años atrás, tentados por intermediarios y comisionistas de las corporaciones que procuraban, y procuran, acceder a los recursos, aun sin haber realizado prospecciones. Entonces suele ocurrir que muchos granjeros que compraron o heredaron posteriormente los terrenos se vean desagradablemente sorprendidos con la llegada de equipos pesados y topógrafos munidos de permisos de perforación a favor de terceros.

Pero hay otro tipo de impactos sociales: así como son evidentes los excesos que muchas veces cometen las empresas operadoras, también son conocidas las historias de nuevos multimillonarios que accedieron a montañas de dólares sin necesidad de trabajar. El caso de una familia en Texas, perteneciente a uno de muchos condados cuya vida social ha cambiado radicalmente con la producción no convencional de hidrocarburos, es relatado en una nota de la revista *Garza* (2014), titulada "Los vecinos millonarios del *shale*". La misma se refiere a Cotulla, una pequeña ciudad texana que vive intensamente el *boom* no convencional de Eagle Ford. Allí, la familia de Silvano García González heredó 800 acres en una región que hoy produce un millón y medio de barriles diarios de petróleo. El artículo expresa:

> Si antes Silvano y sus primos podían vivir de la agricultura, ahora su vida cambió. Hoy tienen juntas con abogados y petroleros para decidir cómo

[88] http://www.wvsoro.org

comercializar su tesoro del subsuelo y no salir perdiendo ante las solicitudes de muchas grandes compañías. "Llegan y quieren rentar a muy poco el acre. Se aprovechan de los viejitos sin escuela. Les ofrecen hasta 500 dólares por acre. Yo les pido 6 mil 500 por acre [sic], y me defiendo con lo que van a sacar de aceite". [...] Para responder a las primeras preguntas sobre la situación del shale en su pueblo, el texano nos cuenta la historia de su abuelo y agrega que él y sus primos recibieron 4 millones de dólares por dos años de exploración.

En notas adjuntas se lee:

Una ciudad que nada en petróleo

El futuro ecológico es incierto, pero el crecimiento demográfico causó que, en un pueblo pequeño en donde todos se conocían, ahora vive mucha población flotante, casi todos portan armas, y además todo se ha encarecido. "Hace dos años podías rentar una casa por 150 dólares. Ahora la misma vale 2 mil 500 [sic]. Si no reciben renta de pozos o no has hecho 'norias' [torres de perforación] en tus tierras, está difícil...".
[...] Si Cotulla hace dos años solo tenía un hotel a la orilla de la carretera 35, a 111 kilómetros de la frontera con México, ahora tiene 15 y serán 26 con los que están en construcción que van desde lujosos para los directivos hasta los modestos. Pero eso sí, las tarifas son hasta 50 por ciento más elevadas que en el vecino Laredo, en la misma cadena hotelera. La riqueza también se refleja en el distrito escolar. Antes tenían un ingreso por impuestos de 550 millones hasta 2011, actualmente colectan 5 mil millones de dólares, por lo que los sueldos de los maestros son los más altos en Texas.

Descripciones que informan sobre situaciones de crecimiento económico, de empoderamiento de las comunidades y del Estado, así como de nuevos problemas sociales. Realidades complejas, marcadas por procesos cuyo desenlace todavía no se conoce, pero que dependen de los consensos o disensos a que arriben los actores involucrados. Escenarios abiertos, dinámicos e interesantes. Nada parecidos a "zonas de sacrificio".

iv. Fracking: ¿tecnología o ciencia ficción?

Volvamos a nuestro país y a la crítica vernácula al desarrollo de Vaca Muerta. Si repasamos los cuestionamientos al desarrollo de los no convencionales, advertimos que se centran en una cuestión acotada: la estimulación hidráulica. Todo un sistema productivo complejo, muchas de cuyas especificidades tecnológicas hemos recorrido, intensamente articulado a grupos sociales, empresas y gobiernos, es reducido a una sola palabra: *fracking*. Los críticos han creado alrededor de ella una historia fantástica, apocalíptica, imaginando escenas de miedo y destrucción propias de la ciencia ficción. Así, se ha construido un relato en el que un conjunto de bombas hidráulicas es capaz de crear terremotos, fracturar desde las profundidades hasta la superficie, destruir los acuíferos cercanos, perjudicar la flora, la fauna y las comunidades circundantes, contaminar severamente el aire, alterar la capa de ozono, secar ríos y lagos que tuvieron la mala suerte de estar cerca de semejante máquina de hacer daño y, en definitiva, generar zonas condenadas irreversiblemente al sacrificio.

Por supuesto que el *fracking*, como toda actividad industrial, está lejos de ser inofensivo. Lo hemos señalado claramente, como también indicamos los procedimientos para incrementar la probabilidad de que los impactos se mantengan controlados, reduciendo el riesgo (científicamente calculado) y evitando que, en condiciones normales, se produzcan contaminaciones.

Y, lo más relevante, la estimulación hidráulica no es meramente una técnica para viabilizar un modo productivo, sino que el determinante social, la *tensión colectiva* que mueve a horadar las rocas más densas y profundas buscando hidrocarburos, es el desarrollo económico, el crecimiento cultural y la mejora de las posibilidades laborales. Si nos quedamos girando alrededor del *fracking* para determinar si contamina o no, caeríamos en una trampa: la de abstraernos en una película de ciencia ficción, con la atención puesta en ficticias calamidades fabuladas por un guionista afecto al cine catástrofe, pues sabe que vende bien. Un relato escatológico que nos deprime y nos paraliza, mientras en la realidad transcurren dramas nada especulativos, los de una región, Neuquén, y una nación, la Argentina, que no tienen resueltos sus problemas más acuciantes.

Las cuestiones que se juegan con la oportunidad de los no convencionales es la perspectiva de crear empleos para disminuir la desocupación y para alimentar a las familias, de generar energía para que el país no se vea, como en el presente, obligado a importar combustibles a precios que terminan comprometiendo la balanza de pagos; de fomentar una cadena de valor de alta tecnología, capacitando recursos humanos calificados y extendiendo el sistema científico y tecnológico. También de hacer crecer una región históricamente postergada, como la Patagonia, mediante la creación de capacidades propias de gestión y producción que le permitan no una utópica autonomía como a veces se proclama, sino una inserción activa y positiva en las redes económicas y tecnológicas nacionales y globales.

Ello no significa descuidar los peligros ambientales y sociales de la industria hidrocarburífera, sino todo lo contrario. El desarrollo no es sinónimo de deterioro ambiental. La *verdadera cultura ambientalista* consiste en buscar la sustentabilidad y controlar los impactos a través del propio sistema social de innovaciones, de producción, de gobierno y de movilización comunitaria para el manejo y el control.

Debido a que, como ya expresamos, la humanidad es esencialmente tecnológica y está sumergida profundamente en la "aparatología" que la alimenta, la cura, la comunica y la entretiene, es absolutamente inviable la propuesta ultrambientalista de detener la producción, en especial, la producción de combustibles fósiles, hasta tanto no se desarrollen las fuentes menos impactantes. Aun cuando estas alcancen buenos niveles de eficiencia energética, algo aún lejano, como también razonamos en capítulos anteriores, siempre se necesitará la colaboración de la producción de hidrocarburos para otorgar confiabilidad y sustentabilidad a esas nuevas formas de producción.

Afirmamos que los impactos de la explotación petrolera en general y de los no convencionales en particular pueden derivar en contaminaciones si, y solo si, las firmas operadoras operan mal y si los agentes controladores controlan mal. Por ello, de haber solución al problema ambiental, ello será con el *ánimo productivista*, el de buscar las soluciones hacia adelante, y no en la conservadora (más bien retrógrada) propuesta de detener el desarrollo de los no convencionales. La única salida viable a los peligros de la tecnología es aplicar más planificación, mejor tecnología y más control social en los procesos de prevención y manejo de los impactos ambientales.

Esta visión optimista y positiva camina por dos vías. Por una parte, las tecnologías de control son los únicos instrumentos capaces de mantener los producidos hidrocarburíferos en límites sustentables para la vida y la naturaleza. Por otra, la garantía de la correcta aplicación de esos instrumentos reside en el ámbito de las instituciones responsables de dictar las normas y supervisar las actividades, todo ello en el marco de la necesaria participación de los grupos comunitarios afectados.

En este punto de la reflexión entramos en otro terreno, el de las políticas de Estado, que no solo incluyen la supervisión, sino también, y de manera relevante, la participación y planificación de la cadena de valor petrolera, las estrategias para la inclusión de los actores sociales involucrados en la distribución de la renta del sector y la intervención en las controversias sociales que genera el mismo. Lo cual nos pone de frente a las relaciones de poder y los conflictos causado por el aprovechamiento de los no convencionales.

VI- Poder y conflictos en la sociedad de la Vaca Muerta:

(Des)articulación de intereses locales, étnicos, provinciales, nacionales y globales

> *Junto con esta nueva etapa de explotación de hidrocarburos debería presentarse un proyecto a futuro de desarrollo de la provincia [...] que analice todos los aspectos.*
> *Distintos sectores de la economía tienen potencial, pero requieren de decisiones políticas.*
> *Existen algunos planes sectoriales o medidas, pero no hay mirada estratégica y global.*
>
> Adriana Giuliani, 2013 b

1. Los actores sociales de Vaca Muerta

En lo que sigue, describiremos a los actores sociales relevantes que participan, directa o indirectamente, en el desarrollo de los no convencionales de la Cuenca Neuquina. También analizaremos las mutuas relaciones, algunas de las cuales son de colaboración y otras de desavenencias y conflictos.

i. Estado nacional: restricción externa y déficit energético

El poder del Estado nacional sobre la industria reside en la potestad de regular su desarrollo, dictando a tal efecto las correspondientes leyes y normas; de diseñar las políticas macroeconómicas y de operar a través de los ministerios y agencias que toman decisiones en función de aquellas. Su debilidad radica en el estructural saldo negativo de exportaciones e importaciones de combustibles, junto a la incapacidad para financiar con fuentes propias el desarrollo de la matriz energética. Como vimos, el saldo deficitario en la balanza de pagos del sector, en 2014, superó los 7.000 millones de dólares; y aunque en la actualidad tiende a disminuir por la caída de los precios internacionales, sigue siendo un grave problema a largo plazo de la economía nacional. Tal situación constituye un fuerte incentivo para alentar el aprovechamiento de la fuente energética que presenta mejores perspectivas económicas y tecnológicas para su desarrollo: los no convencionales de Vaca Muerta y demás *shales* y *tights* neuquinos. El país sufre la carencia crónica de divisas (restricción externa), por lo que, teniendo tan amplios recursos bajo nuestros pies, resulta una incongruencia el tener que importar gas, gasoil y otros combustibles, como lamentablemente viene ocurriendo en los últimos años.

Repasemos las alternativas posibles de incorporar en los planes nacionales, según las viabilidades, que podemos evaluar gracias a lo analizado en los capítulos anteriores:

– Reservorios convencionales de gas y petróleo: son los más baratos de producir y no ofrecen problemas tecnológicos. Sin embargo, esas reservas "fáciles" están en franca declinación y no parece que se produzcan nuevos descubrimientos de envergadura. No quedan dudas de que seguirán siendo explotaciones rentables y convenientes, pero irán de la mano de las más costosas técnicas de recuperación mejorada y de los no convencionales.

– Energía nuclear: el plan de expansión del Gobierno nacional, con las anunciadas usinas de Atucha IV y V, es un muy buen aporte a la matriz de generación eléctrica, a la par que una apuesta tecnológica positiva, pues presenta las ventajas adicionales de aportar al crecimiento de las capacidades propias en ciencia y tecnología y de constituirse en el motor de una vasta red industrial de proveedores de alta tecnología. Pero el subsector nuclear no podrá, por sí solo, solucionar los problemas estructurales del país. Las inversiones iniciales son altas y derivarán en más requerimientos de financiación externa; precisamente, el factor escaso. La densidad tecnológica nuclear, junto al impacto financiero que conlleva, con toda seguridad limitará su crecimiento a volúmenes de producción de energía que serán importantes, pero que no alcanzarán a cubrir los déficits energéticos.

– Biocombustibles: en este rubro Argentina no solo se autoabastece, sino que es uno de los proveedores más importantes del mercado mundial. Su demanda tiende a crecer en el tiempo, gracias a que los países importadores se autoimponen crecientes cupos de participación de dichos combustibles en el consumo de industrias, comercios y hogares. Sus costos son altos y además compiten por el uso del suelo con las demás actividades agropecuarias. Siendo un rubro sensible en las políticas de desarrollo de insumos renovables, es evidente que allí no se encuentra la solución al desabastecimiento energético.

– Fuentes solares y eólicas: implican costosas solicitudes financieras en divisas y su viabilidad económica está vinculada estrechamente a los niveles de precios de los hidrocarburos. La experiencia mundial muestra que con precios del petróleo menores a USD 80 por barril, dichas fuentes difícilmente pueden competir en mercados no controlados. Por ello, así como con los biocombustibles, su desarrollo depende de las regulaciones estatales respecto de precios y de cuotas obligatorias de participación en las redes de distribución eléctrica.

En suma, mientras las condiciones tecnológicas y macroeconómicas recién descriptas no cambien, lo cual no es de esperar en las próximas décadas, los esfuerzos del Estado argentino se centrarán en el despegue de la producción petrolera, más accesible tecnológicamente y con acceso más fluido a la financiación, cualidad dada por la suma de su capacidad para generar liquidez rápidamente y el interés que despierta en inversores y operadores externos.

En esa dirección, la estrategia nacional más viable, sin descartar otras cuencas que también presentan reservorios con buenas posibilidades, consiste en el desarrollo de los *shales* de Vaca Muerta, Los Molles, Agrio y Puesto Kauffman, así como de los innumerables *tights* que los mismos han generado.

ii. Estado provincial: financiar el presupuesto y mantener el crecimiento

Neuquén es una provincia que, desde mediados de los años 60 del siglo pasado, muestra elevados y persistentes índices de crecimiento poblacional, de ingresos económicos y de calidad de vida. Una de las variables inductoras de ese desarrollo ha sido la renta petrolera que el presupuesto ha podido captar, especialmente por las regalías hidrocarburíferas, consistentes en el 12 % del valor en boca de pozo del petróleo y el gas, a las que se han agregado otros impuestos provinciales. Hasta mediados de los años 90, la población creció a un ritmo bueno, pero menor al que exponían los ingresos por regalías. Entonces todo parecía funcionar bien y la provincia se mostró como ejemplo de desarrollo regional, alcanzando cierta autonomía en sus estrategias de crecimiento. Incluso pudo superar rápidamente los impactos sociales producidos a principios de los 90 por la privatización de YPF, con la consecuente crisis de desempleo en el sector petrolero. Todo cambió con el nuevo siglo, cuando la producción hidrocarburífera comenzó a decaer. Mientras que en el año 2003 todavía las regalías aportaban la mitad de los ingresos gubernamentales, en 2011 esa fuente aportaba escasamente el 30 %. Así, los ingresos corrientes devinieron crónicamente inferiores a las erogaciones corrientes, con lo que las prestaciones sociales y la ocupación se vieron afectadas por falta de recursos, creándose un escenario de conflictos de distinto tipo.

Cuando todo indicaba que ese quebranto estructural conducía a una crisis presupuestaria del Gobierno neuquino, aparecieron los no convencionales. A poco de comenzar a funcionar el plan piloto de YPF-Chevron en Loma Campana, y por primera vez en una década, los ingresos corrientes superaron a los egresos corrientes. Pero los problemas estaban lejos de disiparse, pues en toda la Argentina y en países vecinos se daba por descontado que en Neuquén existía un *boom* económico extraordinario gracias a Vaca Muerta, lo que impulsó una fuerte corriente inmigratoria, con el consecuente crecimiento de la población. De allí emergió un escenario caracterizado por un agudo desequilibrio entre las finanzas oficiales y el aumento demográfico, lo que ha generado crecientes demandas en los distintos servicios públicos, especialmente en educación, salud y seguridad. En este contexto, si la captación de recursos fiscales no se fortalece para salvar la brecha, los conflictos sociales se profundizarán drásticamente. Por ello, el desarrollo de los no convencionales más que una estrategia es para Neuquén, un imperativo ineludible.

En esa dirección, como también señalamos, Neuquén viene procurando estrategias propias de inversión petrolera, cristalizadas en la creación de su propia unidad operadora, Gas y Petróleo de Neuquén SA (GyP) y el manejo de las áreas aún no concesionadas. Dichas políticas apuntan a captar renta petrolera directamente de la explotación de los recursos y de la comercialización de áreas. Para la primera alternativa, a través de la operación por cuenta de GyP y de asociaciones de esta con otras operadoras; para la segunda, mediante la comercialización de las concesiones de las numerosas áreas petroleras que el Estado provincial posee a partir de la Ley Corta de Hidrocarburos, la que otorgó a las provincias el dominio sobre los recursos naturales, en 2007. Recordemos: aquellas áreas que no habían sido otorgadas por el gobierno central (antes de la vigencia de esos nuevos derechos provinciales) quedaron en manos de GyP. Son más de sesenta fracciones territoriales que no habían despertado interés de las grandes petroleras porque las prospecciones no indicaban grandes concentraciones convencionales de hidrocarburos. Pero con las nuevas tecnologías de estimulación hidráulica, de pronto se convirtieron en valiosísimas. Ello se ha constituido en fuente de controversias entre Neuquén e YPF, pues algunos directivos de esta empresa ven a GyP como una competencia y una dificultad para el acceso a las futuras concesiones. La cuestión se convirtió en uno de los temas más discutidos en relación con la última reforma a la normativa de hidrocarburos, la ley 27007 de 2014, que comentamos más atrás. Se alcanzó un exhaustivo acuerdo en la redacción de la norma, la cual, a juzgar por las declaraciones de los protagonistas, ha dejado satisfechos los intereses de todos los participantes. Por otra parte, si bien YPF tenía fuerte interés en algunas áreas en las que GyP mantenía derechos de *carry out*, que fueron cedidos a título oneroso, la operadora provincial conserva en su poder la totalidad de las áreas aún no aprovechadas.

iii. Municipios y microrregiones: aguantar el impacto y aprovechar el boom

El municipio de Añelo y zonas aledañas se ubica en la "zona caliente" del *shale*. Se trata de un territorio resignificado por el caprichoso diseño del área de concesión petrolera Loma Campana, donde YPF y Chevron tienen el programa intensivo de perforaciones que ya conocemos. Desde 2013, el pueblo y sus alrededores sufren los fuertes impactos tecnológicos y económicos de los no convencionales. Los habitantes estables son aproximadamente tres mil personas, pero durante las horas laborables pueden alcanzar hasta el doble. Antes de la llegada de las grandes perforadoras *walking rigs*, aquella era una región eminentemente agropecuaria, con pequeñas explotaciones familiares a la vera del río Neuquén y con emprendimientos de frutas finas, vides y bodegas. En poco tiempo, todo ha cambiado:

– El ejido urbano crece rápidamente, mientras el municipio no tiene capacidad de absorber el impacto. La mayoría de los terrenos no tienen los servicios urbanos básicos, pese a lo cual se cotizan en cientos de miles de dólares.

– Las rutas de acceso están colapsadas y son frecuentes los accidentes que se suceden entre las nubes de polvo que levantan los camiones que trasportan equipos, tuberías y arenas de fractura.

– Los empleados de las empresas operadoras y de servicios ganan muy buenos salarios, pero localmente casi no encuentran dónde gastar su dinero.

– La brecha salarial entre los trabajadores de la industria y los del resto de la actividad económica es notable. Por ello, los trabajadores disponibles buscan emplearse en las petroleras y los establecimientos rurales sufren una severa falta de mano de obra.

– Enfermedades sociales como drogadicción, alcoholismo y desórdenes psiquiátricos, en paralelo con el juego y la prostitución, en Añelo amenazan tomar dimensiones mayores a la generalidad de la industria petrolera, pues las instituciones locales no está preparadas para prevenir y atender esos problemas.

– Los costos de acceso a la vivienda y al consumo tienden al alza, estimulados por las abultadas billeteras petroleras (se presume que las empresas pueden pagar altos precios en un contexto de alta demanda), con lo cual pierden capacidad adquisitiva quienes trabajan en otras actividades. Así, es usual encontrar en Añelo maestros, enfermeros, empleados de comercios y albañiles, a quienes no les queda más camino que dormir en ciudades alejadas y viajar todos los días para atender sus trabajos.

No todo es negativo: muchas familias y personas que hasta hace poco seguían los cansinos ritmos rurales y de pueblos chicos se convirtieron, de pronto, en emprendedores de negocios como panaderías y lavanderías, restaurantes y rotiserías, almacenes y corralones de materiales de construcción, talleres de reparación y mantenimiento de computadoras, electrodomésticos, vehículos y maquinaria liviana. De cualquier manera, las posibilidades de crecimiento son acotadas, pues las empresas operadoras y de servicios, aun las más pequeñas, para incorporar proveedores suelen poner condiciones que no pueden alcanzar esos pequeños emprendedores, a quienes se les dificulta competir con los comercios de las ciudades más cercanas.

El común denominador de todos estos cambios es el *desarraigo*, una realidad concreta que experimentan las personas ligadas directa o indirectamente a la producción petrolera, que saben que sus puestos de trabajo y sus pequeñas empresas tienen una vida efímera, y que lo más probable es que mantengan por poco tiempo las posiciones que eventualmente usufructúan. Cuando una persona sabe que está de paso, difícilmente se comprometa con la comunidad, genere amigos, participe de clubes o invierta en la localidad. La debilidad de los lazos personales constituye una de las causas profundas de los problemas que se esbozan en la región de los no convencionales.

Con pocos recursos humanos capacitados para gestionar la situación y sin recursos económicos para generar respuestas, lo más efectivo que la intendencia y los funcionarios municipales pueden hacer es solicitar a las grandes empresas y a las agencias estatales distintas formas de colaboración. En ese cometido, YPF y los Estados provincial y nacional han encarado estudios socioeconómicos y comenzaron varios programas de inversión en equipamientos urbanos e infraestructuras. La preocupación gubernamental es grande y el involucramiento es indiscutible, pero las acciones van detrás de los acontecimientos.

De tal manera, casi sin planificación y con poco ordenamiento, Añelo está creciendo aceleradamente. Hay ganadores, aunque también muchos perdedores. Pese a tantas situaciones problemáticas, la mayoría está de acuerdo en que prefieren ese caos, a la vez destructivo y creativo, antes que la situación previa.

Desde ese centro de alta conmoción, los impactos se esparcen hacia pueblos y ciudades cercanas, las que intentan aprender y adaptarse al desordenado crecimiento demográfico. La actual población de las zonas petroleras provinciales, incluyendo la capital, es de aproximadamente 450.000 habitantes. La Subsecretaría de Planificación de Neuquén estima que en 2020 esa cifra se incrementará en la impactante cantidad de 220.000 personas más. Estimar o imaginar la magnitud de los impactos económicos, demográficos, urbanos, ambientales y culturales que acompañarán a tan fuerte crecimiento puede ser un ejercicio de planificación preventiva y correctiva o derivar en una pesadilla.

iv. *Corporaciones hegemónicas, grupos locales trasnacionalizados,* YPF *y pymes nacionales*

La creciente red de empresas de todo tamaño en la tierra de la Vaca Muerta se presenta, a primera vista, tan desperdigada como el fragmentado espacio estatal recién descripto. Sin embargo, el variopinto aglomerado de firmas grandes y pequeñas, estatales y privadas, multinacionales, nacionales y provinciales, se encuentra articulado alrededor de un eje global de poder tecnológico, económico y cultural, conformando una estructura constituida, ordenada y hegemonizada por el conjunto de empresas operadoras y de servicios internacionales. Uso el concepto de "hegemonía" basándome en el abordaje politológico que analiza a los grupos económicos y políticos según su capacidad de asimilar o cooptar culturalmente a los demás actores y clases sociales en función de sus propios intereses y estrategias. Los poderes hegemónicos no surgen de la coerción o de la fuerza, sino de la certidumbre social, en cada caso, sobre un acervo de valores; del convencimiento de la legitimidad de una élite al mando, de la comunión de intereses, de la delicada difusión de una cultura, de un lenguaje y de una estética. En síntesis, de la inducción consensuada y amable de una jerarquía y una subordinación. Ejemplos hay muchísimos; nos alcanza con nombrar al peronismo, que ha hegemonizado la Argentina en distintos períodos, casi siempre con un modelo de intervención estatal, con la excepción de la gestión neoliberal que comenzó en los años 90.

Esas formas de estructuración de dominios no se limitan a lo político ni a las naciones. Las vemos en las modas, la música, los distintos modos de consumo globales, el deporte y todas las actividades que hacen a la vida de los seres humanos en comunidad (común-unidad). Así, la música "clásica" es europea; a nadie se le ocurre otorgar tan destacada distinción a las armonías chinas o a las modalidades tradicionales de nuestros países; nosotros no tenemos acervos clásicos, apenas merecemos tener "folklores". De similar manera, podemos fabricar automóviles, electrodomésticos o computadoras, pero siempre seguiremos los patrones sociotecnológicos impuestos por los países centrales. Las tecnologías de información y comunicación son, quizás, el punto más alto de esa hegemonía cultural universal: tanto los equipos como los softwares y, lo que es más importante, los contenidos, se acomodan a las pautas originadas en las naciones centrales, a su vez lideradas por los EE. UU.

El sociosistema mundial petrolero es un ejemplo de concentración consensuada de poder tecnológico y económico, a tal punto que el "ser petrolero" incluye, como vimos a lo largo del libro, el uso de definiciones y unidades de medida anglosajonas. Obviamente, las calidades y los precios del petróleo son impuestos en Texas y en Inglaterra. Agencias como la *American Petroleum Institute* (API), la *Energy Information Administration* (EIA) y la *Environmental Protection Agency* (EPA), todas de los EE. UU., definen normas, procedimientos y pautas de desarrollo asumidas como propias por todos los países.

Las grandes empresas operadoras y de servicios, junto con los inversores multinacionales, constituyen las redes a través de las cuales se despliega ese poder hegemónico. Ya hemos mencionado varias veces a las empresas que forman la ordenación global petrolera, por lo que no vamos a repetir sus nombres. Aquí interesa señalar que el papel que juegan en los escenarios de la producción el transporte, la refinación y la comercialización de los hidrocarburos en general, así como del *shale* y el *tight* en particular, es imperativo a la par que formativo. Desarrollamos a continuación algunas dimensiones precursoras de ese predominio.

– Para comenzar, está la cuestión clave de la ciencia y la tecnología. Si bien el conocimiento científico sobre los hidrocarburos emana tanto de las universidades como de las empresas, las más grandes son las que plantean los problemas y financian las investigaciones. Reforzando el dominio académico en la práctica, las tecnologías toman forma comercial en los laboratorios corporativos y las experiencias de campo.

– El complejo mundial de comercialización de hidrocarburos, por su parte, controla los valores del petróleo a través del arbitraje de precios, en tres sedes representativas de la producción:

a) En el centro de distribución de oleoductos ubicado en Cushing (Oklahoma), sobre un tipo estándar de hidrocarburo liviano, mezcla de petróleos norteamericanos y en el Golfo de México, denominado *West Texas Intermediate* (WTI), con cotizaciones que se reflejan en la bolsa de Nueva York.

b) Los crudos del mar del Norte cotizan en el *International Petroleum Exchange* de Londres, en referencia a un crudo especial para gasolinas, denominado *Brent*.

c) La Organización de Países Exportadores de Petróleo (OPEP), representativa de los países árabes y de Venezuela, también influye a través de las decisiones sobre precios y volúmenes comercializados en su mesa de decisiones. Si bien en las décadas de 1970 y 1980 operaba como un oligopolio, controlando cómodamente los mercados mundiales, con el tiempo la OPEP fue perdiendo ese liderazgo pues EE. UU., Rusia y los países europeos lograron volúmenes de producción comparables con los de dicha organización. No obstante, las decisiones del organismo siguen moviendo la balanza del negocio petrolero mundial, como lo demuestra la reciente caída de los precios, motivada por la decisión de Arabia Saudita, miembro de la OPEP, de enviar al mercado grandes cantidades de petróleo para desalentar la competencia que le significa el crecimiento del *shale oil* en EE. UU.[89]

– No solo los precios quedan lejos del control de los países periféricos como Argentina, también las fuentes financieras quedan fuera de su alcance, a menos que se den ciertas condiciones que impone la estructura financiera global. En cambio, las grandes empresas petroleras se encuentran íntimamente relacionadas con quienes dirigen los flujos mundiales de fondos, con lo cual suman a su señorío la capacidad de financiar las principales operaciones en cualquier parte del globo. Debido a que una gran debilidad de los países periféricos poseedores de grandes reservas es la carencia de divisas, estos deben allanarse a los criterios financieros globales. Las naciones menos desarrolladas y ricas en hidrocarburos han podido conservar en parte su autonomía manteniendo la propiedad sobre los reservorios. Es así que gran parte del juego internacional del poder petrolero pasa por la puja entre las estrategias financieras de las corporaciones y las políticas nacionales de otorgamiento de permisos de explotación a las mismas. Según el país y las circunstancias políticas e históricas, predomina uno u otro polo de soberanía productiva.

– Pero no solo lo económico y lo tecnológico son fuente de poder en las jerarquías petroleras. En el trasfondo de dichas estructuras de autoridad se percibe claramente la cuestión cultural; es decir, en las formas de los relacionamientos, las temáticas cotidianas vinculadas a lo laboral, la estética, el arte y las formas expresivas. Las idiosincrasias petroleras se transmiten en inglés;

---

[89] Contrariamente al caso del petróleo, para el gas no existen precios de referencia mundiales, sino que los mismos dependen de las condiciones productivas de la región desde donde procede y de los medios para trasportarlo hacia los puntos de distribución para el consumo. Para entender el porqué de esa diferencia en el comportamiento de los mercados, hay que considerar que los costos de fletes a través de oleoductos y buques inciden muy poco en la puesta en valor del petróleo, razón por la cual las cotizaciones WTI y Brent pueden ser tomadas como referencia para comparar precios en cualquier lugar del mundo. En cambio, los gasoductos tienen alcance limitado; por ejemplo, sería impensable montar, por razones económicas y tecnológicas, un conducto interoceánico. La solución a esa limitación son los "buques metaneros", enormes naves que trasportan gas previamente licuado a grandes presiones, el cual, una vez en destino, debe ser nuevamente regasificado para distribuirse localmente. Ello implica altas incidencias en los costos, que impiden arbitrar precios globales. Para dar ejemplos pertinentes: el valor promedio del gas producido en yacimientos argentinos oscila alrededor de USD 4, en tanto que el importado vía gasoductos desde Bolivia no baja de USD 8 y el proveniente de los buques metaneros alcanza a USD 15.

pero un inglés especial, un tecnolecto que los rudos hombres de la industria han homologado a través de su agitada historia. Así, las unidades de medida son el dólar (en primer lugar), el acre, el pie cúbico, el barril y la BTU (*British Thermal Unit*). Los procesos de creación y circulación de sentidos en la cadena de valor hidrocarburífera tienen su origen en fuentes claramente detectables: los significados tecnológicos, económicos y vivenciales que se generan y se transmiten desde las grandes corporaciones multinacionales. Así funciona el vasto conjunto de empresas de *upstream* y *downstream* global: a nadie se le ocurre cambiar esa cultura, ni a los países socialistas ni a los periféricos. A través de las significaciones y los imaginarios por ellas creados y pacíficamente difundidos, han construido un imperio en el que todo lo que los demás hacen termina favoreciéndolas.

Los grupos empresarios que logran crecer en el marco de países periféricos lo hacen al reparo y con el condicionamiento de dicho escenario hegemónico transnacional. En la Argentina, salvo YPF que es mayoritariamente estatal, no existen grupos nacionales privados de envergadura que hayan acumulado por sí solos capitales, conocimientos y profesionales idóneos. Si varios de ellos han crecido, lo han conseguido mediante algún tipo de asociación o vinculación con los grandes *players* extranjeros. Su fortaleza en esas articulaciones es el conocimiento de las estructuras políticas y sociales locales, aportes de gran valor para las estrategias de las corporaciones extranjeras.

YPF forma parte del conjunto de las empresas argentinas de mayor porte. Obviamente, se comporta de manera diferente dado que, como entidad perteneciente al Estado nacional, no puede ni quiere subordinar sus decisiones a los vaivenes de los mercados y a las mejores o peores expectativas. Su única estrategia es la de producir la mayor cantidad posible de hidrocarburos, cualesquiera sean las condiciones económicas y financieras del contexto. De hecho, y como hemos visto en detalle, se ha convertido en la locomotora del desarrollo de Vaca Muerta, corriendo con los costos del aprendizaje, las pruebas y los errores. Mientras las demás operadoras e inversores esperan que mejoren los precios internacionales y que cambien las condiciones fiscales y políticas, YPF está prestando un servicio cuya dimensión no puede mensurarse a través de los números de las bolsas de valores: el haber demostrado, en la áspera y compleja práctica de la estimulación hidráulica masiva, que los *shales* y los *tight* de la Cuenca Neuquina son de gran calidad y que su explotación es tanto o más rentable que las similares de los países del norte.

Finalmente, las pequeñas, medianas y nunca muy grandes empresas de servicios locales son el "palo inferior del gallinero". Su razón de existir reside en la imposibilidad de las grandes firmas de ocupar todos los nichos de servicios y provisiones que necesita la industria. Su fortaleza se encuentra en la oportunidad de trabajar a costos, directos e indirectos, inferiores a los de las organizaciones más grandes. Su debilidad es la imposibilidad de manejar los factores críticos del proceso; esto es, los precios de sus servicios y las decisiones empresarias para contratar. Como me dijera resignadamente un empresario pyme, parafraseando al poeta Atahualpa Yupanqui: "Las penas son de nosotros, la Vaca Muerta es ajena".

v. *Sistema petrolero global, Estado nacional y gobiernos provinciales*

Por su parte, los gobiernos de los países menos desarrollados buscan articularse a la susodicha concentración de poder en el campo energético, siguiendo diversas estrategias. Lo pueden hacer de manera pasiva, aceptando sin matices las modalidades de gestión económica, financiera y tecnológica de las firmas multinacionales; o de manera activa, buscando retener cierta autonomía y captar la mayor parte posible de la renta. La actitud pasiva ha sido frecuente en la historia, por ejemplo en algunos países asiáticos y africanos, o en la Argentina a partir de la privatización de YPF en los años 90, bajo la administración de Repsol, hasta la expropiación de 2012. Los resultados prácticos de la abierta permisividad a las operadoras e inversores petroleros extranjeros no han sido buenos, pues en la búsqueda de maximizar ganancias tendían a despreocuparse de las necesidades e idiosincrasias locales. Así, en distintos países han quedado muchos ejemplos de enclaves empresarios tan eficientes para derivar ganancias a las casas matrices como desmotivados para vincularse con el medio productivo y social circundante, así como para responsabilizarse por el medio ambiente.

Pero los dirigentes y las comunidades de los países receptores de las inversiones petroleras, si conjugan voluntad política con estrategias activas de articulación y poderes globales, tienen posibilidades de conducir el crecimiento energético de manera que todas las partes resulten ganadoras. En el presente, la mayoría de los países petroleros adopta políticas de fuerte participación estatal en el sector energético, a fin de aprovechar lo bueno e imprescindible de las corporaciones globales (sus capacidades financieras y tecnológicas) y de garantizar a la vez la sustentabilidad social y ambiental de la producción y las afectaciones territoriales. Lo que se busca no es romper lanzas con la globalización desvinculándose de ella, sino una inserción inteligente y autónoma. No hay un modelo universal de intervención gubernamental que automáticamente asegure resultados económicos, sociales y ambientales satisfactorios. Sin embargo, todos utilizan algunas herramientas estratégicas que se muestran eficientes tanto bajo regímenes liberales como socialistas. Las más usuales son:

a) El dominio del subsuelo a favor del Estado, lo que implica la retención de la potestad concedente del acceso a las concesiones.
b) La captación de renta petrolera a través de distintos impuestos, retenciones y regalías.
c) La creación de empresas operadoras propias.
d) La distribución de los beneficios, de la manera más equitativa posible, a toda la población.

Las combinaciones de esos instrumentos son variadas: en algunos países, como Bolivia, la estrategia principal son las retenciones impositivas; en otros, como Argentina, Brasil, China y los Estados árabes, la presencia de una o más firmas estatales es central. Noruega se caracteriza por haber potenciado un cuasi monopolio con la empresa cuyo nombre lo dice todo: Statoil, a la par de gravar la renta con altos impuestos a las ganancias. Argentina presenta la particularidad de que las atribuciones fiscales están distribuidas entre la nación y las provincias, pues estas han logrado, a partir de la reforma constitucional de 2004, el dominio sobre los recursos naturales.

Las naciones necesitan producir hidrocarburos, las comunidades necesitan sustentabilidad, las empresas globales necesitan *acreages*. Es posible diseñar e imponer combinaciones de derechos y obligaciones que dejen contentas a todas las partes.

vi. *Pueblos originarios y propietarios superficiarios*

Los propietarios de tierras, agricultores y pueblos originarios afectados por la impactante actividad extractiva del gas y el petróleo tienen escaso poder en la Argentina, si comparamos la situación con otras realidades. En particular, no poseen la propiedad del subsuelo bajo sus lindes, como ocurre en EE. UU. En nuestro país, los titulares superficiarios, según las leyes y códigos que rigen la minería, solo retienen el dominio sobre los minerales denominados de "tercera categoría", lo que no comprende las sustancias metalíferas y los combustibles, e incluye solo los recursos de naturaleza pétrea y terrosa, extraídos mediante canteras que generalmente se utilizan para la construcción de edificios. Es decir, los dueños no pueden oponerse a las actividades mineras de primera categoría (incluyendo las hidrocarburíferas) en sus propiedades, por parte de terceros habilitados; sin embargo, conservan el derecho a percibir compensaciones, así como a pactar las condiciones en que se realizarán los trabajos. En el tema que nos ocupa, el artículo 100 de la Ley de Hidrocarburos N° 17319 define lo que usualmente se denomina "servidumbre petrolera":

> Los permisionarios y concesionarios deberán indemnizar a los propietarios superficiarios de los perjuicios que se acusen a los fondos afectados por las actividades de aquellos. Los interesados podrán demandar judicialmente la fijación de los respectivos importes o aceptar –de común acuerdo y en forma optativa y excluyente– los que hubiere determinado o determinare el Poder Ejecutivo con carácter zonal y sin necesidad de prueba alguna por parte de dichos propietarios.

Posteriores normas nacionales y provinciales, así como jurisprudencias específicas, maduraron un conjunto legal sobre el que se determinan las compensaciones y se apoyan las numerosas reclamaciones judiciales que caracterizan el avance territorial de los operadores hidrocarburíferos. En Neuquén y las demás provincias que comprende la Cuenca Neuquina no se han presentado, en general, problemas en las negociaciones previas entre empresas y propietarios. Durante las operaciones, en cambio, se verifican con frecuencia situaciones litigiosas por daños ambientales causados por actividades y accidentes, tales como apertura de caminos y locaciones, instalaciones electromecánicas, derrames de hidrocarburos, cierres de pozos defectuosos o inexistentes y otros impactos. La Asociación de Superficiarios de Petróleo de la Patagonia (ASSUPA) es una activa organización que ha fomentado varios juicios contra las principales operadoras, algunos de los cuales alcanzaron la Suprema Corte de Justicia de la Nación.

Dichos casos se resolverán (o no) en los morosos tiempos que caracterizan al sistema judicial, y seguramente se producirán muchos otros. Es de señalar que, hasta el momento, en la Cuenca Neuquina la absoluta mayoría de las demandas corresponde a explotaciones convencionales; sin duda, en el futuro crecerán los reclamos sobre situaciones creadas alrededor de los no convencionales.

De todas maneras, los conflictos entre superficiarios y empresas operadoras tienen vías de tratamiento encuadradas en las leyes y tramitadas en los estrados. Sin embargo, con una clase especial de superficiarios las cosas son más complicadas: las agrupaciones mapuches que se ven afectadas por la apropiación territorial petrolera no aceptan fácilmente la intromisión. En su cosmovisión no es admisible la separación dominial entre suelo y subsuelo, concepto que consideran antinatural. Según sus creencias, el aire, los seres vivos y la tierra, incluyendo el subsuelo, son partes constitutivas de la naturaleza, por lo que no es aceptable que gente extraña invada sus espacios, alegando derechos sobre las profundidades. Los conflictos comenzaron a ser más numerosos y visibles a partir de los años 80 del siglo pasado. Las explotaciones petroleras comenzaron a alcanzar los territorios mapuches, mientras que estos comenzaron a extenderse a partir de la emigración de muchas familias desde las ubicaciones tradicionales.

Al mismo tiempo, viene avanzando un proceso mundial de fortalecimiento y resignificación de las identidades de los pueblos originarios, alimentado por perseverantes movimientos contrarios a las políticas de asimilación étnica de acuerdo a los patrones culturales dominantes. Movimientos contrahegemónicos que surgen de acervos culturales ancestrales, trasmutados en nuevas reivindicaciones que se propagan a través de movilizaciones, protestas y presencia en los medios de comunicación. El activismo en países que alguna vez fueron colonias deriva en crecientes conflictos por la reclamación de derechos materiales y simbólicos, así como por la recuperación de los territorios aboriginales perdidos.

En la Norpatagonia esos procesos adquirieron características particulares, dada la arraigada tradición mapuche de defensa de su lengua, cultura e identidad. Allí se enfrentan la energía de la cadena de valor petrolera con la movilización del pueblo originario, colisión potenciada por la amplia cobertura que le dan los medios, que encuentran allí temas de renovado interés.

En la dimensión legal, la disputa se evidencia claramente. La Constitución Nacional reformada en 1994 refiere, en su artículo 124: "Corresponde a las provincias el dominio originario de los recursos naturales existentes en su territorio". Una potestad que fue sancionada mediante la ley N° 26197/2007, o "Ley Corta", la que reglamenta la licitación de las concesiones de exploración y explotación, así como el control de la producción y el medio ambiente.

Por otra parte, el convenio 169 de la Organización Internacional del Trabajo, reconocido en la Argentina por la Constitución Nacional reformada de 1994 y ratificado por ley en el año 2000, en su artículo 15 expresa:

> 1. Los derechos de los pueblos interesados a los recursos naturales existentes en sus tierras deberán protegerse especialmente. Estos derechos comprenden el derecho de esos pueblos a participar en la utilización, administración y conservación de dichos recursos.
> 2. En caso de que pertenezca al Estado la propiedad de los minerales o de los recursos del subsuelo, o tenga derechos sobre otros recursos existentes en las tierras, los gobiernos deberán establecer o mantener procedimientos con miras a consultar a los pueblos interesados, a fin de determinar si los intereses de esos pueblos serían perjudicados, y en qué medida, antes de emprender o autorizar cualquier programa de prospección o explotación de los recursos existentes en sus tierras.

También establece que esos grupos "deberán participar siempre que sea posible en los beneficios que reporten tales actividades, y percibir una indemnización equitativa por cualquier daño que puedan sufrir como resultado de esas actividades". Asimismo, no podrán ser trasladados en función de nuevas explotaciones, salvo consentimiento expreso y consensuado.

La interpretación de la *consulta previa* que establece el Convenio de la OIT es controversial. Mientras el Estado provincial afirma que esos procedimientos están garantizados, algunas comunidades sostienen lo contrario. Las organizaciones mapuches y los grupos ambientalistas que los apoyan bregan por la reglamentación y aplicación de la consulta previa, mientras que, enfáticamente, los funcionarios aducen que la propiedad del subsuelo, según la Constitución, es de la provincia, quien tiene no solo el derecho, sino, antes que nada, la obligación de explotar y administrar los recursos. Por su parte, las empresas concesionarias están acostumbradas a, simplemente, comunicar a los superficiarios el comienzo de sus actividades de perforación y de instalación de equipos de procesamiento.

En el área cercana a Loma Campana y Loma de la Lata hay tres comunidades, que listamos según el orden temporal en que adquirieron derechos territoriales (no como superficiarios privados, sino como agrupaciones mapuches con personería jurídica provincial): Paynemil, Kaxipayiñ y Campo Maripe. La primera de ellas, con titularidad adquirida en 1964, generalmente supera los problemas mediante acuerdos con la provincia y con YPF, la única operadora en el área. Las dos restantes obtuvieron personería jurídica con posterioridad y son protagonistas de recurrentes conflictos causados por reclamos territoriales y por contaminaciones petroleras.

En la dimensión económica la mayoría de las veces se encuentran soluciones, aunque siempre parciales y efímeras. Movilizaciones, cortes de rutas, toma de instalaciones petroleras y similares suelen derivar en compensaciones materiales que van mucho más allá de la simple servidumbre petrolera. Por ejemplo, cada nueva instalación o apertura de caminos es motivo de aportes pecuniarios no siempre registrados. En los campos de siembra y pastoreo de las agrupaciones, las empresas colaboran con la construcción de canales de riego, galpones, viviendas y equipos. También son frecuentes las contrataciones de personal, tanto de manera individual como a través de cooperativas e, incluso, de empresas de servicios constituidas por los mapuches.

Esa predisposición a las negociaciones no se refleja en la dimensión simbólica, donde los discursos y expresiones son menos conciliadores. Así, el dirigente mapuche Jorge Nahuel (2013) ha escrito:[90]

---

[90] Se reproducen en forma literal los pasajes del documento que da cuenta de la postura mapuche, tal como ha sido presentado en el seminario-debate "Recursos Hidrocarburíferos No Convencionales & Medio Ambiente" (2013), en la Legislatura de la Provincia de Neuquén, respetando plenamente su riqueza expresiva y espontanei-

> [El] KIMVN [o Quimún: conocimiento] está ordenado desde nuestra Cosmovisión o valores que a su vez ordenan la relación con el Conjunto de Todas las Vidas de nuestro *Wallmapu* o Madre Naturaleza. Desde estos principios fundantes consideramos al *fracking* como algo ILEGITIMO e ILEGAL en nuestros territorios.
> [...] Se perdió el *Nor Mogen* (normas de convivencia): así como la apertura de caminos y picada también ha sido una puerta abierta a la colonización, desde la que ingresaron otras pautas de conductas y de relaciones, donde todo comenzó a resolverse desde otro concepto de justicia y de derecho.
> El *lawen* (medicina) destruido y reprimido: el impacto en las napas subterráneas ha afectado la vida del lugar y fundamentalmente las propiedades de nuestras hierbas medicinales, provocando una pérdida progresiva de la práctica medicinal mapuche e impidiendo su natural desarrollo en zonas abandonadas por la atención sanitaria del Estado.
> Imposición de un sistema económico ajeno: las petroleras con toda su estructura atenta contra la identidad, porque está al servicio de una globalización de la economía, que profundiza la desigualdad, la pérdida de valores comunitarios, interfiriendo la soberanía alimentaria comunitaria que supo mantener su supervivencia desde su propia producción.
> Víctimas de la petrodependencia: la miseria material genera en el mapuche como única expectativa de vida el cobro de servidumbres ridículas que no solo nada compensan la destrucción sino que al ser perturbada nuestra actividad económica tradicional ha desvinculado a nuestros niños *mapuce* de la naturaleza y del trabajo en la comunidad, quebrando la unidad familiar y la solidaridad.
> Por la defensa de nuestros TERRITORIOS E IDENTIDAD MAPUCHE.
> Contra el Saqueo y la Violencia. NO AL *FRACKING*.

Algunos representantes empresarios y funcionarios interpretan que la dureza comunicacional y mediática mapuche es parte de sus estrategias políticas y económicas, en las que el litigio se presenta como exacerbado y de lejana solución, para poder luego negociar desde posiciones más fuertes. Los voceros mapuches afirman, por el contrario, que tienen la obligación de expresar su identidad y sus sentimientos de manera clara y directa, denunciando sin eufemismos los peligros generados por la industria petrolera. De tal manera, las acciones y escarceos en las negociaciones formales e informales se desarrollarían según las circunstancias, donde tanto las formas de protesta como los acuerdos serían mecanismos válidos para el logro de sus objetivos.

---

dad, ya que el escrito no sigue las rigideces propias de la norma, con sus formalismos y formulismos.

vii. ONG *y organizaciones ambientalistas*

En la región de la Cuenca Neuquina se movilizan varias organizaciones ambientalistas *antifracking*, tales como la Asamblea Permanente del Comahue por el Agua (APCA, Allen y Neuquén), el Parlamento por el Agua y otras. Sus militantes no son numerosos, pero mediante la coordinación de actividades con partidos políticos, sindicatos y grupos mapuches, alcanzan gran notoriedad.

Para entender la conflictividad que se expresa en sus movilizaciones, nos remitimos a un investigador de los riesgos tecnológicos y de la percepción social de los mismos. Cares Leiva (2014) aporta un texto que transcribo extensamente, dada su claridad:

> [...] existen al menos tres enfoques para contextualizar el riesgo: como variable científica, como concepto psicológico o como término construido socialmente. Por otra parte, en un plano de mayor generalidad autores como Ulrich Beck plantean que el ser humano contemporáneo vive en una auténtica sociedad del riesgo. Esta omnipresencia del riesgo hace que no resulte extraño que periódicamente se den acaloradas controversias respecto de la viabilidad de determinadas tecnologías. Entre ellas, destaca por su visibilidad actual en términos de sus posibles impactos a escala regional y nacional la disputa en torno del uso de la fractura hidráulica (*fracking*) en el desarrollo de los hidrocarburos no convencionales. Aquellos sectores proclives a prohibir esta técnica esgrimen diversos argumentos en los que se sostiene la existencia de determinados riesgos para la población y el medio ambiente. Concejos Deliberantes que han resuelto la prohibición de la fractura hidráulica en varias ciudades argentinas (Concepción del Uruguay, Allen, Tornquist, Epuyén, General Alvear) hacen detalladas menciones de los riesgos asociados. También, influyentes organizaciones ambientales o autodenominadas asambleas ciudadanas mantienen puntos de vista similares para reclamar en contra del uso del *fracking*.
> En general, de la lectura de estas fuentes documentales se desprende que los riesgos son entendidos de una manera cualitativa [...]. Esto dificulta conciliar puntos de vista con otras miradas respecto del riesgo, en particular con la metodología sistemática de evaluar riesgos tecnológicos, entendidos éstos como los peligros potenciales generados por la actividad humana relacionados con el acceso o uso de la tecnología y que son evaluados en términos del llamado Análisis Probabilístico de Riesgos (APR). Se asume aquí al riesgo tecnológico como una variable objetiva y, por ello, sujeta a análisis científico sistemático en términos de la cuantificación de su magnitud, la que puede ser calculada a partir de la combinación de dos factores: la probabilidad de un

evento indeseado y el tamaño estimativo del daño. Una primera conclusión de lo reseñado hasta ahora es que hay una diferencia esencial en la forma en la que expresamos y entendemos los riesgos. Por ejemplo, las ordenanzas municipales y las organizaciones ambientalistas hablan de riesgo, el complejo científico-tecnológico también, pero hablan desde dos lenguajes diferentes. Esto impacta fuertemente en la manera en que se deben resolver las controversias abiertas por el desarrollo de proyectos tecnológicos y, por ende, dificultan al poder político la toma de decisiones en materia de regulaciones. Además, en toda democracia moderna es pertinente la participación de la ciudadanía en el debate y se incorpora como elemento de análisis para la solución de los conflictos la llamada 'percepción de riesgos'. Esta denominación hace referencia al entendimiento intuitivo, psicológico y subjetivo del riesgo que un ciudadano posee respecto del desarrollo de tal o cual tecnología. [...] Por ejemplo, la población siente particular aversión con aquellos riesgos percibidos como involuntarios, incontrolables, inmorales, desconocidos, horrorosos o potencialmente catastróficos. Así, la tecnología nuclear, los desechos radiactivos, las aguas residuales o la minería de uranio son percibidas de manera muy negativa, a diferencia de la tecnología médica de rayos X, que es vista como controlable y básicamente segura, o los riesgos de accidentes viales que son asumidos como riesgos voluntarios.

En este listado, parcial, incompleto, se observa que hay actividades productivas en la que los riesgos emergentes aparecen para la ciencia y la tecnología como manejables y con grandes márgenes de seguridad (la energía nuclear o la industria del petróleo, por caso). En cambio, para una parte importante de la población tales riesgos se perciben como radicalmente peligrosos.

Agrego: todos los días mueren en la Argentina entre diez y veinte personas por accidentes en las carreteras, pero no han surgido movimientos "antiautomóviles". Se han derrumbado edificios por explosiones en los sistemas de calefacción, pero tampoco hay organizaciones que levanten la consigna "no al gas domiciliario". Objetivamente hay más riesgos en la cocina de un departamento, cuyas paredes están rodeadas por conductos de gas y electricidad, que en una locación de perforación petrolera. Sin embargo, las percepciones suelen ser inversas. La aversión subjetiva individual a los riesgos considerados "más severamente peligrosos", como la extracción de hidrocarburos, el glifosato y la fisión nuclear, es estimulada por el manejo de los medios masivos de comunicación y por las campañas negativas de los movimientos ultrambientalistas. Estos últimos descreen del método y los logros de la ciencia, a la que desvalorizan cual discurso cuyo único valor sería el de homologar y justificar la construcción de poder de las élites empresarias y políticas. Irracionales y emotivas, son minorías intensas que en Neuquén confluyen con las organizaciones aborígenes más radicales, coincidiendo con ellas en el rechazo a las jerarquías y a las formas modernas de conocimiento y organización social. Las diferencias culturales y de intereses entre las actividades extractivistas y las comunidades mapuches se mantendrán vigentes en el tiempo; tampoco los grupos ultrambientalistas cejarán en sus actividades nihilistas, por más demostraciones científicas que se les acerquen, pues siempre habrá un accidente o un evento fuera de control que servirá de "prueba" para acusar a la industria y vaticinar inminentes desastres ambientales.

viii. *Partidos políticos desarrollistas*

La provincia del Neuquén muestra una singular y activa dinámica político-partidaria. Es el único distrito del país donde tiene larga vigencia un partido provincial, el Movimiento Popular Neuquino (MPN), que renueva su hegemonía desde hace más de medio siglo, manteniendo el control del gobierno. Desde los inicios, impulsó una estrategia de financiación del Estado a través de las regalías petroleras, a las que, desde 2014, se agregaron las ganancias de Gas y Petróleo de Neuquén S.A. (GyP). Sus principales competidores han sido el peronismo, hoy representado por el Frente Para la Victoria, aliado a otros partidos más pequeños, y el radicalismo, en los últimos tiempos también coligado a organizaciones provinciales y al PRO.[91] Esos tres grandes bloques abarcan más del 90 % del electorado y, con matices, coinciden en la necesidad del desarrollo de la cadena de valor petrolera. En un escenario en el que temas energéticos son el principal punto de discusión, las diferencias se revelan en tres cuestiones clave:

a) Por una parte, se debate acerca de cómo distribuir la renta hidrocarburífera entre el Gobierno nacional y las provincias productoras de hidrocarburos, así como entre los distintos niveles gubernamentales y los actores privados, según ya hemos comentado.

b) A la par, se discute arduamente sobre la necesidad de planificar el cambio de la matriz productiva provincial, a fin de consolidar otras fuentes energéticas y otras cadenas de valores materiales y culturales (tema que trataremos más adelante). Mientras algunos sostienen que es necesario el total reemplazo de los hidrocarburos por otras fuentes energéticas, la mayoría plantea que la producción de petróleo y gas debería ser la palanca, no para su eliminación,

---

[91] PRO (Propuesta Republicana) es un partido político nacional, de extracción liberal-conservadora.

sino para diversificar el desarrollo de otros espacios de producción de bienes y conocimientos científicos y tecnológicos.[92]

c) Finalmente, pero no menos vigente en los debates, las cuestiones ambientales se mantienen vivas en las agendas políticas y los titulares de los diarios.

El panorama político partidario se completa con una miríada de partidos de izquierda, algunos de ellos representando a sindicatos estatales, la gran mayoría contrarios al *fracking* y a la participación de las empresas extranjeras en la producción petrolera.

ix. Sindicatos obreros y profesionales

La organización que nuclea a los trabajadores hidrocarburíferos en la región de Vaca Muerta es el Sindicato de Petróleo y Gas Privado de Río Negro, Neuquén y La Pampa, mientras que los profesionales son contenidos por el Sindicato del Personal Jerárquico y Profesional del Petróleo y Gas Privado de las mismas provincias. El primero de ellos responde a la tradición argentina de gremios con alto porcentaje de afiliación por parte de los trabajadores y con decidida participación tanto en las cuestiones estratégicas de la industria como en la política partidaria. El poder de dicha organización creció fuertemente desde la privatización de YPF en los años 90. Adhiere al MPN, conformando una línea interna que presenta candidatos y propuestas en las elecciones internas, alcanzando lugares relevantes tanto en el poder ejecutivo como en la legislatura de la Provincia. Las intendencias de varias localidades petroleras, como Rincón de los Sauces y Añelo, suelen estar ocupadas por afiliados al gremio.

---

[92] Algunas críticas al desarrollo petrolero parten de la hipótesis de que Neuquén estaría sufriendo la "maldición de los recursos naturales" o *enfermedad holandesa*: la pérdida de competitividad del resto de las cadenas de valor por la preeminencia de una actividad extractiva de alta rentabilidad. Por ejemplo, véase Giuliani (2013 a y b). Sin dejar de reconocer que algunos síntomas se parecen a los perjuicios que ocasionó el *boom* de los tulipanes en Holanda en el siglo XVII, es necesario precisar que el concepto se refiere a la revalorización de la moneda local con respecto a las divisas, generada por la corriente de ingresos de la actividad que se beneficia con los elevados precios de exportación. Dicha revaluación aumenta los costos internos y deteriora los precios de exportación de otras producciones. Es decir, se trata de procesos cuya dinámica es necesariamente nacional, no provincial. Además, no hay enfermedad holandesa en la Argentina debida a los hidrocarburos, pues no es exportadora de los mismos. Y tampoco Neuquén puede ser analizada como unidad de cuenta de transacción de divisas, simplemente porque no lo es. Precisamente, por pertenecer la provincia a una economía nacional que no está afectada por dicha "maldición", es viable implementar políticas para subsanar los desequilibrios de rentabilidades e ingresos, posibles soluciones que no tienen nada que ver con las que se suelen aplicar para las situaciones "holandesas", en la que solo caben devaluaciones u otros instrumentos de estrategia económica del sector externo.

La actitud sindical dentro de la cadena de valor requiere ser analizada y comparada con lo que ocurre en otros países. En EE. UU., Noruega, Arabia Saudita y la mayoría de los países productores, la cultura petrolera no admite otra cosa que el trabajo continuo. Las operaciones no pueden tener pausas y se trabaja día y noche, así como fines de semanas y feriados. Tanto accionistas, gerentes y directivos, como obreros y profesionales, aceptan que lo mejor para la comunidad es que los equipos produzcan a pleno el mayor tiempo posible, en el convencimiento de que así los ingresos marginales superarán a los incrementos de costos. En retribución, los trabajadores reciben compensaciones por las horas de trabajo extraordinarias y también premios a la producción. Tal es la tradición de cooperación y distribución de beneficios que predomina en la industria global.

En nuestro país, como en otros en los que el sindicalismo ha tomado preponderancia política, la equidad social se entiende de distinta manera. En tales casos, la jornada de ocho horas y los descansos semanales son innegociables y se hace difícil para las empresas mantener el ritmo "24/7" (veinticuatro horas y siete días sin detenerse), lo que supone un problema sensible ya que pretenden otro régimen de trabajo. Similares argumentos suelen esgrimir los directivos de diferentes empresas, uno de los cuales expresó:

> La clave del éxito del *shale* radica en la explotación con escala y ritmo industriales. No es como en el pasado, cuando una vez terminado y puesto a producir un pozo, este requería esporádicamente algún mantenimiento o *workover*. En los no convencionales hay que perforar, perforar, perforar y luego fracturar, fracturar, fracturar, porque la producción de cada pozo decae rápidamente; entonces la única manera de lograr rentabilidad es con mucho volumen y con perforación en serie. No poder operar 24/7 es un gran problema, porque disminuye la eficiencia y al final los números no cierran. Un pozo horizontal cuesta, típicamente en EE. UU., entre ocho y diez millones de dólares. Aquí todavía estamos por encima de quince. Es un tema que hay que resolver.

El gremio, por su parte, sostiene que los niveles de rentabilidad de los no convencionales son mayores a los que manifiestan las corporaciones, y que hay espacios para ampliar las escalas salariales. En cuanto al trabajo continuo, un dirigente obrero me explicaba:

> Los petroleros somos buenos trabajadores. Nuestro orgullo es producir. No estamos en desacuerdo en trabajar de noche y los domingos. Pero hay límites, porque en esas condiciones hay más riesgos. Las empresas deben entender que no pueden pedirle a un mismo trabajador que haga varias

tareas a la vez, como se hacía antes. Tiene que haber suficiente personal en las operaciones, cada trabajador haciendo lo que sabe y [aquello por] lo que puede responsabilizarse. Y durante el tiempo necesario para no fatigarse y cometer errores. Tenemos que encontrar el equilibrio entre salario, seguridad y horas de trabajo.

Sin llegar a niveles de alta conflictividad, esta cuestión se encuentra en el centro de las discusiones entre gerentes, sindicalistas y gobernantes.

2. Vaca Muerta, una inserción no planificada en la globalización

i. El debate sobre la planificación estratégica

En el debate nacional sobre el desarrollo de los no convencionales, que toma mayor densidad en las provincias de la Cuenca Neuquina, se escuchan muchas voces políticas, como dijimos, y también académicas, que reclaman cierta "planificación estratégica" para conducir el proceso. Un enfoque según el cual los problemas no deberían tomarse por separado y a las apuradas, pues la improvisación llevaría por mal camino. Las cuestiones que se ponen en debate son las siguientes:

– El crecimiento de Vaca Muerta debería ser parte de un *programa integral de desarrollo energético e industrial*, en el que las distintas formas de producción ocuparían espacios adecuadamente diseñados, alentando la diversificación de las fuentes, la agregación de valor industrial a las materias primas y la sustentabilidad ambiental.

– Neuquén y las restantes provincias de la cuenca tendrían que prever los impactos económicos, ambientales y sociales, a fin de minimizar sus efectos, aumentar los beneficios y disminuir los riesgos.

– Las infraestructuras necesarias para el éxito de la producción, tales como rutas, ferrocarriles, aeropuertos, líneas de alta tensión eléctrica y demás, deberían acompañar el crecimiento, dado que de no ser suficientes se generarían cuellos de botella que perjudicarían el buen funcionamiento de la producción y a las comunidades vinculadas.

– Escuelas, hospitales, seguridad ciudadana, trasporte público, etcétera, son servicios esenciales. Sin su correcta evolución, los impactos sociales no podrían ser atendidos, lo que tendría graves consecuencias para la convivencia, la sustentabilidad institucional y la producción misma.

– El Estado debería intervenir para mitigar los desequilibrios laborales y las desigualdades de ingresos. En tal sentido, por ejemplo, debería garantizarse el acceso a la vivienda frente a la demanda que genera el crecimiento demográfico.

– Existe especial sensibilidad por la concentración territorial de las problemáticas señaladas. Las tensiones económicas y ambientales afectan a toda la Provincia, pero se verifican con mayor intensidad en las comarcas y poblaciones cercanas a los *sweet spots*, como ya describimos, razón por la cual los protagonistas políticos enfatizan sobre la necesidad de estudiar, prever y programar su evolución.

– En los ámbitos académicos, más que en la opinión pública, se plantea la necesidad de crear espacios de investigación científica para producir conocimientos propios, tanto en cuestiones tecnológicas y productivas como en lo que respecta a las incidencias sociales del desarrollo de Vaca Muerta. No alcanzaría con replicar los saberes de otros países, pues nuestra realidad geológica, industrial, política, demográfica y cultural es específica, por lo que ningún plan estratégico de desarrollo de los no convencionales debería dejar de lado la investigación científica orientada a la solución de los problemas prácticos creados por los no convencionales.

Lo recién apuntado no constituye una lista exhaustiva de los objetivos de un programa a largo plazo, pero compila las temáticas que los actores de la Cuenca Neuquina mantienen en sus agendas de desarrollo.

ii. ¿Cómo (no) se planifica en EE. UU. respecto de los no convencionales?

Para evaluar la posibilidad de poner en vigor estrategias de planificación, nuevamente el método comparativo aporta información valiosa. Probablemente muchos se sorprenderán ante la afirmación de que en EE. UU., el país donde creció con felicidad la criatura no convencional, los resultados *no fueron consecuencia de planificación* alguna por parte del gobierno central, de los estados federales o de los líderes de la industria. Veamos:

– Si bien, tal como consignamos, a partir de la administración Carter se promovió, vía incentivos fiscales, la investigación académica y corporativa sobre el tema, no hubo nada parecido a un plan nacional de adjudicación de fondos para ciencia y tecnología; ni una gestión coordinada de políticas activas al respecto.

– Según leímos en la cita del libro *The frackers* (Zuckerman, 2013) que da comienzo a la sección IV de este libro, los grandes inversores y funcionarios norteamericanos pronosticaron o apostaron a una larga recesión en la producción petrolera. Es decir, tenían la cabeza y las colocaciones financieras en distintos lugares.

– Por su parte, como revela la misma fuente, las grandes firmas operadoras norteamericanas ni siquiera consideraron la posibilidad de obtener hidrocarburos de las rocas madre. Los innovadores fueron, en cambio, empresas formadas por aventureros, por inversores improvisados como petroleros por soñadores cuyas motivaciones estaban más cerca de la obsesión que de la visión estratégica.

– Paralelamente, la industria del carbón sufrió daños (de los que pocos hablan) probablemente irreversibles, ya que la estrepitosa baja de los precios del gas dejó fuera de competencia a la mayoría de las usinas alimentadas por ese mineral.

– También, como advertimos en los relatos de granjeros que vendieron sus derechos sobre el subsuelo, la agricultura en las regiones *frackineras* sufrió y sufre muchísimo, pues muchos propietarios perdieron el interés por sus cultivos y sus ganados.[93] Situación que constituye un indicador de que las disparidades de ingresos y de poder económico no tuvieron tratamiento preventivo y curativo alguno en el país del norte.

– En el ámbito regional, los estados norteamericanos "la vieron pasar" durante varios años, a tal punto que hasta bien entrada la década actual no habían generado marcos regulatorios ambientales adecuados al *fracking*. Por ejemplo, Illinois, escenario de un gigantesco *boom* de perforaciones, recién en junio de 2013 sancionó su *Hydraulic Fracturing Regulatory Act*, la primera norma integral dictada en todo el país, que se convirtió en una suerte de estándar para el resto de los distritos.

Así fue que cada condado, cada estado y el país entero se adaptaron como pudieron a una revolución productiva que no esperaban. Si la absorbieron es porque su cultura asume como naturales los cambios económicos y las innovaciones disruptivas. De tal manera, no hay movilizaciones populares cuando las economías regionales entran en depresión; igualmente, cuando caen los precios y las bolsas de valores, los despidos masivos en las industrias y el comercio no motivan huelgas generales.

Si casi nadie se ha detenido a analizar la manera caótica en que allí creció la producción *tight* y *shale* es porque fue un proceso exitoso; y el éxito no se

---

[93] Por ejemplo, el autor de este libro ha observado personalmente cómo en el norte de Texas, donde la escasez de agua para la agricultura es crónica, las empresas *frackineras* adquieren el agua para las estimulaciones hidráulicas comprándosela a los granjeros, quienes poseen la propiedad de todo lo que haya en el subsuelo. Consultado un funcionario sobre por qué el Estado no interviene para regular el uso del agua a fin de optimizar su uso y no dejar a los campos sin riego, la respuesta fue: "En Texas los derechos de los propietarios están por encima de todo. Cada cual puede hacer lo que quiera con sus recursos [*assets*], con la sola limitación de no generar daños a sus vecinos cercanos". Es decir, los derechos individuales sobre los sociales; una certera definición de la no planificación, en una cultura que descree de la misma.

discute. Muchos pueden creer que el *boom* no convencional venía impulsado por una cuidadosa programación y una decidida intervención de los gobiernos, pero no ocurrió así, sino que fue el resultado de un desorden expansivo y creativo que, a la par de ganadores, ha dejado un tendal de heridos económicos y sociales. Otros seguramente dirán que esa es la lógica darwiniana de los "mercados libres", lo cual puede ser cierto desde una visión liberal, pero ello precisamente confirmaría que el proceso de los no convencionales en EE. UU. tuvo y tiene características que no obedecen, ni remotamente, a nada que se refiera a previsión o planificación.

iii. *Descoordinación detrás de una visión productivista y de una realidad desbordante*

En Argentina y Neuquén, sociedades periféricas cuyas experiencias indican que dejar librada la "mano invisible del mercado" a su albedrío implicaría generar recesión y desocupación, hay intentos de planificación correctiva y precautoria por parte de distintos entes nacionales y provinciales, así como de YPF y de Gas y Petróleo de Neuquén. De manera distinta, a través de las cámaras que las nuclean, las empresas también investigan los problemas socio-tecnológicos y plantean soluciones, pero pensando casi exclusivamente en el "clima de negocios" y en las condiciones para mejorar las rentabilidades. Como resultado de esas actitudes, puede afirmarse que, en materia de proyección de futuro y reparación de resultados no deseados, en la Cuenca Neuquina y Vaca Muerta cada cual tiene una perspectiva diferente, y actúa en consecuencia. Menos que articulación de las capacidades de cada sector con los demás, las relaciones contienen más roces y desinteligencias que colaboración y suma de esfuerzos. Veamos:

a) *La empresa nacional* YPF, como relatamos, ha puesto en marcha una estrategia de crecimiento por fuera o por encima del resto de las firmas operadoras. Tiene muy claras las metas y los medios necesarios para lograrlas. Es una topadora que abre el camino de los no convencionales en la Cuenca Neuquina, arrastrando a las corporaciones asociadas (Chevron, Dow Chemical, Petronas, Pluspetrol, PAE, etcétera) y a las empresas de menor tamaño. Ha resuelto con prontitud cuestiones logísticas y operativas, como la provisión local de arenas de fractura, pero no ha avanzado con la misma decisión en temáticas de responsabilidad social. No es que no existan esfuerzos en ese sentido. Por ejemplo, en vinculación con el ente de planificación de Neuquén (COPADE), YPF está canalizando fondos de agencias internacionales para investigaciones económicas, demográficas, ambientales y sociales sobre los impactos de la nueva industria extractiva y las posibles vías de mejoramiento en poblaciones como Añelo y Las Heras (Santa Cruz). Estas valiosas iniciativas se encuentran en etapas preliminares, por lo que aún no constituyen insumos efectivos para modificar un escenario en el que las urgencias productivas superan a las comunitarias.

En el ámbito de la ciencia y la tecnología, la firma estatal nacional ha creado, en sociedad con el Consejo Nacional de Investigaciones Científicas y Técnicas (CONICET), la empresa YPF Tecnología S.A. (Y-Tec), para impulsar el crecimiento de sus saberes petroleros y energéticos. Valorable como es el proyecto ya en marcha, no se articula con las demás empresas del sector y no prevé desarrollar proyectos que apunten a los problemas sociales regionales, salvo los que se presentan puntualmente en los espacios territoriales de sus operaciones.

b) *El Ministerio de Planificación Federal Inversión Pública y Servicios*, junto con sus agencias, ha hecho un relevamiento de la situación y ha comprometido inversiones en infraestructuras y servicios sociales, tales como rutas, aeropuertos, escuelas y hospitales, y programadas en consulta con el Gobierno provincial, también responsable de ejecutar parte de las obras. El contrato de YPF y Chevron con la provincia de Neuquén para Loma Campana, firmado en 2013, fue acompañado de un convenio con dicho ministerio para invertir 1.000 millones de pesos en los temas mencionados. Pasaron más de dos años y el ritmo de inversión es a todas luces insuficiente, pues, repetimos, las acciones van por detrás del crecimiento de los problemas.

c) *El Estado provincial* es quien más interesado está en articular intervenciones eficientes sobre el devenir del crecimiento no convencional. Pero así como en el nivel nacional la necesidad de aumentar la producción condiciona lo que se hace respecto del resto de las cuestiones sociales, en Neuquén la profundidad y el ritmo de las políticas de planificación y prevención de estas últimas se encuentran obstruidos por una suerte de pinza, uno de cuyos extremos está constituido por las dificultades financieras que afectan al presupuesto estatal y el otro por el aluvión poblacional tras la promesa de trabajo bien remunerado del petróleo. Así, la construcción de viviendas, hospitales y escuelas avanza a buen ritmo, pero no alcanza para sostener las crecientes demandas. Las rutas son insuficientes y las existentes están en mal estado. Y los servicios públicos de agua y gas se encuentran al límite de sus prestaciones, que, además, no llegan a toda la población.

Es del nivel provincial de donde surgen las mejores esperanzas de evolucionar favorablemente, para alcanzar cierta capacidad de prevención y remediación de los impactos y las enfermedades sociales que caracterizan a los *booms* petroleros, precisamente porque en ese ámbito es donde se sufren los problemas y donde hay voluntad política para solucionarlos. De tal manera, el Estado provincial ha planteado una visión que se apresta a convertir en un programa efectivo. Siguiendo el ejemplo de otras sociedades periféricas o semiperiféricas, como algunos países árabes y Noruega,[94] se está preparando la legislación para instaurar uno o más fondos fiduciarios para financiar obras y servicios públicos, así como para terminar con los déficits presupuestarios y jubilatorios, procurando tomar la delantera en las dimensiones sociales y ambientales.[95] De similar manera, en el terreno productivo la iniciativa apuntaría a crear capacidades propias de financiación de la diversificación productiva y las energías renovables. La Provincia estima que, a partir de 2017, en cinco años ingresarían en las arcas públicas aproximadamente 6.000 millones de dólares provenientes de rentas hidrocarburíferas, monto equivalente a la suma de dos presupuestos anuales. Dichas rentas, como vinimos describiendo a lo largo del libro, provendrían del cobro de regalías por la producción no convencional, la venta de concesiones y las ganancias de la empresa provincial GyP. Los gastos corrientes seguirían siendo solventados por los ingresos tradicionales, entre los que se encuentran las regalías por la explotación de los recursos convencionales.

No será fácil ese camino, porque habrá otros intereses (acreedores gubernamentales y privados, gremios estatales, empresas en dificultades, superficiarios criollos y mapuches, movimientos sociales) que bregarán para llevar a otros destinos esas riquezas. A la par, la relación del Gobierno provincial con el nacional, a la hora de tomar decisiones sobre la renta petrolera, es controvertida, lo que también dificulta las posibilidades locales de planificar el futuro.

d) Siguiendo con los actores privados de la (des)articulación del sistema petrolero de la Cuenca Neuquina, las empresas operadoras y de servicios tienden naturalmente a centrar sus capacidades en mejorar la rentabilidad, lo que implica, antes que nada, bajar costos. La experiencia no convencional de EE. UU. ha mostrado que el intercambio de información entre los *players* es productivo, porque permite acelerar los procesos de aprendizaje, de comprensión de la geología de cada proyecto y de reducción de costos de perforación. Por ello, entre las empresas privadas que operan en la Cuenca Neuquina existe la predisposición al intercambio de experiencias, lo que ayuda al planeamiento productivo a mediano y largo plazo. Pero esas vinculaciones se concentran en temas técnicos y logísticos y no se extienden a los problemas sociales derivados de la explotación petrolera. La observación del autor de este libro, en cuanto a la

---

[94] Se entiende aquí el concepto de sociedades periféricas o semiperiféricas atendiendo al contexto de las cadenas globales de valor en los distintos segmentos tecnológicos del sistema-mundo.

[95] Hay abundante información periodística al respecto. El artículo titulado "El Plan Vaca Muerta de Neuquén", publicado en el Suplemento de Energía del diario *Río Negro* del 1 de agosto de 2015, es una muy buena síntesis.

actitud de la mayoría de las empresas respecto de las relaciones con la sociedad, permite afirmar que las mismas se limitan a una interpretación restrictiva del concepto de "Responsabilidad Social Empresaria" (RSE); una concepción por la que los compromisos se reducen a actuar escrupulosamente con el personal, a producir con calidad y a cuidar el medio ambiente. Es decir, concentrarse en la propia organización, prestando poca o ninguna atención a las comunidades circundantes.

El Estado provincial procura que las empresas asuman mayores responsabilidades con los múltiples actores de la sociedad local. Para ello, ha propuesto una modalidad distinta de RSE mediante un proyecto de ley denominado *Responsabilidad Social, Ambiental y Comunitaria*, que al momento de escribir estas líneas tomaba estado parlamentario en la Legislatura provincial.[96] La iniciativa estimula y obliga a las firmas a extender sus actividades a fin de generar *valores compartidos* con las comunidades cercanas. Ya no se trata solo de incrementar las ganancias y el producto bruto interno, sino de generar valores y recursos no necesariamente económicos. De aprobarse, este modelo de articulación *obligará*, a la presentación de balances anuales de activos y pasivos sociales y ambientales. Asimismo el proyecto de ley implica una convocatoria a dejar atrás la historia de los enclaves petroleros e industriales, aquellas explotaciones que se despreocupaban de su entorno para maximizar solo los beneficios de los accionistas. La reacción de las empresas ha sido dispar; algunas se manifestaron de acuerdo y otras comenzaron a mover sus *lobbies* en el parlamento provincial, abogando por su rechazo o modificación.

En resumen, las estructuras estatales y la sociedad civil aún no han tomado la iniciativa en el devenir de tan complejos procesos. Los acontecimientos continúan regidos por el sentido o el sinsentido del mejor rendimiento económico estatal y privado. Tanto los Gobiernos nacional y provincial, como YPF y las demás empresas, muestran alguna predisposición a la acción planificadora y preventiva, pero en ámbitos más bien recoletos, no advirtiéndose aún una voluntad compartida para funcionar como un sistema articulado de decisiones; un estilo de manejo sociotecnológico capaz de lograr el éxito productivo a la par del respeto a las comunidades regionales y al medio ambiente.

iv. *Plegaria seglar por el futuro de Vaca Muerta y los no convencionales*

Culmino esta sección sobre las posibilidades de construir un futuro mejor para los neuquinos y argentinos con una exhortación llena de fe, con la espe-

---

[96] Proyecto de Ley N° 8.518, Expediente E-015/14 de la Legislatura Provincial de Neuquén.

ranza puesta en el buen aprovechamiento de la oportunidad que nos brindan Vaca Muerta, Los Molles y Agrio; y la convicción de que este enorme proyecto colectivo permitirá, por carácter transitivo, el desarrollo de las demás actividades productivas y culturales de la Norpatagonia:

– Que el Gobierno nacional considere con la misma pasión e inteligencia los planes productivos para recuperar el autoabastecimiento y para avanzar con los hasta ahora insuficientes programas de atención de los problemas sociales.

– Que la recesión global, la caída de los precios internacionales del petróleo, la restricción de divisas y los tribunales de Nueva York no desalienten los flujos de inversiones hacia nuestras apreciadas rocas madre.

– Que el Plan Vaca Muerta del Gobierno provincial tome el buen camino, y que las dificultades presupuestarias y la puja por la renta estatal no impidan el logro de sus objetivos económicos, sociales, ambientales, de diversificación productiva y de crecimiento equilibrado.

– Que los partidos políticos, gobernantes, legisladores, ONG y movimientos sociales logren consensos básicos para el debate productivo y el dictado de adecuadas leyes sobre medio ambiente, distribución de la renta y demás cuestiones vinculadas al desarrollo de los no convencionales.

– Que las desavenencias entre YPF y GyP por el manejo de las concesiones no entorpezca la necesaria coordinación de las estrategias de crecimiento.

– Que a partir de Y-Tec, la iniciativa de acumular conocimientos científicos y tecnológicos nacionales se combine y extienda en una red de investigación y desarrollo que incluya a las agencias y a los laboratorios de las provincias petroleras, las empresas y las pymes.

– Que el conjunto (des)articulado de empresas extranjeras y nacionales, estatales y privadas, corporaciones y pymes se integre en un sistema o clúster de mutua colaboración, entendiendo que el éxito de cada una depende del buen funcionamiento de la totalidad.

– Que las firmas de mayor envergadura, que deberían ser más proactivas en sus relaciones con las comunidades circundantes, actúen con compromiso y responsabilidad social, comunitaria y ambiental, construyendo valores compartidos con las mismas, más allá de la producción petrolera y la simple rentabilidad.

– Que las enfermedades sociales que suelen traer aparejadas las actividades petroleras (alcoholismo, drogadicción, prostitución, violencia familiar, desarraigo) puedan ser tratadas, mitigadas y prevenidas.

– Que los campos de superficiarios criollos y mapuches sufran en la menor medida posible los impactos ambientales y que la presencia avasallante de la industria hidrocarburífera sea también fuente de progreso para ellos.

– Que las comunidades originarias afectadas encuentren la paz, que afiancen su cultura y garanticen sus derechos ancestrales. Que todos los que habitamos esta tierra, (ab)originarios o no, alcancemos la madurez intercultural, valorando al otro y reconociendo hasta dónde llegan las atribuciones de cada uno.

– Que los municipios de menor envergadura ubicados en las regiones petroleras logren suficiente capacidad de gestión y apoyo de las instancias estatales superiores como para asimilar el *boom* no convencional y aprovechar sus impactos positivos.

– Que empresas y sindicatos encuentren un equilibrio entre los derechos de los trabajadores y las necesidades de bajar costos en la producción.

– En definitiva, que los conflictos que indefectiblemente genera y generará el desarrollo de los no convencionales en las provincias de la Cuenca Neuquina se resuelvan racional y pacíficamente, en aras del bienestar individual y colectivo, de manera que todos los actores obtengan beneficios tangibles, y que nadie perciba que pagó excesivos costos o que perdió en el reparto de las ganancias.

Si esos deseos se cumplen, aun parcialmente, Neuquén y la Norpatagonia tal vez no llegue a ser la tierra prometida, pero al menos no se convertirán en una región de sacrificios ambientales y sociales.

Lista de acrónimos y abreviaturas

µm: micrón, unidad de medida equivalente a una milésima de milímetro.
APCA: Asamblea Permanente del Comahue por el Agua.
API: American Petroleum Institute, conocido en español como Instituto Americano del Petróleo, es la principal asociación de los Estados Unidos que representa a unas 400 corporaciones implicadas en la producción, el refinamiento, la distribución y otros aspectos de la industria del petróleo y del gas natural.
ASSUPA: Asociación de Superficiarios de la Patagonia.
Bar: medida de presión igual, aproximadamente, a la presión atmosférica; 1 *kbar* = 1.000 *bares*.
BCF, TCF: billones de pies cúbicos y trillones de pies cúbicos.
Brent: cotización del petróleo del mar del Norte, arbitrada por la International Petroleum Exchange.
BSSA: Boletín de la Sociedad Sismológica de los Estados Unidos de América.
BTU: *British Thermal Unit,* unidad de medida del contenido calórico del gas.
CAPEX: *Capital Expenditures,* erogaciones de capital.
CBL: *Cement Bond Log*, registro que mide la adherencia de un cemento a una superficie.
CBM: *Coal Bed Methane*, metano de lechos de carbón.
EBITDA: *Earnings Before Interest, Taxes, Depreciation And Amortization*, ganancia bruta, exceptuando intereses, impuestos, depreciación y amortización.
EDF: *Environmental Defense Fund*, Fundación de Defensa del Medio Ambiente de EE. UU., organización sin fines de lucro, con sede en Nueva York.
EIA: *Energy Information Administration*, Agencia de Información Energética de EE. UU.
EOR: *Enhanced Oil Recovery*, recuperación terciaria o recuperación mejorada de hidrocarburos.
EPA: Environmental Protection Agency, Agencia de Protección Ambiental de EE. UU.
Fm: formación litológica.

Gg: giga gramo, equivalente a un millón de kg o mil toneladas.
Gr: grupo litológico.
IAPG: Instituto Argentino del Petróleo y el Gas.
lbm: unidad de masa expresada en libras; no confundir con libra fuerza o con libra moneda.
lpc: unidad de presión medida en libras por pie cúbico.
LLL: Loma de la Lata.
Ma: millones de años.
mD: *milidarcy*; el *darcy* es una medida de la permeabilidad de las rocas.
MMpc: millones de pies cúbicos.
Mx, MMy: cuando un parámetro está precedido por M o MM significa que se trata de miles o millones de la misma, respectivamente. Ejemplo: MMTEP, millones de toneladas de petróleo equivalente.
NORM: *Naturally ocurring radioactive* materials, materiales radiactivos naturales que surgen de las explotaciones.
OPEP: Organización de Países Exportadores de Petróleo.
P1, P2, P3: Reservas comprobadas, probables y posibles.
P10, P50, P90: niveles de probabilidades estimadas (10 %, 50 %, 90 %) de existencias de reservas hidrocarburíferas. Se relaciona con los parámetros P1, P2 y P3, referentes a reservas comprobadas, probables y posibles.
Pa: unidad de presión del Sistema Internacional de Unidades.
PAA: poliacrilamida.
Ph: coeficiente que indica el grado de la condición ácida o básica de una solución acuosa.
Poise: unidad de medida de la viscosidad.
PPA: *Proppant Added Per Gallon* (lbm/gallon): medida de concentración de agente sostén.
psi: *pounds force per square inch*, libra fuerza por pulgada cuadrada.
Q1, Q2, Q3: períodos cuatrimestrales.
Ro: reflectividad de la vitrinita que mide la calidad de los hidrocarburos contenidos en una roca.
RT: rift transtensional.
SPE: Society of Petroleum Engineers, Sociedad de Ingenieros de Petróleo. Organización de profesionales, ingenieros, científicos y técnicos que trabajan en la industria del petróleo y el gas, con sede en 58 países.
TDS: *Total Dissolved Solids*, sólidos disueltos en el agua.

TEP:	Toneladas Equivalentes de Petróleo. La equivalencia se refiere a los volúmenes de gas cuyo contenido calórico es similar a una tonelada de petróleo. Permite reducir en un solo parámetro las cantidades de petróleo y gas.
TIR:	Tasa interna de retorno o tasa interna de rentabilidad. Mínima tasa de interés que permite el retorno de una inversión.
TOC:	*Total Organic Carbon* o COT, Carbono Orgánico Total, medido en volumen respecto de la roca contenedora.
TRE:	Tasa de Retorno Energética, la energía generada por una fuente, dividida por la energía invertida.
TW:	*Two-Way Time*, el tiempo que tarda la señal sísmica para ir hasta una capa reflectora y retornar al instrumento de medición.
WTI:	West Texas Intermediate, cotización de las corrientes de petróleo liviano de Texas y el Caribe.

Bibliografía

Al-Hajeri, Mubarak Matlak y Al Saaeda, Mariam, "Modelado de cuencas y sistemas petroleros", en *Oilfield Review,* Schlumberger, verano 2009, 21, n° 2. Disponible en: http://www.slb.com/~/media/Files/resources/oilfield_review/spanish09/aut09/02_sistemas_petroleros.pdf - Acceso: 03/02/2015.

Alonso, Ricardo, *La autopsia a la Vaca Muerta*, 2012. Disponible en: http://libreriasanlucas.blogspot.com.ar/2012/04/ypf-la-autopsia-la-vaca-muerta.html. Acceso: 02/12/2014.

Arellano Varela, Jesús Enrique: *Métodos de recuperación mejorada de petróleo*. http://www.monografias.com/trabajos31/recuperacion-petroleo/recuperacion-petroleo, 2006. Disponible en: shtml#Relacionados. Acceso: 11/01/2015.

Arthur, Daniel J.; Bohm, Brian; Coughlin, Bobbi Jo y Laine, Mark. *Evaluating the Environmental Implications of Hydraulic Fracturing in Shale Gas Reservoirs*. ALL Consulting, 2008. Disponible en: http://www.all-llc.com/publicdownloads/ArthurHydrFracPaperFINAL.pdf. Acceso: 09/03/2015.

Askenazi, Andrés; Biscayart, Pedro y otros. *Analogía entre la Formación Vaca Muerta y Shale Gas/Oil Plays de EE. UU*. Society of Petroleum Engineers (SPE), Argentine Section, 2013. Disponible en: http://shaleseguro.com/wp-content/uploads/2014/03/SPE_JJPP0003.pdf - Acceso: 23/03/2015.

Bermúdez, Adriana y Delpino, Daniel H., "Concentric and radial joint systems within basic sills and their associated porosity enhancement, Neuquén Basin, Argentina", en *Structure and Emplacement of High-Level Magmatic Systems* (K. Thomson y Nick Petford, ed.), special publication n° 302, Geological Society of London. UK, Geological Society Publishing, 2008.

Caldarelli, Alejandro "YPF-Chevron: Otro parche para la política energética argentina", en *Semanario Económico E&R (Energía y Regiones)*, n° 76, 2013. Disponible en: http://www.urgente24.com/sites/default/files/Semanario%20Econ%C3%B3mico%20N%C2%BA76.pdf. Acceso: 28/03/2015.

Cares Leiva, Vladimir "*Fracking*: innovaciones y trayectorias tecnológicas", en *Diario Río Negro*, General Roca, Río Negro, 23 de octubre de 2013. Disponible en: http://www.rionegro.com.ar/diario/fracking-innovaciones-y-trayectorias-tecnologicas-1326555-9539-nota.aspx. Acceso: 26/10/2013

_____ "Conocer los riesgos. Desarrollo científico, percepción social y avances productivos", *Página 12*, suplemento Cash, 12/03/2014. Disponible en: http://www.pagina12.com.ar/diario/suplementos/cash/17-7514-2014-03-09.html. Acceso: 03/09/2014.

Cares Leiva, Vladimir; López, Fernando y Cares, Pablo, "Una técnica conocida", *Página/12*, suplemento Cash, 3/11/2013. Disponible en: http://www.pagina12.com.ar/diario/suplementos/cash/17-7214-2013-11-03.html. Acceso: 27/03/2014.

Castro, Jorge, "El *shale* gas cambia la ecuación energética", *Clarín*, 26/05/13. Disponible en: http://www.clarin.com/opinion/shale-gas-cambia-ecuacion-energetica_0_926307497.html. Acceso: 26/05/13.

Chebli G., Mendiberri H., Giusano A., Ibáñez G., Alonso, J., "El *"shale gas"* en la provincia del Neuquén", *VIII* Congreso de Exploración y Desarrollo de Hidrocarburos. Subsecretaría de Hidrocarburos, Energía y Minería de la Provincia del Neuquén. Disponible en: http://www.energianeuquen.gov.ar/Publicaciones/6shalegasnqn.pdf. Acceso: 29/11/2013.

Chebli, Gualter; Giusano, Adolfo; Ibañez, Guillermo, Alonso, Julio y Mendiberri, Hector, *El* shale gas *en la provincia del Neuquén*. Phoenix Oil & Gas y Subsecretaría de Hidrocarburos, Energía y Minería de Neuquén, 2010. Disponible en: http://www.energianeuquen.gov.ar/cms/files/contenido/70/2Presentacionshalegas.pdf. Acceso: 29/11/ 2013.

Chevron Corporation, "*Loma Campana Shale Hits Stride in Argentina*", en *Chevron Web Newsletter*, 2015. Disponible en: http://www.chevron.com/news/inthenews/article/03182015_lomacampanashalehitsstrideinargentina.news Acceso: 07/04/2015.

Coleman, James y Cahan, Steve, "Preliminary Catalog of the Sedimentary Basins of the United States", en: *Open File Report*, U.S. Geological Survey, U.S Department of the Interior, 2012. Disponible en: pubs.usgs.gov/of/2012/1111/pdf/ofr2012-1111.pdf. Acceso: 20/01/2015.

Consejo Superior de Colegios de Ingenieros de Minas- España, "El *fracking* en EE. UU. Lecciones aprendidas", 2013. Disponible en: http://www.shalegasespana.es/es/index.php/prensa/blog/entry/el-fracking-en-ee-uu-lecciones-aprendidas-1. Acceso: 03/12/2014.

Consejo Superior de Colegios de Ingenieros de Minas- España (2013 b). *Relevancia técnico-económica de los yacimientos de gas no convencional. Extrapolación a España*. Ministerio de Agricultura y Medioambiente, España. Disponible en: http://www.shalegasespana.es/es/index.php/publicaciones/medio-ambiente-y-seguridad/128-relevancia-tecnico-economica-de-los-yacimientos-de-gas-no-convencional-extrapolacion-a-espana - Acceso: 03/12/2014.

Corona, Guillermo, "Animal geológico N° 3: Sistema petrolero, 2010. Disponible en: http://animalderuta.com/2010/11/12/animal-geologico-n3-sistema-petrolero. Acceso: 02/12/14.

Corona, Guillermo, "Sobre No Convencionales, Vaca Muerta, *fracking* y otras yerbas", 2013. Disponible en: http://animalderuta.com/2013/07/16/sobre-no-convencionales-vaca-muerta-fracking-y-otras-yerbas/. Acceso: 05/12/2014.

Versión con información afín: "Verdades sobre *fracking*, Vaca Muerta y *shale* gas. El ABC y más". Disponible en: http://frackingargentina.tumblr.com/

post/63491884774/verdades-sobre-fracking-vaca-muerta-y-shale-gas. Acceso: 03/01/2015.

D'Huteau, Emmanuel y otros "Fracturamiento con canales de flujo abierto; una vía rápida para la producción", 2012. *Oilfield Review,* Schlumberger, otoño 2011, 23, n° 3. Disponible en: https://www.slb.com/~/media/Files/resources/oilfield_review/spanish11/aut11/01_fracturamiento.pdf. Acceso: 07/03/2015.

Dawe, Richard A. ed., *Modern Petroleum Technology. Vol. 1: Upstream.* West Sussex. John Wiley & Sons, Institute of Petroleum, 2000.

D'Elía, Leandro (2010).*Caracterización estratigráfica y estructural de la evolución temprana (sin-rift y post-rift inicial) del margen sur de la Cuenca Neuquina entre Sañicó (Neuquén) y el río Limay (Río Negro).* Tesis de doctorado. Repositorio Institucional de la Universidad Nacional de La Plata, SEDICI. Disponible en: http://sedici.unlp.edu.ar/handle/10915/5320. Acceso: 01/04/2015.

Dirección Provincial de Estadísticas y Censos, *Matriz Insumo Producto 2004. Provincia del Neuquén.* Neuquén, Ministerio de Hacienda, Obras y Servicios Públicos, 2005.

Dozier, George; Elbel, Jack; Fielder, Eugene y otros, "Operaciones de refracturamiento hidráulico". *Oilfield Review,* Schlumberger, invierno 2003-2004, 15, n° 3. Disponible en: https://www.slb.com/~/media/Files/resources/oilfield_review/spanish03/win03/p42_59.pdf. Acceso: 12/03/2015.

Durham University, *¿De qué tamaño pueden ser los terremotos causados por fracturación hidráulica?* Durham Energy Institute (DEI), Briefing Note, april 2013. Disponible en: https://www.dur.ac.uk/resources/refine/ResearchBrief_InducedSeismicity_Spanish.pdf. Acceso: 18/12/2013.

Environmental Protection Agency, "EPA's Study of Hydraulic Fracturing for Oil and Gas and Its Potential Impact on Drinking Water Resources", en *Executive Summary,* Washington, D.C., 2014. Disponible en: http://www2.epa.gov/hfstudy. Acceso: 08/06/2015.

Ernesto López Anadón, Víctor Casalotti, Guisela Masarik y Fernando Halperin, *El abecé de los hidrocarburos en reservorios no convencionales,* 3ª ed. Buenos Aires, Instituto Argentino del Petróleo y del Gas, 2013. Disponible en: http://www.shaleenargentina.com.ar/archivo/ABC-N-C-Edicion3.pdf. Acceso: 12/12/2014.

Etcheverry, Rubén y Toledo, Miguel, *Yeil. Las nuevas reservas.* Neuquén [edición del autor], 2012.

Fernández Badessich, Matías, "Vaca Muerta Reservoir. Engineering & Production Performance", documentación presentada al Estado provincial del Neuquén para la aprobación de la concesión de explotación no convencional en Loma Campana. Biblioteca de la Legislatura de Neuquén, "Juan José Brion". Biblioteca de la Subsecretaría de Minería e hidrocarburos del Neuquén, 2012.

Fernø, Martin A., *Improved Oil Recovery and Reservoir Physics.* Noruega, Department of Physics and Technology, University of Bergen, 2014. Presentación a la Red Nacional de Universidades Petroleras (RUP-YPF).

Ferraro, Guillermo, "Vaca Muerta: ¿Joya de la corona o yacimiento de incertidumbre?", *Clarín,* suplemento iEco, 04/03/2015. Disponible en: http://www.ieco.

clarin.com/economia/Vaca_Muerta-petroleo-shale-inversiones_0_1314468901. html. Acceso: 04/03/2015.

Franzese, J. R. y Spalleti, L. A., "Late Triassic- Early Jurassic continental extension in southwestern Gondwana: tectonic segmentation and pre-break-up rifting", *Journal of South American Earth Sciences*, 2001.

Frohlich, Cliff; Hayward, Chris; Stump, Brian; y Potter, Eric, "The Dallas-Fort Worth Earthquake Sequence: October 2008 through May 2009". *Bulletin of the Seismological Society of America*, vol. 101, nº 1, pp. 327-340, February 2011. Disponible en: https://pangea.stanford.edu/researchgroups/scits/sites/default/files/327.full_.pdf. Acceso: 05/05/2015.

Fundación EcoSur, "Fractura hidráulica o fracking. Para la extracción de gas y petróleo no convencionales", 2013. Disponible en: http://www.fundacionecosur.org.ar/doc/Modos%20de%20Produccion/Cartilla_Lectura-1.pdf. Acceso: 12/11/2014.

Gadano, Nicolás, *Historia del petróleo en la Argentina. 1907-1955: Desde los inicios hasta la caída de Perón*. Buenos Aires, Edhasa, 2006.

Garza, Norma, "Los vecinos millonarios del *shale*", en *Reporte Índigo cinco días*, Edición Monterrey nº 599, 2014. Disponible en: http://df3vgdkto12gv.cloudfront.net/sites/default/files/edicion599mty-web.pdf. Acceso: 24/05/2015.

Giliberti, Fernando, YPF: *Desafíos y aprendizajes del desarrollo no convencional en la Argentina.* FIDE, Fundación de Investigaciones para el Desarrollo, 2014. Disponible en: http://blog.fide.com.ar/wp-content/uploads/2014/10/FIDE-8-oct-2014-FINAL.pdf. Acceso: 25/04/2015.

Glosario Schlumberger. Disponible en http://www.glossary.oilfield.slb.com/es/ - Acceso: varias fechas durante 2015.

Greenpeace España, "Fractura hidráulica para extraer gas natural (*fracking*)", 2012. Disponible en: http://www.greenpeace.org/espana/Global/espana/report/cambio_climatico/Fracking-GP_ESP.pdf. Acceso: 01/05/2015.

Huismans, Ritske S., *Geodynamic modeling mountain belt formation and sedimentation: from crust to basin,* Noruega. Department of Earth Science, University of Bergen. Presentación a la Red Nacional de Universidades Petroleras (RUP-YPF).

Independent Petroleum Association of America (IPAA), "Nonconventional Fuels Tax Credit", 2005. Disponible en: http://www.ipaa.org/wp-content/uploads/downloads/2012/01/2005-02-Nonconventional-Fuels-Tax-Credit.pdf. Acceso: 02/07/2015.

Instituto Argentino de la Energía General Mosconi, "INFORME: Evolución de las reservas de hidrocarburos en Argentina entre el 31 de diciembre de 2002 y el 31 de diciembre de 2013", 2014. Disponible en: http://web.iae.org.ar/documentos-iae/informe-evolucion-de-las-reservas-de-hidrocarburos-en-argentina-entre-el-31-de-diciembre-de-2002-y-el-31-de-diciembre-de-2013/#.Vawg67W_60A. Acceso: 14/11/2014.

Instituto Argentino del Petróleo y del Gas, (IAPG), *El Abecé del Petróleo y el Gas en el mundo y en la Argentina*. Buenos Aires. Comisión de publicaciones del IAPG,

2009. Disponible en: http://www.iapg.org.ar/web_iapg/publicaciones/libros-de-interes-general/el-abece-del-petroleo-y-del-gas. Acceso: 12/12/2014.

Instituto Argentino del Petróleo y del Gas (IAPG), *El Abecé de los Hidrocarburos en Reservorios No Convencionales* (Shale *gas,* shale oil, tight *gas).* Buenos Aires, 2013. Disponible en: http://www.shaleenargentina.com.ar/archivo/ABC-N-C-Edicion3.pdf. Acceso: 12/12/2014.

Instituto Argentino del Petróleo y del Gas (IAPG), "No convencionales. Un nuevo horizonte para la industria del petróleo y el gas: Los hidrocarburos en el contexto internacional y de los cuestionamientos ambientales", 2014. Disponible en: http://www.archivo.ipa.org.ar/images/27.05.2014ErnestoAnadn.pdf. Acceso: 12/12/2014.

Kimball, Bob, *Key Considerations for Frac Flowback/Produced Water Reuse and Treatment.* AAEE/NJWEA (American Academy of Environmental Engineers & Scientists /New Jersey Water Environment Association) Industrial Waste Preconference Workshop, New Jersey 96th Annual Conference, 2011. Disponible en: http://www.aaees.org/downloadcenter/presentations/NJWEA052011-04FracFlowbackConsiderations.pdf. Acceso: 12/03/2014.

Labayén, Inés, "De qué hablamos cuando hablamos de "shale". La roca generadora como roca reservorio", en *Revista Contacto* nº 36, septiembre 2011. SPE (Society of Petroleum Engineers), Argentine Petroleum Section. Disponible en: http://www.spe.org.ar/locker/pdf/SPE_TT_Shale.pdf. Acceso: 28/01/2015.

Lauri, Cecilia, *Fractura hidráulica.* Subsecretaría de Hidrocarburos, Energía y Minería de Neuquén, 2013. Disponible en: http://www.energianeuquen.gov.ar/cms/files/contenido/67/DIFUSION_SSMeH_FRACKING.pdf. Acceso: 29/11/2014.

Lazo Darío G., "Vida y obra de Charles Edwin Weaver (1880-1958) y su paso por la Cuenca Neuquina en los años 20", en *Revista de la Asociación Geológica Argentina* nº 65, Buenos Aires, 2009, pp. 241-247.

Legarreta, Leonardo y Villar, Héctor, "Las facies generadoras de hidrocarburos de la Cuenca Neuquina", en *Revista Petrotecnia,* Buenos Aires, agosto 2012, pp. 14-39. Disponible en: http://www.petrotecnia.com.ar/agosto12/sin_publicidad/Facies.pdf. Acceso: 01/12/2014.

Legarreta, Leonardo y Villar, Héctor, "Vaca Muerta Formation (Late Jurassic - Early Cretaceous): Sequences, Facies and Source Rock Characteristics". Ponencia en el Shale Gas World Argentina, Buenos Aires, 2013. Disponible en: http://www.geolabsur.com/Biblioteca/Legarreta-Villar_Vaca_Muerta_SGWA_BsAs_Aug27_29_2013_final-LOGO_ADD.pdf. Acceso: 22/01/2015.

Legarreta, Leonardo; Villar, Héctor; Laffitte, Guillermo; Cruz, Carlos y Vergani, Gustavo, *Cuenca neuquina: Balance de masa enfocado a la evaluación del potencial exploratorio de los distritos productivos y de las zonas no productivas.* Biblioteca GeoLab Sur, 2005, disponible en: http://www.geolabsur.com/Biblioteca/Legarreta%20et%20al_IAPG_Mar%20del%20Plata_Nov2005.pdf. Acceso: 07/02/2015.

Luna Sierra, Emilio y García San Miguel, Alberto A., *Situación actual y perspectivas de los hidrocarburos no convencionales*. Real Academia de Ingeniería de España, 2013. Disponible en: http://www.raing.es/sites/default/files/Presentaci%C3%B3n. pdf. Acceso: 10/03/2015.

Magoon, Leslie y Beaumont, Edward, "*Petroleum systems*", en *Treatise of Petroleum Geology, Handbook of Petroleum Geology: Exploring for Oil and Gas Traps*, Edward A. Beaumont and Norman H. Foster, ed.), 1999. Disponible en: http://www.searchanddiscovery.com/documents/beaumont02/. Acceso: 02/01/2015.

McCarthy, Kevin; Rojas, Katherine y otros, "La geoquímica básica del petróleo para la evaluación de las rocas generadoras", en *Oilfield Review*, Schlumberger, verano 2011, 23, n° 2. Disponible en: http://www.slb.com/~/media/Files/resources/oilfield_review/spanish11/sum11/03_basic_petro.pdf. Acceso: 12/01/2015.

Meléndez Hevia, Fernando, "El origen del petróleo", en COL- PA *Coloquios de Paleontología*, Publicaciones del Departamento de Paleontología, n° 37, pp. 61-66. Madrid, Editorial Universidad Complutense, 1982. Disponible en: http://revistas.ucm.es/index.php/COPA/article/view/COPA8282110061A. Acceso: 09/01/2015.

Murphy, Tomas, *Shale Energy Development. Pennsylvania and Global Experiences*. Penn State Marcellus Center for Outreach and Research (MCOR). Presentación realizada en el Congreso Oil & Gas Energía, Neuquén, 2014. Biblioteca de la Subsecretaría de Minería e hidrocarburos del Neuquén.

Nahuel, Jorge, *Posición Mapuche. Fracking desde el Kimvn (Conocimiento Mapuche)*. Presentación en el marco del Seminario Recursos Hidrocarburíferos No Convencionales y Medio Ambiente, organizado por la Legislatura del Neuquén, Documento disponible en la Biblioteca de dicha Legislatura, 2013.

Nolen-Hoeksema, Richard, "Elements of Hydraulic Fracturing", en *Oilfield Review*, Schlumberger, Summer 2013, 25, n° 2, pp. 51-52. Disponible en: http://www.slb.com/resources/publications/oilfield_review/~/media/Files/resources/oilfield_review/ors13/sum13/defining_hydraulics.ashx. Acceso: 05/03/2015.

Padilla, Francisco, "Geología de la Tierra. Unidad I", en *Geología y Morfología del Terreno. Curso 2009-2010*. Universidad de La Coruña, 2009. Disponible en: http://caminos.udc.es/info/asignaturas/obras_publicas/106/pdfs/GMT%2009%20Notas%20I.pdf. Acceso: 12/02/2013.

Pazos, Pablo J., *Hidrocarburos no convencionales. Una mirada geológica*. Presentación en el marco del Seminario "Recursos Hidrocarburíferos No Convencionales y Medio Ambiente", organizado por la Legislatura del Neuquén. Biblioteca de la Legislatura de Neuquén, "Juan José Brion", 2013.

Peña, Jorge, *Análisis y proyección de impactos económicos esperados del desarrollo de los hidrocarburos no convencionales en la Argentina. Cuantificación de Impactos Económicos del Desarrollo en Escala de Vaca Muerta en la Provincia del Neuquén. Informe final*. Comisión de Estudios Económicos del IAPG. Buenos Aires, Instituto Argentino del Petróleo y del Gas (IAPG), 2014. Disponible en: http://www.iapg.org.ar/download/1000pozos.pdf. Acceso: 12/11/2014.

Plataforma de Escenarios Energéticos. Argentina 2030, *Informe de Síntesis. Aportes para un debate energético nacional,* Ramiro Fernández, coord., Fundación AVINA Argentina, CEARE, FARN, ITBA, 2012. Disponible en: http://www.escenariosenergeticos.org/fotos/downloads/2012/05/Escenarios-Energeticos-Argentina-2030.pdf. Acceso: 14/11/2014.

Rachid, Raúl, *Geomechanic for Hydraulic Fracturing in Unconventional Reservoirs.* Schlumberger, Argentina, 2011. Disponible en: http://www.spe.org.ar/locker/pdf/SPE_TT_Geomechanic.pdf. Acceso: 23/01/2015.

Shamsi, Tariq B., "How oil and gas are formed and trapped under the surface of the earth", 2013. Disponible en: http://www.cypraegean-neftegaz.com/2/post/2013/12/how-oil-and-gas-are-formed-and-trapped-under-the-surface-of-the-earth.html. Acceso: 12/01/2015.

Stark, Melissa; Zhao, Shengkai; Pereira, Pablo; Heyes, Nick y otros, "Integrating Unconventionals. International Development of Unconventional Resources: If, where and how fast?", en *Accenture High Performance, Delivered,* 2014. Disponible en: http://www.accenture.com/us-en/Pages/insight-international-development-unconventional-resources.aspx. Acceso: 12/03/2015.

U. S. Energy Information Administration, "Technology drives natural gas production growth from shale gas formations", 2011. Disponible en: http://www.eia.gov/todayinenergy/detail.cfm?id=2170. Acceso: 05/05/2015.

Villar, Héctor; Legarreta, Leonardo; Cruz, Carlos; Laffitte, Guillermo y Bergani, Gustavo, "Los cinco sistemas petroleros coexistentes en el sector sudeste de la Cuenca Neuquina: Definición geoquímica y comparación a lo largo de una transecta de 150 km.", VI Congreso de Exploración y Desarrollo de Hidrocarburos, Mar del Plata, Noviembre 2005, IAPG. *Boletín de Informaciones Petroleras BIP,* año 2 n° 3, pp. 50-67. Disponible en: http://www.geolabsur.com/Biblioteca/066-Villar%205PS.pdf. Acceso: 03/01/2015.

Weaver, Charles E., "Paleontology of the Jurassic and Cretaceous of west-central Argentina". *Memoirs of University of Washington,* 1, 1931, pp. 1-595.

Yourcenar, Marguerite, *A beneficio de inventario.* Madrid, Alfaguara, 1992.

YPF S.A., "Desarrollo convencional del yacimiento Loma de la Lata mediante nuevas tecnologías", 2012. Disponible en http://www.iapg.org.ar/sectores/eventos/eventos/listados/presentacionesjornadas/007.pdf. Acceso: 01/12/2013.

YPF S.A., "Neuquén Basin overview", Documentación presentada al Estado provincial del Neuquén para la aprobación de la concesión de explotación no convencional en Loma Campana. Biblioteca de la Legislatura de Neuquén, "Juan José Brion". Biblioteca de la Subsecretaría de Minería e hidrocarburos del Neuquén.

YPF S.A. (2013 b). *Desarrollo No Convencional del Área Loma La Lata Norte/Loma Campana.* Presentación a la Provincia del Neuquén. Julio de 2013. Biblioteca de la Legislatura de Neuquén, "Juan José Brion", Biblioteca de la Subsecretaría de Minería e hidrocarburos del Neuquén, 2013.

YPF S.A., "Actualidad del desarrollo de hidrocarburos no convencionales", Presentación en la 4$^{ta.}$ Jornada Comercial IPA (Instituto Petroquímico Argentino),

2014. Disponible en: http://www.archivo.ipa.org.ar/images/16.09.2014Pea.pdf. Acceso: 06/04/2015.

Zamora Valcarce, Gonzalo; Zapata, Tomás; Ramos, Víctor; Rodríguez, Felipe y Bernardo, Luis Miguel, "Evolución tectónica del frente andino en Neuquén", en *Revista de la Asociación Geológica Argentina,* 65 (1), 2009 pp. 192-203. Disponible en: http://www.scielo.org.ar/scielo.php?script=sci_arttext&pid=S0004-48222009000500012 Acceso: 24/01/2015.

Zuckerman, Gregory, *The frackers. The outrageous inside story of the new billionaire wildcatters.* New York. Penguin Group, 2013.

www.ingramcontent.com/pod-product-compliance
Lightning Source LLC
Chambersburg PA
CBHW080540220526
45466CB00010B/2976